初中数学信息化小组合作学习教改的实践与探索

邓文勇◎著

哈尔滨出版社
HARBIN PUBLISHING HOUSE

图书在版编目（CIP）数据

初中数学信息化小组合作学习教改的实践与探索 /
邓文勇著. — 哈尔滨：哈尔滨出版社，2023.9
ISBN 978-7-5484-7567-5

Ⅰ.①初…　Ⅱ.①邓…　Ⅲ.①信息技术—应用—中学
数学课—教学改革—研究—初中　Ⅳ.①G633.602-39

中国国家版本馆CIP数据核字（2023）第172007号

书　　名：初中数学信息化小组合作学习教改的实践与探索
CHUZHONG SHUXUE XINXIHUA XIAOZU HEZUO XUEXI JIAOGAI DE SHIJIAN YU TANSUO

作　　者：邓文勇　著
责任编辑：李维娜
封面设计：李　娜

出版发行：哈尔滨出版社（Harbin Publishing House）
社　　址：哈尔滨市香坊区泰山路82-9号　　邮编：150090
经　　销：全国新华书店
印　　刷：北京政采印刷服务有限公司
网　　址：www.hrbcbs.com
E-mail：hrbcbs@yeah.net
编辑版权热线：（0451）87900271　87900272
销售热线：（0451）87900202　87900203

开　　本：787mm×1092mm　　1/16　　印张：17.5　　字数：280千字
版　　次：2023年9月第1版
印　　次：2023年9月第1次印刷
书　　号：ISBN 978-7-5484-7567-5
定　　价：58.00元

凡购本社图书发现印装错误，请与本社印制部联系调换。
服务热线：（0451）87900279

前言

　　我们学校是1997年才成立的新学校，但由于地处东莞市的西北，虽然与广州经济开发区只有一江之隔，却是东莞的偏远地区之一，经济落后，传统单一的农业是种植香蕉，基本上没有什么大型企业。我们学校成立之初占地面积仅有50亩，东边是麻涌河，其他三边都是香蕉林，仅有一条泥泞的小路通往镇区，老师都是临时从麻涌中学、小学抽调的，有的甚至是刚高中毕业的学生，师资力量非常薄弱。本校学生99.9%都是本镇户籍人口，教师基本上是使用本土方言"粤语"上课的。我是第一批招收的应届本科毕业生，当时我们有12人是本科应届毕业生，所以都安排任教初三第一届毕业生，还大部分担任班主任。当时的教学环境、师资、生源，以及教学质量是可想而知的。当时用普通话来上课是很"痛苦"的，开家长会或与家长沟通对教师来说更是非常大的挑战。尽管条件是这样的，学校的教师们仍然刻苦努力，团结一心；学生们勤奋拼搏，仍然取得了骄人成绩。但随着东莞经济腾飞，各镇街差距进一步拉大，各校师资力量和学校建设管理的投入拉大差距，我们学校的发展局限于学科结构、师资层次、学校建设和管理以及学生素质，在2012年教学质量跌到了谷底，中考低于市平均分15分之多，考取东莞中学的人数为零，考取东莞五大重点高中的仅有50个。为了解决学校的教学质量和发展问题，学校也做出了重大调整，从中层干部到教学负责人，更是制订了课堂教学改革五年规划，着力改变现状。乘我市大力推进教育信息化之东风，作为东莞市第一批慕课试点学校之一，我校在慕课和信息化小组合作教学的课堂改革中已取得阶段性的成果，得到了市教育局的认可和肯定。我校的经验做法在市教育局2015年10月15日慕课启动专题片首映中向全市推介；我校代表在2015年12月23日全市慕课试点工作现场会上做经验介绍；《东莞日报》《广州日报》和《南方日报》都重点报道了我校慕课取得的实效。随着素质教育的深入发展和新课改的广泛推进，创新教育已势在必行。创新教育的关键就是改变学生的学习过程，让学生主动思考，积极探索，真正成为学习的主人。在这种特殊的背景下，我校与时俱进，精心筹划，从改变教学方式入手，改革课堂模式。如今，基于微课和导学案导学的信息化小组合作教学模式已在我校全面展开，这种教学模式在实践中被证明是符合创新教育要求的，极大地提高了学生自主学习的能力，更好地实现了智慧课堂的终极目标。数学科组率先在全校开展了"二导一讨三动"教学模式的课题研究及改革试验，历时4年，先后完成了七、八、九年级的导学案的编写及微课的录制。其后，其他科组也开展了类似的试验。几年来，各学科积累了大量的具有学科特色的微课、导学案、教案和检测案，这为当前和未来一段时期开展慕课教学奠定了坚实的基础。作为科研课题研究成果，《同步导学》系列在我校各学科开始大面积应用，受到广大师生的普遍欢迎。2016年4月21日，我校举办了面向全省的信息化小组合作教学研讨会，得到与会代表400多人的好评。2017年5月19日，东莞市慕课试点工作现场会在我校举行，来自全省各地800多名代表高度评价了我校的信息化小组合作教学模式。几年来，到我校交流观摩的同行络绎不绝，据不完全统计已超过128所学校，约2250人次。我们在试行中不断修改和完善，相信它一定会对广大的数学教师有所帮助、有所启发，也让更多的学生享受优质的教育资源。

邓文勇

2022年10月

目 录

绪论

一、研究背景

（一）国内研究概况

传统的课堂教学，主要关心的是教师如何教，对学生在课上应该怎样活动很少论及，是一种教师讲、学生听的单向交往模式。现代课堂教学理论认为，教学的单向交往模式不能反映教学活动的诸多特点。教学活动应当是教师与学生的双向交往活动。这在一定程度上揭示了教学活动的本质特点，有力地推动了课堂教学改革，应该说这是课堂教学改革的重大进步。但是这种交往形式又忽视了学生之间的相互交往对学习的积极影响。把教与学的过程只看成教师与学生的双边活动，实质上是忽视了作为独立个体的、处于不同状态的教师和学生在课堂教学过程中的多种需要与潜在能力，忽视了作为共同活动体的师生群体在教学活动中的交往作用和创造能力，忽视了活生生的人的个性表现。

现代心理学家认为，多向交往比单向交往和双向交往有更加显著的效果，能最大限度地发挥参与互动者的潜能。因此，课堂教学中除了师生交往、师生互动以外，还要小组互动、生生互动，即多向交往、多维互动。多向交往、多维互动的实质是交往双方中的任何一方发出的交往意愿或活动都能得到另一方的积极应答。从当前教育改革趋势来看，能否实现教学过程最优化，关键是看在教师的调控下，课堂教学能否形成一种多维互动的交往。此时教师要充分发挥自己的教学艺术，充分调动学生的学习积极性。教师的角色是组织者、引导者、促进者、协调者。

《基础教育课程改革纲要（试行）》指出：改变学生的学习方式，倡导自主、合作、探究的学习方式是课程改革的主要任务。开展小组合作学习是实现这一主要任务的极佳途径。小组合作学习是指在课堂教学过程中，作为课堂活动主要参与者的学生，在老师的指导下组成学习小组，小组成员或小组之间相互启发、通力合作、共同提高的一种学习形式。新课程强调"以人为本"，充分发挥学生主体性，增强学生探究学习意识，引导学生积极主动地参与教学全过程，而小组合作学习就是一种能够充分体现新课程理念的教学方法。

（二）国外研究概况

我们认为从下面这几种相关理论可以一窥基于小组合作学习的翻转课堂教学源动力。

① 皮亚杰的认知发展理论认为：学习是一种能动的建构过程。学生认知结构的发展是在其认识新知识的过程中伴随着同化和顺应的认知结构不断再建构的过程，是在新水平上对原有认知结构进行延伸、改组形成新系统。学生只有通过积极自觉的认知活动来激活大脑中的原有认知，使具有逻辑意义的新知识与认知结构中的旧知识发生相互作用，才能实现内化中的再建构。

② 以罗杰斯为代表的人本主义认为：学生自身具有学习的能力；当学习符合学生自身的目的时才有意义；学生负责任地参与学习过程，会促进学习；学习者自我发起的学习，是最持久、最深刻的学习；同伴学习和小组学习，可促进学习。它强调以人的价值的实现、情感体验的满足、精神的健康、创造力的激发为教学宗旨。它重视个性的交往，以及师生间情感的交流。为建立平等和谐的师生关系提供可能，为学生可持续发展奠定基础。因此，人本主义教育理论是小组合作学习的动力。它十分注重"以人性为本位"，以"完整的人"的发展为最基本的价值取向，以培养充满活力、和谐发展的人为最基本的教育目的。小组合作学习有如下特点：能够做到以学生为中心、重视个人意义的学习；创设真实的问题情境；充分利用各种学习资源；追求学习过程的开放性；主张协作学习；加强师生、生生情感互动，这是小组合作学习和谐发展的动力。

③ 集体动力的研究为合作学习理论的创立提供了重要启示。所谓"集体动力"是指来自集体内部的一种"能源"。在合作性交往团体中，具有不同智慧水平、知识结构、思维方式、认知风格的成员可以互补并碰撞出智慧的火花，还可以增强自信心，产生自重自尊的情感。从集体动力的角度来看，合作学习理论的核心可以用很简单的话来表述，当所有的人聚在一起为了一个共同目标而工作的时候，靠的是相互团结的力量。这为小组内的每个人提供了动力，使他们相互勉励、相互配合，为了共同的目标而努力。

④ 建构主义的教学观认为，学习是学习者主动的建构活动，而不是对知识的被动接受。真正的教学应具有如下几个特征：在学习目标方面，表现为对知识的深层次的理解；在学习过程方面，表现为高水平的思维；在学习的情境方面，表现为师生、生生之间的充分沟通、合作。教师应成为学习活动的促进者。在肯定学生主体地位的前提下，教师又应在教学活动中起主导作用。教师需要根据学习内容设计出有思考价值的、符合学生认知发展水平的、具有挑战性的问题，创设平等、自由、相互接纳的学习氛围，充分开展师生、生生之间的交流与合作学习，引导学生通过持续的概括、分析、讨论、探索、假设、检验等高水平的思维活动，建构对知识的理解。

⑤ 波利亚创立了"数学教与学的三条原则"和"数学解题理论"。波利亚认为：学习任何东西的最好途径是自己去发现，为了有效地学习，学生应当在给定的条件下，尽量多地自己去发现要学习的材料（主动学习原则）；学习材料的生动性和趣味性是学习的最佳刺激，强烈的心智活动所带来的愉快是这种活动的最好报偿，所有最佳学习动机是"学生应当对所学习的材料感兴趣，并且在学习活动中找到乐趣"（最佳动机原则）；学生必须学习有序，教师教学要有层次（阶段渐进原则）。

（三）学校教学现状

近年来，我市开展了一系列"品质课堂"专题研讨活动，其指导思想就是贯彻"品质教育"理念，切实培养学生的学习能力，提高学生的综合素质，促进教师的专业成长，真正实现教学高效和学习高效，从而提高教育教学质量。经过广大教育工作者的努力，我市初中数学慕课资源已全覆盖，优质资源非常丰富。如果教师能够在教学中有效应用慕课资源，那么学生会被慕课新颖的知识表现形式所吸引，再加上慕课本身极为开放、灵活，学生个性化学习将会得到加强，从而获得极为理想的教学效果。

2015年全国义务教育阶段教学检测报告中，关于我市数学学科监测报告数据显示，我市数学教师"鼓励学生表达与交流""支持学生的个性化学习""为学生布置开放性问题"三个教学行为指标低于全国平均水平，我校作为镇办初级中学也存在同样的问题，特别是教育部2016年9月发布《中国学生发展核心素养》，确立了学生六大核心素养的相关要求后，我们一直想要研究出一套基于"慧教育"理念、践行发展学生核心素养的高效课堂教学模式。

当时我校教育教学的总体情况如下：

（1）教学质量差

2011年、2012年连续两年教学质量大幅度下滑，中考与市平均分差距有15分左右，入围五大校的尖子生只有50多人，初一初二期末自查与市平均分差距达到39分。

（2）教师职业倦怠和学生厌学严重

教师职业倦怠感比较严重（平均年龄43岁），教学采用传统的教学模式（讲授式和填鸭式）基本上是满堂灌，课堂效益非常低！更重要的是，这种教学模式直接导致了学生严重的厌学现象。

（3）总结与反思

2014年获得特等奖代表广东省到北京中央电视台参加全国大赛后的总结与反思：我们的孩子基础不错但缺乏自信，没有底气！综合素质与其他学校的学生差距大！

综上，我们觉得我们出现了严重的教与学瓶颈，到了非改不可的地步！穷则思变！

二、研究现状分析

（一）合作学习现状分析

合作学习是当代教育理论与实践研究中影响颇大、成果颇丰的策略之一。其自20世纪80年代中期进入中国学者的视野之后，如今在新课程呼唤"自主、合作、探究"学习方式的背景下，重新成为中小学教师在课程与教学改革中探索的一大热点。国务院也于2001年5月19日颁发了《国务院关于基础教育改革与发展的决定》（国发〔2001〕21号），其中专门提及了合作学习，并对合作学习给予了高度重视。该决定指出："鼓励合作学习，促进学生之间的相互交流、共同发展，促进师生教学相长。"合作学习本身是一种有着深刻精神实质、丰富理论内涵和广泛操作技术的教学策略，有利于培养学生的各种能力。但究竟什么样的方式最科学、效率最高还有待于进一步研究。

目前，国内外都在进行教学模式改革的研究，从北美的可汗学院，到我国山东昌乐一中、二中，山东杜郎口中学，江苏洋思中学，重庆聚奎中学，一批批先行者，给我们提供了许多值得借鉴的经验。

从各地的研究成果来看，新的教学模式的优势主要集中在以下几个方面：

① 有利于建立课上课下一体的整体课堂观，打破传统思维中只关注课堂教学而忽视课下学习的观念。

② 突破传统课堂教学局限，为那些由于身体原因或其他事务而不能到校学习的学生提供支持。

③ 有利于实现学生的个性化学习。学生在课下观看视频材料进行自主学习，可以根据自身的学习风格自定学习进度和学习方式。

④ 有利于培养学生的自主学习能力，对学生的课前自主学习能力提出了较高的要求，这就需要教师高度重视和培养学生自主学习的意识和能力。

⑤ 有利于实现深度学习，学生在课前对主要教学内容进行了学习，基本完成了知识的传授过程，在课堂上再带着疑问参与到研究与讨论中来，通过教师引导、同伴互助、问题探究逐步深化对知识的理解和应用，有利于实现深度学习。

⑥ 增加了课堂交互的时间。由于把教师讲授的时间放在了课下，课堂上可以用更多的时间开展师生交流互动，有利于提高课堂交互质量。

值得一提的是重庆江津聚奎中学根据自己的实践总结出了"课前四步骤，课中五环节"的操作模式。课前四步骤是指：设计导学案、录制教学视频、学生自主学习、制订个别辅导计划。而课中五环节是指：合作探究、释疑拓展、练习巩固、自主纠错、反思总结五个环节。

数学教学是数学活动的教学，是师生之间、学生之间交往互动与共同发展的过程。叶圣陶说："教师教各种学科，其最终目的在于达到不复需教，而学生能自为研索，自行解决。故教师之教，不在全盘授予，而在相机诱导，让学生运其才智，勤于练习，领悟之源广开，能熟之功弥深，乃为善教者。"联合国教科文组织《学会生存》指出："未来的文盲，不再是不识字的人，而是没有学会怎样学习的人。"可见"以知识为中心"向"学生发展，能力培养为中心"的课堂教学转变已成为全国研究的议题。

（二）我校的现状分析

（1）教师队伍状况

我校教师平均年龄偏大，大约44岁左右。教师学科结构不合理，教学模式非常稳定，人均站讲台已经有20年之多，教师不愿动、不愿改，起点还比较低，还有一大部分是中师毕业，甚至还有近十个是高中毕业的民转公教师，要想从教师方面入手进行教学改革还是非常困难的。于是，我们就结合本校的实际，在2013年开始准备，成立课题组，着手写研究方案，目标是充分发挥学生的主观能动性，让学生先动起来，倒逼教师跟着课题组、跟着学生一起动起来。同时，我们加大对教师的培训力度，对我们一线教师进一步探索小组合作学习在课堂教学中的应用提出了更高的要求。

（2）生源状况

我校是乡镇中学，并且我们镇是农业大镇，2015年前后经济在全市是属于比较落后的，外来人口比例很小，全镇仅有我们学校一所初级中学，学生90%是来自本镇户籍农业家庭，全镇七所公办小学和两所民办小学的毕业生基本上全部直升入读我们学校，还有约10%的尖子生选择到市区高端民办学校就读，所以我校生源相对质量不高，学生的基础和学习习惯也比较薄弱。

（3）学校硬件

我校是东莞市慕课试点学校之一，2016年10月，镇政府重金投入为全校师生配备平板电脑。近几年我校推行"信息化小组合作"教学模式，教师教学方式与学生学习方式发生了很大变化，小组合作学习已经初有成效，师生有一定的基础和能力开展更高层次的"自学、互学、展学"教学模式的实践与研究。

三、核心概念界定

（一）关于小组合作学习的核心概念

合作学习是以学习小组为基本组织形式，系统利用教学因素的互动，促进学生的学习，以团体成绩为评价标准，共同达成教学目标的教学理论与策略体系。合作学习是以小组为主体进行的，是以教学动态因素为目的的，是一种目标导向的活动。合作学习在形式上是学生的座位排列由过去的秧田式变成合围而坐，但实质上是学生间建立起积极的相互依存关系，每一个组员不仅自己要主动学习，还有责任帮助其他同学学习，以全组每一个同学都学好为目标。教师根据小组的总体表现进行小组奖励，学生则同自己过去比较而获奖励。

《全日制义务教育数学课程标准（2022年版）》中指出："教师要尊重学生的创造性，在学生的学习探索过程中，通过交流、讨论、合作学习等方式适时有效地给予引导和帮助。"这里所提出的"合作学习"是一种具有时代精神的教学思想。

笔者对"小组合作学习模式"的定义是，先学后教，以小组合作学为主，以教师的教为辅，以教师起到指导、把关和辅导的作用，还课堂于学生，还讲台于学生，在导学案与微课中设置一系列具有内在联系的思考题和问答题，形成探究链，引导学生在情境活动中进行体验、自主探究、合作、交流等一系列活动来完成各项教学目标，进而提高综合探究能力和学科素质的课堂教学方法与过程。小组合作学习模式彻底改变了教与学的方式方法，是教学的革命性做法，起到真正的育人作用。

（二）关于信息化教学的核心概念

（1）教学信息化

教学信息化是指在教学中应用信息技术手段，使教学的所有环节数字化，从而提高教学质量和效率，以现代教学理念为指导，以信息技术为支持，应用现代教学方法的教学。信息化教学要求观念、组织、内容、模式、技术、评价、环境等一系列因素信息化。

教育信息化是在教育过程中比较全面地运用以计算机多媒体和网络通信为基础的现代化信息技术，促进教育的全面改革，使之适应正在到来的信息化社会对于教育发展的新要求。

教育信息化是实现教育现代化所必需的。

其一，教育信息化有助于加快知识更新速度。书本化教材的知识落后于社会发展少则5年，多则10年或更长。而计算机网络上的电子化课程知识更新可发生在一周之内。

其二，教育信息化有助于培养学生的高级思维能力。利用网络和多媒体技术，可以构建信息丰富的、反思性的学习环境和工具，允许学生进行自由探索，极大地有利于他们的批判性、创造性思维的形成和发展。值得指出，目前许多学校应用多媒体时，普遍的做法是对教学重点和难点进行演示，把信息技术的使用权控制在教师手中，这实际上并未摆脱以教师为中心的教学观念。可以说，计算机的最大教育价值在于让学生获得学习自由，为他们提供可以自由探索、尝试和创造的条件。

其三，教育信息化能够突破教育环境的时空限制，有助于加强课堂与现实世界的联系。利用计算机多媒体可以模拟大量的现实世界情境，把外部世界引入课堂，使学生获得与现实世界较为接近的体验，并进一步利用计算机网络使学校与校外社会连为一体。例如，美国宇航局通过联网向中学生开放，允许他们与宇航员对话和收集关于太空的信息。伯克利大学的劳伦斯国家级实验室研制了一个网上虚拟实验室软件，允许学生通过远程联网获取通过专业天文望远镜收集的天文观测数据。

（2）区分几个概念

信息化教育，是以现代教育思想和理论为指导，运用现代信息技术，开发教育资源、优化教育过程，以培养和提高学生信息素养为重要目标的一种新的教育方式。

教育信息化，是指在教育中应用信息技术手段，使教育的所有环节数字化，从而提高教育质量和效率，适应信息社会要求的新教育模式。

信息化教学，研究主体对象是教学，中心词是教学，信息化是定语，指利用信息技术手段完成更好的教学。教学信息化，研究主体对象是教学环节及其状态，目标是信息化，即研究如何利用信息技术手段使所有的教学环节达到信息化。因此，教师关注的是信息化教学，以便更好地上课。社会则关心的是教学信息化，即是否完成了现代化的建设。信息化教学比较通俗的理解是"电化教学"的新说法。

（3）理论基础

信息化教学模式是建立在建构主义理论基础之上的，其学习环境包含情境、协作、会话和意义建构四个要素。信息化的教学模式可以描述为：以学生为中心，学习者在教师创设的情境、协作与会话等学习环境中充分发挥自身的主动性和积极性，对当前所学的知识进行意义建构并用所学解决实际问题。在教学中，教师由知识的传授者、灌输者转变为学生主动获取信息的帮助者、促进者；学生由外部刺激的被动接受者和知识的灌输对象转变为信息加工的主体、知识意义的主动建构者，信息所携带的知识不再是教师传授的内容，而是学生主动建构意义的对象（客体）；教学过程由讲解说明的进程转变为通过情境创设、问题探究、协商学习、意义建构等以学生为主体的过程；媒体作用也由作为教师讲解的演示工具转变为学生主动学习、协作式探索、意义建构、解决实际问题的认知工具，学生用其来查询资料、搜索信息、进行协作学习和会话交流。

（4）教学中心

信息化教学模式明确以学生为中心，强调情境对信息化教学的重要作用，强调协作学习的关键作用，强调对学习环境的设计，强调利用各种信息资源来支持"学"。教师只有充分认识到信息化教学模式的特点，才能更好地把握住信息化教学的特点，才能胜任信息化教学。

（三）翻转课堂

（1）翻转课堂

翻转课堂是从英语"Flipped Class Model"翻译过来的术语，一般被称为"反转课堂式教学模式"。传统的教学模式是教师在课堂上讲课，布置家庭作业让学生回家练习。与传统的课堂教学模式不同，在翻转课堂式教学模式下，学生在家完成知识的学习，而课堂变成了教师与学生之间、学生与学生之间互动的场所，如答疑解惑、知识的运用等，从而达到更好的教育效果。互联网的普及和计算机技术在教育领域的应用，使"翻转课堂式"教学模式变得可行和现实。学生可以通过互联网去使用优质的教育资源，不再单纯地依赖授课教师去教授知识。而课堂和教师的角色则发生了变化。教师更多的责任是理解学生的问题和引导学生运用知识。

（2）翻转课堂式教学模式

翻转课堂式教学模式，是指学生在课前或课外观看视频讲解和完成导学案，自主学习，教师不再占用课堂时间来讲授知识，课堂变成了教师与学生之间、学生与学生之间互动的场所，如答疑解惑、合作探究等，从而达到更好的教育效果。

（3）翻转课堂式教学模式包括"自学、互学、展学"三部分

① 自学：在词典的释义为没有教师指导，自己独立学习。在本课题中是指借助微课和导学案等教学资源进行自主学习，初步经历学习的过程、以钻研的方式思考问题、以探究的方式提出问题，获取一定程度知识与方法的过程。

② 互学：是指以多个学生通过讨论探究、互纠互助、提问解疑、启发交流等方式进行学习的状态。主要形式为小组合作学习或结对帮扶学习，即生教生、兵教兵，使每个学生的特长、优势、潜能得到较大限度的挖掘与开发。

③ 展学：是指学生展示个体或小组学习的成果、接受同学质疑解惑的过程，在这个过程中，基础较弱的学生能学到知识、思想与方法，基础相当的学

生能产生共鸣、夯实所学，基础较好的学生能产生思维碰撞、拓展提升学习状态。

④ 教学模式：是指在一定教学思想或教学理论指导下建立起来的较为稳定的教学活动结构框架和活动程序。本课题中的教学模式不是像工厂生产那样有一个模子，而是在统一的课堂教学理念指导下形成一定的课堂操作范式，应因课而异，因生而异，因师而异。

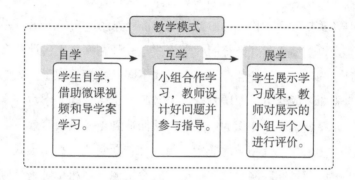

核心概念之间关系：本模式中，自学、互学、展学三个环节不是孤立的，而是相互交融、相互关联的有机体。"自学"是前提，"互学"是学生获取有效信息的重要环节，"展学"是贯穿各教学环节推动教学深入发展的显性要素，各个环节环环相扣，缺一不可。

"自学、互学、展学"教学模式是学习前置、将知识内化于课堂的一种教学模式。在信息技术的支撑下，教师创建学习任务单，整合学习资源（微课、检测题），课前学生根据任务单自主学习，完成课前检测，教师根据检测数据统计结果进行二次备课，课中以互动为主，学生提出问题、小组合作学习，教师点拨，解决问题，完成知识的内化。翻转课堂在完成知识传授的同时，培养了学生自主学习和合作学习的能力，引发教师角色、课程模式、管理模式等一系列变革。"自学、互学、展学"教学模式以平板电脑为信息化元素融入课堂教学，促进在课堂上教师从演员向导演、学生从观众向演员的转变。学生在教师引领下通过课前微课和导学稿自学，课堂上通过互学与展学来探究和发现知识，彻底将课堂翻转！

四、研究设计

(一)研究的基本思路

教师观念意识的转变→点到线再到面逐步推进→课堂教学建模定型→骨干示范引领→个人模仿体验→学科特色构建和完善→破模立新。

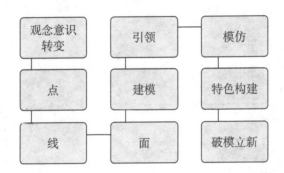

(二)设计科学依据

本研究设计的科学依据。

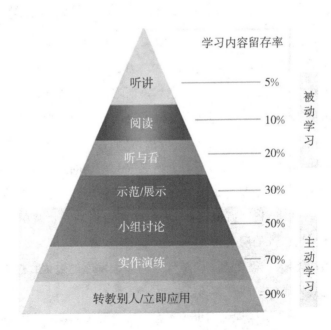

（三）马斯洛理论金字塔图

马斯洛需要层次理论的表示方式就是一个金字塔，分五层，从低到高依次是生理需要、安全与保障需要、归属和爱的需要、自尊和尊重的需要、自我实现的需要。其理论指出，人类的需要由低到高、由强到弱呈金字塔形的等级系列排序，它们是动机产生的基础和源泉。一个人只有在占优势的生理需要得到满足后才会表现出更高层次的需要。马斯洛将前面四种需要称为基本需要，将自我实现的需要称为发展需要。

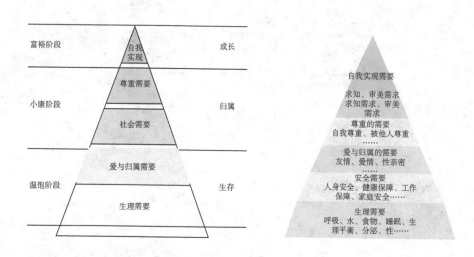

心理学研究表明，需要是行为的内在动力，人的一切行为都是从需要开始的。从本质上说，需要是一种内心状态。马斯洛认为，人的需要总是呈现从低级到高级发展的上升趋势。生理需要是最低层次，其他需要依次上升，自我实现是最高层次的需要。只有当较低层次得到满足后，高层次的需要才能到来。但是，任何一种需要都不会因为下一个高层次的需要的出现而消失，只是较高层次的需要产生后，较低层次的需要对人的行为影响变小；一种需要一旦得到满足，就会失去动机对行为的支配力量，转而由新的占优势的需要起支配作用。马斯洛还提出，人的层次需要的产生与个体发育密切相关。

① 马斯洛提出人的需要有一个从低级向高级发展的过程，这在某种程度上是符合人类需要发展的一般规律的。

② 马斯洛的需要层次理论指出了人在每一个时期，都有一种需要占主导地位，而其他需要处于从属地位。

③ 马斯洛需要层次论的基础是他的人本主义心理学，即人的内在力量不同于动物的本能，人要求内在价值和内在潜能的实现乃是人的本性，人的行为是受意识支配的，人的行为是有目的性和创造性的。

（四）研究的三个阶段

第一阶段：研究准备阶段（2011.9—2014.12）

成立课题组，在课题专家组指导下按照实施方案的总体设计，组织课题组成员进行小组合作学习教学模式的相关理论研究，提出研究思路，开展阶段性总结。

第二阶段：研究实施阶段（2015.3—2017.12）

这个阶段的主要任务是：进行深入的调查研究和理论研究，在取得初步成果的基础上，在初一年级范围内进行阶段研究汇报会。主要采取行动研究法、调查访谈法、课例研究法。预期主要成果是：课程资源库、教学案例及论文、研究过程资料等。

第三阶段：总结阶段（2018.1—2018.6）

在完成实施阶段各项任务的基础上进行结题工作。本阶段主要运用经验总结法，对课题的研究资料进行汇总，进行成果总结。

（五）研究的基本方法

（1）文献研究法

在研究小组合作学习教学模式过程中，大量查阅小组合作学习模式的杂志、书籍和网络资料，了解小组合作学习模式的理论基础、常用模式、研究现状等。

（2）课例研究法

通过课例研究的方法，在实践中解决两个方面的问题：一方面是如何让师生了解接受小组合作学习教学模式，另一方面是如何让小组合作学习模式在教学中得以实施。

（3）调查访谈法

深入学生，进行访谈调查，及时发现问题，及时寻找解决问题的策略。在课题研究与实践的过程中，有针对性地调查分析小组合作学习教学模式的开展情况，及时发现存在的问题，以便确定下一步研究的重点。

（4）经验总结法

在课题研究的过程中，认真做好各类资料的搜集、整理和实施情况的记录，及时总结各阶段的成果，以便更好地指导实践。

（六）研究的基本设计

（1）基本设计

本研究基本设计。

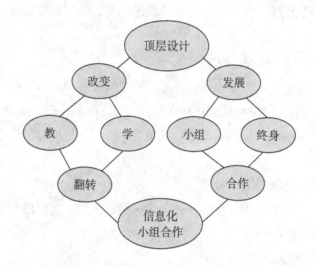

（2）目标设计

① 短期目标

改变教的方式（"满堂灌"）、减轻职业倦怠感、改变学的方式（被动听）、基本消灭厌学现象。

两个实现：一是实现培优扶差；二是实现教师从演员到导演，学生从观众到演员的转变。

② 中期目标：提升教学质量。

③ 长期目标

发展学生个性、表达能力、实践操作能力，合作协调能力，沟通交流能力，促进学生心理健康、终身发展。

（3）操作流程设计

培训→转变观念→尝试→逐步推进→建模→优化→推广应用→百花齐放

五、内容结构

（一）研究目标

① 构建小组合作学习教学模式的方法与策略、教学流程，真正形成教学模式。

② 形成一批小组合作学习教学模式的示范课例。

③ 促进全校教师在小组合作学习教学模式课改中勤于实践探索、善于反思总结，进而提高教师的教学水平，促进学生全面发展。

（二）研究的基本内容

① 导学案对课堂教学的利弊（以数学、物理、英语科备课组形式进行对比研究）。

② 以班为试点对小组合作学习教学模式进行尝试与探索（原初一6班现初二6班）。

③ 以初一级数学备课组为试点对小组合作学习教学模式进行探究与研究（2014年9月）。

④ 以初一级所有文化科为试点对小组合作学习教学模式的开展与探索进行研究（2015年3月）。

⑤ 进行初二级文化科小组合作学习教学模式前期的准备工作（培训与做导学案、微课等）。

⑥ 尝试对初三毕业班进行小组合作学习教学模式的试点与准备工作（个案、导学案、微课等）

⑦ 全校进行小组合作学习教学模式的研究与探索。

⑧ 改良小组合作学习教学模式，百花齐放后形成自己特色的教学模式。

（三）研究重点

指导师生开展小组合作学习教学模式的方法研究。

（四）研究难点

解放师生教与学的旧思维、老习惯，全面积极开展小组合作学习教学模式的研究。

第 一 章

数学课堂导学案的尝试

第一节　跟岗培训感悟分享

一、教师观念意识的转变

（1）请进来

请省市学科名师工作室主持人和全国课改知名专家签订协议，定期到校开展业务专题培训；实行跟岗学员制，更新观念，提升业务水平和专业能力。

（2）走出去

选派骨干教师出外研修提升。从2009年至2014年的五年间，共17批次，170人次，约占全校81%的教师到全国教改先进省市的名校，如山东省昌乐二中、杜郎口中学，江苏省洋思中学、东庐中学等跟岗学习培训一周。

（2）培训原则

以熏陶为主，以拓宽教学心胸和视野为目的，不用写培训总结和考察报告，仅仅是去跟岗培训，克服和降低老师们外出学习培训的恐惧心理，使之轻松愉快地去参加学习培训，走出自己的校园，到先进的、接地气的学校去接触、去看、去听、去感受，以他山之石可以攻玉的指导思想来熏陶和改变老师们的观念和思维。

二、遴选带头人

外出跟岗培训的这些教师都是各学科骨干教师，按比例均衡各学科人数，但因为数学科是先行示范学科，所以数学科是全员重点培训。同时规定学科组长、各年级各学科备课组长和年级级长都必须轮训，还要尽可能以年轻教师为主，兼顾中老年教师。这样可以让年轻教师充分发挥年轻、有活力、学习和接受东西快、尚未完全成型还可塑造的特点，使其成为课堂教学改革的主力军、课堂教学改革的根本保证和第一梯队。而中老年教师除了有丰富的教学经验和管理方法，还有一批热心关注学校发展和具有深厚教育情怀的佼佼者，把这批人充分调动起来，既可以使其成为课堂教学改革的坚强后盾，又起到了树立中老年教师群体的标杆的作用，从而带动起教学改革最艰难、阻力最大、最难于转变的"老油条"群体。这个群体的教师往往年纪到了职业生涯的下半场，已形成非常稳定的工作模式和教学模式，不想再折腾、再改变，处于心有余而力不足的状态。这些老教师通常已懒于改变。所以在中老年教师群体中树立起标杆非常重要，他们是影响教学改革成功与否的关键一环。

遴选课堂教学改革的带头人，除了注意上述条件之外，还需要注重思想政治工作的统一和团队的培养。所以各个学科思想道德素质高、对教育教学工作非常热爱、关注学校发展、教学能力强的老师是首选。同时还应形成一定的舆论主流，主导学校发展的思想舆论命脉。

三、跟岗培训感悟分享

我校遴选出课堂教学改革的带头人进行外出跟岗培训，有目的、有意识地布置任务，委以重任，虽然不要求写培训总结和考察报告，但是要求他们带着问题去看、去听、去思考。培训考察完要向主管部门口头汇报培训感悟。之前我们学校成立近十年来几乎很少有外出培训的机会，更别谈出市出省进行长达一个星期的跟岗培训，所以被遴选出来的骨干教师是非常珍惜这个机会的。尤其是带头人，更是铆足了劲、充满了期待，所以虽然没有要求写培训总结和考察报告，但是他们都会自觉主动地详细记录培训学习、考察过程的点滴和深切感悟。特别是前三批外出培训的老师的感悟分享，深深地刺激到了后面十几批的培训老师。

带头人培训感悟除了向主管部门汇报外还在本备课组、本学科组分享，感悟深刻且影响大的将在学校教师大会进行分享，学校还发给分享老师相应的证书和奖励，这样大大地提高了老师们外出培训的热情和质量，往往每制订一批外出培训方案都会出现积极申请、争先恐后、名额不够的局面，从第四批开始，培训感悟分享一批比一批精彩、全面、高潮迭起，为后面进行课堂教学改革的操作提供了较为全面、深入的理论基础和方法指引，达到了学校培训以熏陶为主，拓宽教师教学心胸和视野的目的。

第二节　从心动到行动转变

一、数学备课组的尝试

外出跟岗培训和感悟分享营造出了非常良好的课堂教学改革氛围，有好几个学科的带头人誓言铮铮，更有种跃跃欲试的感觉，特别是数学科当年的初一数学备课组组长黄老师和初一班主任兼数学科任李老师。这个时候学校因势利导、水到渠成地提出了学习课堂教学改革先进地区和学校的一些做法，如制定具有本学校特色、符合本校本学科实际的导学案。这个时候带头人的作用非常明显，时任初一数学备课组组长的黄老师和初一班主任兼数学科任的李老师主动积极地挑起大任，接下了制定初一数学课堂导学案的重任。黄老师和李老师合作，制定好的导学案马上在李老师的班级进行应用，一边学一边实践，用了一个学期的时间，初一上册的导学案就顺利完成并得到实践检验。李老师任教班的数学成绩比同层次班级高出一大截，而原来是几乎没有差别的，这样的结果大大地超出预期，更重要的是学生学习数学的主动性、积极性非常强，课堂教学生态发生了根本的、质的变化。同时，老师除了在制作导学案方面投入的时间和精力较多之外，从上课到课后都比以前轻松了许多。我们看得到的学生学习知识发生的原过程、原生态正在悄悄改变，最关键的是学生厌学的情况得到了根本的改变。这个从心动到行动的转变使学校看到了导学案在课堂教学环节发挥的重大作用，可以说数学课堂导学案彻底改变了教与学的关系，使课堂教学完成了华丽的转身。

二、物理备课组的步伐

与此同时，初二物理备课组的温老师和欧阳老师在科组长曾老师的带领下也开展了导学案的制作和应用，他们的做法是直接借用外出跟岗培训时要到的几所课改名校导学稿的改版，用起来非常顺利，学生反馈很好，所以初二物理备课组就以改版为原版进行分工合作的制作，很快完成初二级物理第一学期导学案的制作修订，老师们使用得心应手，学生接受很快，效果出奇的好，成绩一下提升了几个档次。

三、科学整理分析数据

初一数学备课组黄老师和初一班主任兼数学科任李老师担当重任，对一个学年来李老师所带班作为实验班的各项数据进行收集和整理，得出惊人的结论：数学单科成绩比同层次班高出12分之多，班综合总成绩对比高出30多分，学生学习面貌焕然一新，管理更是实现网格化，学习生态发生了质的改变，学生的情绪非常稳定、学习劲头十足，几乎所有孩子都自觉主动地参与班级管理，以往上课打瞌睡、搞小运作、精神不集中等现象几乎消失，学生课堂参与度高，学习气氛浓厚。而这一切都是课堂导学案带来的改变。

试点班

以班数学科为试点对小组合作学习教学模式进行尝试与探索（2013年9月初一6班、2014年9月初二6班）。结果见表1-2-1。

表1-2-1

班别	学年	学期	数学成绩	全级平均	对比1	全级最低	对比2	市平均	对比3	备注
初一6班	2013-2014	第一学期	80.51	72.16	8.35	68.28	12.23	79.7	0.81	初一平衡分班，班总分在0.5分之内，直升初二不变
		第二学期	89.2	74.14	15.06	67.85	21.35	83.6	5.6	
初二6班	2014-2015	第一学期	83.72	67.17	16.55	60.63	23.09	69.94	13.78	
		第二学期	79.96	63.51	16.45	55.64	24.32	67.25	12.71	

试点学科（备课组）

以初一级数学备课组为试点对小组合作学习教学模式进行探究与研究（2014年9月）。结果见表1-2-2。

表1-2-2

学年	学期	我校平均分	市平均分	差距
2013-2014	第一学期	65.88	70.9	-5.02
	第二学期	74.14	83.6	-9.46
2014-2015	第一学期	74.49	71.71	+2.78
	第二学期	81.27	76.62	+4.65

第三节　导学案的模仿与设计

在数学备课组和物理备课组率先实践后，其他各个学科教研组都在悄然行动，首先学校请数学和物理备课组的带头人作专题讲座，分享导学案制作的方法和效果，倡导其他教研组去学习和模仿，这样一来所有文化科组都行动起来。学校的指导思想是先"依样画葫芦"，边模仿边学边做，并且展开教研组内大讨论，设计适合本教研组的导学案，因为所有文化科教研组都开展导学案的设计和制作，学校这时候打出了两张牌：一是统一时间，即利用当年暑假放假前两周时间，全校教研组开足马力，全力以赴地将初中三年的教学内容导学案分年级分章节全部制作完成。当老师们有想法时，学校给老师们吃了一颗定心丸：所有参与导学案制作的老师每天都由教研组做好登记，最后统一交给学校办公室，学校办公室做好详细的记录，以后老师请事假可以在这14天里减免，只需要与办公室销假即可。同时学校要求老师们积极配合学校导学案制作，因为这也算是正常的假期学习培训的内容。学校在做好思想政治工作的同时给予实实在在的实惠，老师们热情高涨，当年暑假放假前两个星期里学校里热闹非凡，老师们干劲十足。二是统一名称，即所有学科设计制作的导学案都有统一的格式、统一的名称、统一的设计。做到规范化、批量生产，一下子学校各学科制作的导学案就"高大上"起来，各学科老师都好像在呵护刚出生的婴儿一样，精心设计、用心良苦、做到精益求精，老师们焕发出教学教研前所未有的热情，尤其是那些中老年教师。这次导学案的统一制作为后来信息化小组合作学习的教学模式提供了最坚实的基础和保障。

第四节　导学案应用与改良

　　在数学教研组和物理教研组的先头示范带领下，各个教研组争先恐后地进行导学案的模仿设计和制作，并对导学案在课堂教学应用过程中出现的问题进行研讨和改良，科组和备课组教研活动再也不是之前的上传下达、履行职责和程序，不是谈谈人生、谈谈生活的碰头会那样时间短、效率低，根本就没有什么教研味道的活动。这一次的导学案制作让各科组的老师们真正做到了教研组或备课组活动就是单纯地研讨教育教学，我们经常听到教研组或备课组为了某一个问题争得面红耳赤、相持不下，甚至于还要请出相关的权威、名师或专家来才可以平息。在这个过程中，老师们的教研能力得到很大的提升，导学案的应用也是空前的，各学科都在使用导学案进行课堂教学辅助，学生们也在习惯性地完成导学案中提高了学习效率和学习能力，同时对导学案在使用过程中出现的问题及时地向科任老师提出建议，既有制作者的第一次素材，又有教师第一线使用者的第二次把关，还有学生作为受教者的第三次使用感受，综合起来再进行改良，这对导学案的最后定型奠定了扎实的基础。

第五节　导学案的定型与推广

经过一年导学案的制作、应用和改良，各学科的导学案已趋于成熟。特别是数学教研组的导学案在学校的指导下率先印册成书，成为学校第一本数学校本教材，并且是一下子就是三个年级共六册一同推出，这好像是一个经过十月怀胎的新生婴儿一样得到数学科组老师们的极大庇护，让他们非常骄傲。这对其他教研组产生了强烈的刺激，他们纷纷向学校提出申请要求印制本学科的校本教材，学校这时成立一个校本教材审核小组，对各学科提出的申请进行审核，主要成员是数学科组的骨干老师和教导处科研负责人以及各学科骨干老师，并且每个学科的校本教材一旦审核通过就会正式按照出书的格式把主编、副主编、编委、责任编委印在校本教材的首页，永远保留在学校发展的历史档案上。这下老师们的热情更是被激发出来，这对导学案的最终定型起到了决定性的作用。最终，在各科组的共同努力下，具有本学科特色的校本教材《同步导学》正式面世，并成为学校发展历程中教研活动的一大亮点、一大跨步。接下来就是应用和推广，学校为了将老师们的心血结晶应用到极致，各学科不再征订教辅资料和练习册，就将本学科的《同步导学》作为教辅资料进行应用，并且这个《同步导学》是我校信息化小组合作学习课堂教学的重要组成部分，这样既可以让各学科老师们精心设计和改良的导学案被最大限度地使用，又让师生在使用过程中不断地完善和改良，呈现良性循环。导学案的定型和推广应用让全校文化科教师自觉不自觉地主动深入参与到教学教研中去，也无形中反过来解决了我校教师的职业倦怠问题，实属教学改革的副产品，不过是属于惊喜性的突破，为学校在发展中遇到的困境找到了一条可借鉴的、成功的经验。

第 二 章

数学课堂小组合作
学习的初探

第一节　小组合作学习操作可行性论证

学校教师外出跟岗培训的目标名校中，如山东杜郎口中学、昌乐一中和二中以及江苏洋思中学等，开展小组合作学习都是六人小组或八人小组，在操作和实施方面都很成熟。而我校的学情与教情与各校都有很大的不同，首先我们彼时刚好是人口低峰期，每班学生最多就四十个，大部分是三十来个，经过激烈的讨论和结合我们学校的实际，最后决定让学生以四人为一小组，理由如下：

1. 易管理

四人一个小组，刚好组成两对，人数少、好结对，小组长管理起来难度没那么大，毕竟我们学校的学生从小学开始就被灌输服从、听话的思想，也习惯了保姆式的管理，学习和管理都是被动式的，况且小组长的管理能力也是有限的，如果管的面小点更有利于执行到位，容易产生效果。

2. 可任命更多的小组长

分组细化会让更多学生担任小组长，充分锻炼和发挥小组长的作用，培养更多管理型的班干部，也能起到促进班组管理的作用。同时可以让课堂教学过程中涌现出更多的小老师，降低教师课堂教学的压力，培养锻炼学生的学习能力。

3. 人人有事做

四人小组的分组法，采用人盯人、点对点的战术，就算有学生想偷懒也会被盯得死死的，学生时时有人盯着、管着，并且还是相互的，起到互相促进、互相帮助的作用。四人小组可以达到人人有事做、事事有人做的效果，这也是互相监督的过程，可有效防止因人数过多让有些孩子出现没人管理或者是没事可干的真空状况，避免会产生不学或厌学的学生群体。

4. "兵教兵" 效果奇佳

学生教学生效果奇佳。因为学生们是同龄人，年纪相仿、兴趣爱好相差不大、心理认同感强，还是同班同学，非常熟悉，并且我们学校实行的是全寄宿制管理，学生天天学习生活在一起，可以说就像一家人一样。所以我们的出发点就是让孩子们来当小老师，让他们用同龄人的心理和方式进行沟通、教学，使他们之间更容易接受和产生共鸣，学习的效果出乎意料的好，特别是扶差方面，对比老师来说还更胜一筹。当然，在"兵教兵"的过程中，培优也是顺理成章的事。

5. 可渗透德育功能

由于班主任时间和精力有限，对班级、学生的管理非常有限，更不可能深入到学习生活的每个细节。但把一个班分成8～12个小组，就有8～12个小组长来帮班主任完成日常学习生活各个方面的监督管理，等同于进行网格化管理，班主任只需要管好这8～12个小组长，平时多花点时间和精力来培训小组长，再多开会小结，提高小组长的管理能力，就可以把班级管理得非常好。所以在四人小组的分组法中可以较好地渗透德育管理功能，提升学生的自我管理能力。

第二节　学习小组的构建和设计

经过可行性论证之后，我校确立四人小组的分组法。那么，该如何构建和设计使学习小组更加合理和高效，成为摆在我们面前的一个挑战。作为学校高层的校长们和管理层的教导处主任们以及科组长们说法不一，提出了很多建设性的意见，但作为最终决策的教学部门负责人，本人还是倾向于先从学生的学习总成绩入手，因为总成绩比较优秀的孩子，学习能力和学习习惯往往也非常好，现实中通常是高分高能的。基于这一点，我提出从总成绩排序来确定小组长人选，根据班级人数来确定小组数量。假设某个班分10个小组，那么前10名分别担任第1~10组的小组长，也就是所谓的小组一号学生；从第11~20名分别担任第10~1组的二号学生，如此类推，就可以构建成四人学习小组。这种设计只考虑到总体学习情况，没有考虑到孩子们学习偏科的情况，如一个学生是组长或是二号学生，但他某一学科也可能是薄弱的，所以让他担任所有学科的一号或者是二号肯定是有问题的，因此我们在设计之初就先大刀阔斧地避开这一点，等教学改革到了一定程度之后再来微调，这样就可以避免一开始就出现混乱。

一、课堂教学中学生合作学习与能力提升的策略和方法研究

我校课程改革把学生学习方式的转变作为改革的重点之一，改变忽视学生的主动性、能动性和独立性，使学生被动接受知识，课堂教学高耗低效的现象。课堂教学坚决抛弃陈旧的"灌输式"课堂教学模式，着力于学生主体精神和创新精神的培养，着眼于学生的可持续发展，帮助学生学会学习，提高学生的学习能力。如何更有效地促进学生自主学习？我们一直在探索与实践。现在很多学校进行的课堂教学改革，探求以"小组合作学习"的模式来推动学生自

主学习，笔者结合自己在数学教学中基于小组合作培养和促进学生自主学习能力的策略做初步探讨。

二、科学合理分组

研究表明：①如果合作小组内学生的能力有差别，小组内部的讨论会更有效；②小组成员如能力普遍较低，则他们无法展开讨论，能力较强学生之间的合作经常也会发生问题；③如果小组中男女学生的数量不平衡，就会影响小组合作的质量。因此，小组建设要本着"组内异质，组间同质"的原则。组内异质就是在构成上要求小组成员的性别、学业成绩、智力水平、个性特征、家庭背景等方面有着合理的差异，使每个小组成为全班的缩影或截面，这样构建的合作学习小组就为互助合作奠定了基础，而组间同质又为在全班各小组间展开公开竞争创造了条件。如何进行科学、合理的分组，基本保证合作学习小组"组内异质，组间同质"呢？以40人的班级规模构建4人合作小组的操作程序为例，全班可以组成10个合作小组。首先，从全班挑选出10名学习成绩好、组织能力强、在同学中威信较高的学生担任各组的组长。然后，按学业成绩和能力水平，从高到低分别选择编排每组的副组长（1人）与组员（2人），并从组长到组员依次编号，分别编号为1、2、3、4。最后，由班主任与各科教师统一协调，根据每组成员的性别、性格、成绩、智力、感情等方面的比例结构进行组间平行微调，使同号的组员实力相当，组际之间的各科水平和综合水平基本平衡。要特别注意为班上的待优生等找到一个理想的位置。男女比例要适当，而且每组都要有女生。为什么呢？一般而言，女生书写认真，步骤规范，能按老师的要求去做；而男生思路灵活，讨论积极，往往注重结果，步骤不规范，书写相对潦草，这样男女生可以取长补短。再者，从思维方式上看，男生侧重理性思维和抽象思维，而女生侧重形象思维，男女生可以在学习中互帮互助，共同进步。经过一段时间小组成员适当调整，优化组合。

三、优化评价机制

首先，及时评价、反馈、激励表彰，是小组合作得以长期进行的重要保障。因此，在具体操作中，我们从小组学习的过程、表现和效果三方面入手，尝试实施小组讨论评价、小组展示评价及点评评价等多环节评价方式，收到了一定的效果。做到每天一统计，每周一公布，每月一评比；采取"贴星星""发红旗""发奖杯"等奖励方式。具体分为以下两个阶段：

① 互学阶段，根据小组成员的参与情况，分别给各小组0～5分的加分。

② 展学阶段，学生上来展示的，根据精彩程度给予小组1～5分的加分。

四、培养合作意识和技能

① 选出得力的行政组长和学科组长。组长是教师的小助手和代言人，是一组之魂。选一名成绩好、责任心强、有一定组织能力的学生担任小组长，负责全组的组织、分工、协调、合作等工作至关重要。

② 给小组起一个响亮的名字。让各组成员集思广益、共同磋商，为小组取一个积极向上、富有新意、响亮的名字，这有利于凝聚人心，形成小组目标和团队精神。事实证明，只要教师相信学生，给学生表现的机会，学生的潜能和智慧必定能得到淋漓尽致的发挥。例如，组名有：快乐、战必胜、探索、无敌、勤奋、扬帆、翱翔、合力、雄鹰等。设计组徽，配上组歌，如快乐组——我的学习我做主，我学习，我快乐！战必胜组——知识改变命运，学业成就未来，加油！探索组——我们在知识的海洋里遨游，寻找智慧的宝藏！扬帆组——在知识的海洋里扬帆起航！雄鹰组——我们要以恒心为良友，以经验为参谋，以谨慎为兄弟，以希望为哨兵，像雄鹰一样飞翔！各组信息展示在班级信息栏中，学生互相监督。

③ 为了调动小组内每个成员的积极性，教师必须培养组长和组员的合作技能。在实践中，我们注意培养小组长的责任心和后进组员的上进心，把优等生和后进生紧密地联系起来，建立起一荣俱荣、一损俱损的关系，让优等生带动后进生。小组交流时，多给后进生发言的机会。教师也要多关注后进生，多与他们交流，较简单的问题尽量让这些同学回答，多鼓励，让他们体验成功的快乐，抛弃自卑感，建立自信心，拥有成就感。当然，在提出一个问题后，我们还会给学生充分独立思考的时间，在学生把想法整理出来后，再组织小组合作，让这些学生在组内分别说出自己的想法，形成小组集体的意见，最后进行全班交流汇报，形成"统一"认识。我们发现，通过这样久而久之的训练，一些后进生在优等生的带领下，渐渐敢于发表自己的意见了，他们思考、提问的能力也得到了一定的提高。

④ 明确分工。开展小组合作学习时首先要确定共同的学习目标。在合作学习中，小组成员必须分工明确，承担起自己应尽的责任。这种责任承担主要体现在两个方面：一是做好自己在组内的分工任务，二是在做好"本职工作"的同时，积极主动协助他人。例如：班级有一小组，A任组长，负责组织合作内容的分工，并组织好纪律；B任记录员，负责记录本组合作中发现的问题和讨论的结果；C任报告员，集合组内讨论的结果，代表小组在班内交流；D任监督员，监督本组成员参与学习的情况。当然，组内成员的分工也不是一成不变的，有时也灵活变岗。

⑤ 培养小组合作学习的良好习惯。良好的开端等于成功的一半，良好的学习习惯是保证有效开展小组合作学习的前提。受传统教学法的影响，学生在学习中会处于被动接受状态，他们不习惯主动思考，也不会用言语表达。教师应耐心辅助，鼓励、启发学生思考交流，努力创设便于学生思考、表达的情境，激发学生动脑、动口的欲望，使学生在小组合作学习中敢想、敢说。同时，教师需培养学生倾听、讨论的习惯。因为年龄因素，学生常常急于表达自己的观点而顾不上倾听合作者发表的意见。教师应指导学生认真倾听。一是认真听他人表述观点，不插话；二是听清别人说了什么；三是听后做思考，别人哪里说得好，哪里不足，想想自己该怎么说。每个成员表达了自己的想法后，可能有不一致之处，这就需要讨论，形成解决方案，教师要在关键处予以提示、点拨、指导，让学生逐步学会讨论问题的步骤和方法。

⑥ 营造氛围，激发合作学习兴趣，培植合作自信。"独学而无友，则孤陋而寡闻。"一个人的力量是单薄的，也不可能获得全面的知识，我们应该大力贯彻合作学习。调查表明，有近30%的学生对于稍难的问题不愿做深入的思考，他们往往缺乏思维的触发点，或者对自己的思维能力缺乏信心，在这样的情况下，用学生之间的讨论来调动学生学习的兴趣就尤其显得有必要。如何使讨论不流于形式？这就首先要求教师从设计学案的一开始就确立"以学生为主体"的思想，尊重学生的主体需要，既要对学生的"群体"进行研究，又要对这个群体与其成员之间的相互关系进行研究；既要对在群体中的个体积极性的发挥给予重视，又要对个体积极性的发展趋势给予充分的预测。教师要真正给学生以信任，体会他们的学习过程，探索他们的认知规律，尊重他们的人格，分担他们的忧虑，接纳他们的想法，分享他们的喜悦，努力使课堂成为学生主

动学习、充满探究精神的乐园。教师应该给学生的小组讨论留出充分的空间，让他们在合作中有较充分的展示机会和时间，使他们都能在合作群体中担任起应尽的职责，逐渐体会到在群体合作的氛围中学习的乐趣与收获。

⑦ 激励竞争，增强小组合作学习的意识。为了提高学生的合作学习意识，教师可以在日常的教学中有意识地强化"学习小组"的集体荣誉感，如可以经常地评比"最佳小组"，采取单课评比与积分相结合的方法，或者以每课各组轮流推出"小组发言人""小组主讲人"的形式让学生展开竞争。在诸如此类的激励中，基础好的学生就会感到仅仅提高自己的成绩是不够的，还必须尽力帮助组内的其他成员；而基础较差的学生则认识到小组的成功取决于每个成员的努力，认识到自己对于小组的责任，将压力变成动力，使小组内出现互动、互助、互进的局面。经过一段时间持之以恒的训练，学生的学习目光必然会投向集体、投向长远，而不仅仅局限于自身、局限于眼前，这有利于强化学生的合作意识，全面提升学生的整体素质。

⑧ 教师要适时引导，提高合作学习的质量。重视学生间的合作学习，并不是忽视教师的主导作用。实际上，教师始终是小组合作学习的积极热情的设计者和引导者。无论在有组织的小组讨论中，还是在日常的学习交流中，教师都要牢记自己的引导者的责任，努力克服盲目的、无意义的教学行为。小组讨论时，教师不要等待，不要干自己的其他事情，要深入到小组中去，了解学生合作的效果、讨论的焦点、认知的进程；教师不应该担心学生讨论会提出很多问题，怕"放"了又不能"收"，而应考虑学生需要什么，如何去引导他们探究学习。同时，对小组活动开展得顺利的要及时予以表扬；对任务不清楚的要耐心说明；对出现问题的及时指导；对提前完成的及时检查并布置新任务；对偏离主题和受阻的及时制止或点拨，帮助其顺利开展活动。让学生的语言表达技能得到锻炼并有所提高，学习潜能和创造力得到发掘，克服自闭、胆怯、羞涩等不良心理，培养学生乐于合作、互助尊敬的团队精神。

第三节　学习小组分组的方法与技巧

从2014—2015学年度上学期我校开始在初一数学科组进行"小组合作学习模式"的教学，现在已经过了一个年头了，可以说我对这种新模式也有一点浅浅的认识，成绩方面也取得小小的进步，现在就谈谈我对这种新模式的一些认识、见解和做法，仅供参考。

观摩、学习。2014年的10月，学校派初一数学全体备课组（即初一全体数学老师）到山东省昌乐二中进行观摩、学习。刚进入昌乐二中大门，我们就看见书本形状的花岗岩上刻着"求是创新，至善唯真""故事，从这里开始……"等红色大字直冲眼帘，也许，"创新"就是这个学校的灵魂、主题吧。昌乐二中是个"完中"，也就是既有初中，也有高中，这个学校原来也是个不出名的乡镇中学，但在七八年前，学校实施了"小组合作学习"的教学模式，成绩突飞猛进，其中最辉煌的时候是一千多名高三毕业学子中八百多人考进"一本"，从此名声大振，全国闻名。

通过在山东昌乐二中一个星期的学习，再结合我校的实际，浅谈一下近一年来我对新的教学模式的一些亲身体会和操作方法。

一、分好学习小组

分组要遵从成绩平衡、男女搭配平衡的原则。我们现在接手刚从小学升上来的学生。由于学校已经在8月份进行了摸底考试，我们可以以摸底考试（数学）成绩为依据来进行分组，摸底考试成绩排第1至10名的学生作为"组长"，即1号人物，排第11至20名的学生作为2号人物，排第21至30名的学生作为3号人物，排第31至40名的学生作为4号人物，分好后如果发现男女搭配不平衡，可以微调一下，达到男女搭配平衡。由于我们对学生不是很了解，所以我们要做的只有这些。

如果过了半个学期我们发现分的组不理想，还可以重新分组，这时采用的方法是"双向选择法"，这种方法具有"双向性"，是以中段考试成绩为依据来进行选举。

第一步，选"组长"。在全班同学投票选举组长之前，要讲明能够担当"组长"重任的条件：①成绩比较突出。②有较强的责任心和组织能力。③在学习上和生活上能够关心同学。④乐于帮助有困难的同学。然后，在中段考试数学成绩排第1至15名的学生作为"组长"候选人，让全班同学投票选举（每个同学只能写一个人名），选完后要当场验票，得票前10名的当选为"学习小组组长"，剩下的5名没有选上的同学作为2号人物候选人。

第二步，选2号人物。中段考试数学成绩排第16至20名的5位同学加刚才5名未被选上组长的同学共10人作为2号人物的候选人。这时反过来，由组长选择2号人物，各"组长"同时上黑板，在自己的名字下方写下本组的2号人物的名字，如果有多名组长选择同一人的话，那么就由该名同学选择去哪个组，然后还未选到2号人物的组长重新选择（这时应在未被当选为2号人物的学生当中去选）。

第三步，选3号人物。中段考试数学排第21至30名的作为3号人物候选人，选择方法跟选择2号人物的方法一致。

第四步，选4号人物。中段考试数学排第31至40名的作为4号人物候选人，选择方法跟选择2号人物的方法一致。

这种"双向选择"法，体现的是"你情、我愿、自由、民主"。此法也是借鉴了山东昌乐二中的做法。我的建议是：在以后的具体操作中，要下意识地提高"组长"在其他同学心中的地位，这样有利于组长以后工作的展开；而且要经常召开"组长"会议，以提高"组长"的责任心。（我们可以跟组长说：你们组的成员是由你本人亲自选来的，所以他们的学习甚至生活你都要负起责任来，你要多关心你的组员的学习情况，你要及时帮助学习上有困难的组员，你可以自己教他，也可以叫学习较好的成员教他……）

二、备好每一节课、上好每一节课

首先，认真地出好每一节课的导学案，当然要提前出好，题量不要太大，半张（正反两面）就可以了，有条件的学校要出好微课（微课最好控制在10分钟左右）。那怎么样用好导学案和微课呢？具体操作如下。

1. 课前

在前一天晚修时先发导学案，并且让学生认真观看微课（我是放两遍给学生看的，第1遍要求每一个学生认真看，如果不认真看，每一个学生扣5分；第2遍就不要求了，如果第1遍看懂的学生可以不看第2遍，如果第1遍没有看懂的，可以看第2遍，据我的观察，有98%的学生不愿意看第2遍），学生观看完微课，要求学生马上完成导学案（这样的学习效果会好一些）。然后第二天收导学案，检查学生完成的情况，如果有必要（即所学的内容难度较大），也可以批改每一个组的1号人物或者2号人物的导学案，每个组批改一份导学案就行了（这样做的好处是小组讨论的时候，学生有"参照"的标准）。当然，如果导学案的难度不大，也可以改每一组的3号人物的导学案，视具体情况而论，灵活处理（如果发现不认真完成导学案的学生，上课前一定要及时批评教育）。

2. 上课

在课堂上一定要体现学生的自主学习性，我上课喜欢分五个环节：

第一环节，教师花5分钟左右的时间简单陈述本节课的学习目标、重点、难点和要注意的事项（学习目标、重点、难点可以用课件来呈现）。在本环节中，教师的语言一定要简洁、明了，切勿啰唆、繁杂，因为学生在前一晚上看了微课并完成了导学案，他们都知道了本节课要学习的内容，所以教师就没有必要详细讲了。

第二环节是学生讨论环节。本环节也是学生相互学习、相互交流的环节。学生讨论环节是本节课最重要的环节，那么，如何使大部分学生甚至是全体学生都能认真地讨论学习的内容呢？这太重要了，这可是关系到学习效果和学习成绩的好坏，甚至是关系到这种"小组合作学习"模式的成败。我是这样操作的：第一要立好规矩，如果不是在讨论问题而是在讲与学习无关的事情的，要重罚，甚至请出课室，还要扣小组10分。所以要督促小组长提醒本组成员，避免受罚。第二，如果讨论的声音不够大，得分就不高，讨论认真且声音响亮，加分就加的多。第三，在讨论的时候，可以参照改过的导学案（一般我会每一组改一位学生的导学案）。主要是讨论错的、不会做的题，当然，组长可以先分配好讨论的人数，可以四个人一起讨论，可以一对一讨论，这个可以根据本组的实际情况来选择。那如何使学生的讨论效果更好些呢？我一直在思考这个问题。我发现，如果某一题基础较差的学生被成绩好的同学教会了，不妨让基础较差的学生讲一遍给成绩好的学生听，这样效果会更好些，这个基础较差的学生的记住率会高些。第四，在学生讨论的时候，教师一定要下去巡查，如果发现学生讲得不好，要及时加以纠正，甚至要指导学生如何教别人；有些学生不懂的题，也可以及时地进行讲解，等等。我发现，如果教师走到学生跟前，他们会更认真地讨论问题，讨论的气氛会更加热烈。讨论环节一般控制在10分钟左右。

第三环节是学生上黑板展示环节。在学生讨论了10分钟左右的时候，安排哪一道题由哪个组来完成（安排表可以在课件上呈现）。当然，这是有条件的：①上黑板做题的同学是几号，在做对的前提下就加几分（要相信学生是特别精明的，他们为了本组能加多点分，当然是派3号或者是4号的同学上黑板做题（一般来说，4号的上去的多），因为要做得对，1号或2号的同学会拼命地、认真地教会3号或者是4号的同学，这样我们就借助了学生的力量达到扶差的目的，这样"拖后腿"的尾巴就小了。②上黑板做题的学生不能带自己的导学案，而是另外给一张空白的导学案给他（她），这样就避免了学生抄答案。如果他不会做题，他敢上黑板做题吗？肯定不敢。当一些学生上黑板做题的时候，让下面的学生做什么？让下面的学生继续讨论问题，讨论到上面做题的同学都做完为止。我算了一下时间，从学生一开始讨论到讨论结束，有15～20分钟时间，这样也就提供了充足的时间让学生教学生，从而达到学生帮老师"扶差"的目的。

第四环节是点评环节。这个环节由老师点评，也可以由学生点评，这要视具体情况而定，我是这样操作的，分几种情况：①导学案上的题比较容易的，70%～80%的题让学生上来点评，当然讲得好的有加分，讲得不好的地方由老师来指正，甚至老师要重讲，这时不扣分；②如果导学案上的题不难也不容易（中等题），那么老师和学生交叉点评，即老师点评一题，下一题由学生点评，再下一题又由老师点评；③如果导学案上的题较难，如一些应用题，80%的题都由老师来点评；④导学案上的题有些容易有些较难的，难的由老师来点评，容易的由学生来点评。当然，老师要根据本班的实际情况而定，因为每个班的实际情况不同，哪些是容易的题，哪些是难题，哪些题由学生点评，哪些题由老师点评，需要教师灵活处理。不过要记住，学生点评的，一定要及时加分（可以由全班同学定加的分值，也可以老师定分值），不然的话激不起学生的兴趣，也调动不起学生的积极性。"点评"这个环节，我的建议是：初一阶段还是老师点评为主，特别是初一上学期，因为学生毕竟还是刚刚从小学升上初中，初一下学期就可以多点给学生点评，但是还是老师点评多一点。到了初二阶段，就可以放开手多让学生点评，点评这个环节既可以提高学生的讲题能力，也可以锻炼学生的胆量，还可以活跃课堂气氛、减轻老师的负担。这样一举多得的事情，何乐而不为呢！

第五个环节是课堂总结。这个环节大约控制在5分钟内，我的建议是：如果时间允许的话，还是多鼓励学生总结，当然，如果时间不允许的话，那么就由教师来总结，如果是学生总结，一定要及时加分。

最后是布置当天的作业。

三、课后作业的处理

我们学校购买了课堂导学案这本练习册（我个人觉得这本练习册是很好的，现在全市的学校都在用这本，用教研员的原话是"炙手可热"），再加上导学案。那么，如何让学生一天处理这么多的作业呢？可能我的要求比较高，也比较苛刻，我是这样处理作业的：中午午练25分钟，让学生做课堂导学案（一般是一个课时），成绩好的学生可以完成，大部分学生可以完成一半以上，晚上完成剩下的。导学案也是晚上完成。有老师会问：学生能够完成吗？我觉得是没有问题的，特别是初一，知识还是比较简单的，导学案一般是10分钟左右就可以完成。

第二天把课堂导学案和导学稿一起收上来。我的要求是在早读课下课，课代表就要把作业放在老师的办公室。然后对课堂导学案进行全改（就是每个学生当天一个课时的题进行全面批改）。有些老师会说，我当班主任有很多事情做，没有那么多时间批改作业（课堂导学案），或者有些老师教两个班，批改的作业量大了很多，全面批改不是很现实。那怎么办呢？我的做法是让学生之间相互批改作业，具体操作如下：让组长（1号）批改其余三位组员的作业，让3号和4号轮流批改1号的作业，其实3号或4号在批改1号作业的过程中就等于再学习了一遍。那么2号主要负责收作业，第二天还是要收上来给老师，这时老师主要检查批改的情况。这无形中又减轻了老师的负担。那学生学习效果怎么样呢？我觉得如果落实到位，成绩应该是不错的。

四、复习、考试

我认为复习和考试这两个环节也是很重要的，多考试，学生对数学就比较重视。上个学期，我是这样操作的：①在每个周一上午放学前，我会出好并且印好需时20～25分钟的试卷小测验。这份卷内容是上周所学的内容。利用周一午练进行测试（测试时单人单桌，跟周测的座位一样，注意监考一定要严格），测试完要及时批改，不能拖拖拉拉，尽快出成绩（因为学生很重视自己的成绩）。②如果一个单元的课程结束，完成课堂导学案里的单元复习课后，我会把课堂导学案的单元测试卷作为单元复习卷发给学生练习，然后收上来批改（但不进行评讲，因为没有时间）。之后，用其他单元考试卷进行单元测试（我是利用午练和下午第一节课进行单元测试，进行单元测试了，本星期的试卷小测验就取消），单元测试也要及时批改，尽快出成绩，但是考试的这张单元测试卷一定要评讲，评讲的形式是上课用15～20分钟的时间给学生讨论（其实这个过程就是学生教学生的过程，也正是利用学生来帮老师达到"扶差"的目的），剩下的20～25分钟就由老师讲一些学生错得多的和较难的题。上面两点既做到了每个星期复习、测试，又做到了每个单元复习、测试，这样环环相扣，知识频繁重现，自然地，学生的学习成绩就会好起来。

五、建立、完善好评价制度

我个人认为，完善的、好的评价制度是小组合作学习这种新的教学模式能否取得成功的重要保障，也是学生在这种新模式框架下学习的重要的推动力量，也是推动这种新模式向前发展的动力。所以，我们要花多点的心思在完善评价制度方面，因为这太重要了。

在这里，我很想跟大家一起来分享和交流这方面的经验。我觉得可以从三方面来完善评价制度：

第一方面，建立"数学学习标兵组"评价表。这是张大的评价表，这张表张贴在教室比较显眼的位置，分为五个区域：

第1个区域是"组别"和"姓名"，这里可以很直观地看出有哪些同学属于同一个组，这样可以增加同组同学的凝聚力。

第2个区域是"周测或单元考"的评价区域，分两个部分：第1部分是考试成绩80或80分以上的学生，称为本次考试"学习优胜者"，奖励1个笑脸；第2部分是小组平均分和名次，小组平均分排前五名的组为本次考试"学习标兵组"，奖励1个红旗。学生是很重视他们组有没有被评为"学习标兵组"的，所以老师一定要及时进行评价。

第3个区域是"中段考、模拟考、期末考"的评价区域，这三个考试都是比较大型的考试，因此必须更加重视。每个学生的分数、每个组的平均分与名次都要呈现出来，当然得到"学习优胜者"奖的学生奖个笑脸，得"学习标兵组"奖的组奖个红旗。这里还多了个进步奖，就是中段考成绩比上个学期期末考的成绩多10或10分以上的学生得进步奖；本学期的模拟考比本学期的中段考多10或10分以上的学生得进步奖；本学期的期末考比本学期的中段考多10或10分以上的学生得进步奖。上述的奖项要发奖状进行奖励。

第4个区域是每个月的"月学习标兵组"的评价区域，这里呈现的是每个组每个月的总得分，本月总得分在前五名的组评为"月学习标兵组"。有些老师会问：每个月的每个组的总得分是怎么样算来的？这里分为两种得分：一是课堂得分。课堂得分=讨论分+解题得分+点评分；二是考试得分。每次试卷小测验、周测、单元考、中段考、模拟考、期末考组的平均分大于或等于班的平均分，就有加分。上述这些有试卷的考试，如果有五个组加分，那么第1名的组加10分，第2名的组加8分，第3名的组加6分，第4名的组加4分，第5名的组加2分；如果是没有试卷的小测，加分就减半，以有五个组加分为例，第1名的组加5分，第2名的组加4分，第3名的组加3分，第4名的组加2分，第5名的组加1分。当然，这些考试在哪个月考的就加到当月里面去，至于这些加分的烦琐事就由一个课代表专门负责。

第5个区域是"学期总评标兵组"评价区域。每个组的期末总评得分=周测（单元考）的笑脸个数×4+周测（单元考）的红旗个数×6+中段考、模拟考、期末考的红花个数×2+中段考、模拟考、期末考的笑脸个数×8+中段考、模拟考、期末考、每个月的红旗个数×10。总评得分前五的组为"学期总评标兵组"，发奖状给予奖励。

　　第二方面是建立学习帮扶对象表，也叫"对子"表（"对子"双方1个是成绩好的，1个是成绩较差的）。可以1对1地帮扶，也可以多对1地帮扶，根据我的观察，1对1地帮扶效果会好一些。结"对子"的好处是学生与学生之间不仅在课堂上可以相互帮助，在课后也可以相互帮扶。那如何结"对子"呢？我是这样操作的：首先，确定"被帮扶人（成绩较差的）"，在班里面学习成绩排名在后15名的为"被帮扶人"；然后，看看这后15名的同学分别属于哪个组（因为这是涉及加分的问题，又是在初期，学生是特别重视加分的，为了提高学生的积极性，所以我建议在同组结"对子"）。接着，在组里面确定"帮扶人（成绩好的）"。"帮扶人"由"被帮扶人"自己来选择，而"帮扶人"又乐意教"被帮扶人"的双方结成"对子"。所以结"对子"要遵循"你情我愿"的原则，即"帮扶人"和"被帮扶人"都是关系比较好的，相互乐意成为"对子"的（据我的观察，在同组里面是比较容易确定"对子"的）。

　　结"对子"后，怎么样来促进学生的积极性呢？怎么样来评价哪个"对子"的好坏呢？在这里就要建立"对子"评价制度，我是这样建立评价制度的：一个学期分两个时间阶段，第1个时间段是从开学到中段考试，这个时间段是以上个学期的期末考试班上排名为基准，"被帮扶人"每次的周测或单元考试成绩在班上排名有进步的要及时在全班同学面前表扬，"被帮扶人"的周测或单元考试成绩排名退步的要把整个"对子"叫到办公室进行"谈话"，问其原因；"被帮扶人"中段考试成绩在班上排名进步3名或3名以上的，评为"进步之星"，而相对应的"帮扶人"评为"帮扶之星"，发奖状给予奖励。第2个时间段是从中段考到期末考，这个时间段是以中段考试在班上排名为基准，"被帮扶人"每次的周测或单元考试成绩在班上排名有进步的要及时在全班同学面前表扬，"被帮扶人"的周测或单元考试成绩排名退步的要把整个"对子"叫到办公室进行"谈话"，问其原因；"被帮扶人"模拟考试成绩在班上排名进步3名或3名以上的，评为"进步之星"，而相对应的"帮扶人"评为"帮扶之星"，发奖状给予奖励；"被帮扶人"期末考试成绩在班上排名进步3名或3名以上的（也是以中段考成绩排名为基准），评为"进步之星"，而相对应的"帮扶人"评为"帮扶之星"，发奖状给予奖励。

　　第三方面是制作"作业免做牌"。其实"作业免做牌"比奖品更吸引学生。那怎么样用好"作业免做牌"呢？我是从三个方面来用好这个"作业免做牌"的：第一是给周测或单元考试成绩在95分或95分以上的同学奖一张"作业免做牌"。要注意，一张"作业免做牌"只能抵一次作业或一张试卷。第二是给中段考试、模拟考试成绩在90分或90分以上的同学奖一张"作业免做牌"。第三是期末考试。期末考试是本学期最重要的一次考试，所以要特别一点：80分或80分以上的同学假期作业全免；60～80分的同学假期作业做一半；不及格的同学假期作业全做。学生为了有个轻松、愉快的长假，他们会很勤快地、认真地学习、复习数学，以期会取得优异的成绩。

综合上面三方面，我个人认为，奖励要重"精神"轻"物质"，只有完善好"评价制度"，学生在这种小组合作学习新框架下学习才会有坚持不懈的动力，只有完善好"评价制度"，我们的小组合作学习新模式才能够走下去，并且会走得更好。

第四节　小组合作学习课堂教学操作应用

在完成导学案的制作和改良后，我校导学案的应用已经到了一定的程度，可以很骄傲地说，老师们已经基本接受导学案在日常课堂教学中的辅助性作用，教研水平也得到很大的提升。导学案的应用已趋成熟。接下来就是小组合作学习课堂教学方法的培训和推广。我校通过数学教研组的示范带头作用以及部分骨干带头人的积极推进，在数学教研组全面铺开小组合作学习课堂教学模式，其他学科有计划地推进，通过边学边用边改的策略，小组合作学习课堂教学的操作应用就这样在初一初二年级所有学科推广应用开来。但由于学科之间的差异和性质不同，在操作应用过程中会出现很多属于学科内部的问题或是所有学科的共性问题，这个时候学校教学管理部门就要牵头组织学科组长和骨干带头人共同研讨如何解决，凝聚集体智慧，发扬民主，协商讨论。这是一个非常好的教研提升机会，教学管理部门要敏锐地把握时机、准确地研判各学科推进进度，恰到好处地提出指导意见，引领各学科逐步推进小组合作学习课堂教学的操作应用。

第五节　小组合作学习教学模式的初步建立

我们通过做中学这种方式在各学科全面推进小组合作学习课堂教学的操作应用，遇到了许许多多前所未遇的问题，教学管理部门紧紧依靠走在前头的数学科组和各学科骨干带头人，经常开展小型研讨会。当然，这个时候还要全方位地深入各学科的课堂教学了解掌握情况。教导处各位主任分工合作，每人负责1~2个学科，时刻把握负责学科的动态，每每有好的方法和亮点就相互交流与合作，共享优秀做法和先进理念，主动站在课堂教学改革的最前面，当然这也是一种担当和责任的体现，更是一种主导地位的体现。我们的做法是：先统一定型，所有学科的小组合作学习教学模式都基本一致，都是一个统一的框架，允许学科提出加入符合本学科特色的元素，但不允许改变框架，初步建立具有本校特色的小组合作学习课堂教学模式。我们认为小组合作教学模式包括教师教的模式和学生学的模式，这两种模式既有不同，又有共性。区别在于教师教的模式主要包括在组织课堂、构建教学内容和教学效果监测等环节，学生学的模式主要包括课前预习、课中讨论、课尾总结等三环节。其基本模式如下：

课前导学

第一步：观看微课（6~8分钟）——电子白板

完成导学稿（晚修时间）——时间分科分段

课中合学

第二步：课堂导入（3~5分钟）

第三步：小组讨论（10分钟）

第四步：小组展示（10分钟）

第五步：师生点评（10分钟）

第六步：师生小结（3~5分钟）

第三章

数学课堂信息化技术的融入

第一节　小组合作学习课堂教学的困惑与思考

在经过大约一个学期小组合作学习课堂教学模式的操作应用和磨合后，遇到的许多问题都迎刃而解，课堂教学效率大大提升，效果非常显著，带来很大的影响。我校迎来很多兄弟学校的观摩和研讨，得到许多的赞扬和建设性意见，但我们深深地感到也有几个关键问题一直得不到很好的解决。

一、个性化学习问题

个性化学习是通过对特定学生的全方位评价发现和解决学生所存在的学习问题，为学生量身定制不同于别人的学习策略和学习方法，让学生有效地学习。每一个学生都是与众不同的，有自己独特的天赋特性、偏好和天生优势，也有不同于别人的弱点。解决学生的学习问题，应该用个性化的方法去适应其学习上的要求。个性化学习是以反映学生个性差异为基础，以促进学生个性发展为目标的学习范式。而本人认为在日常课堂教学中必须充分考虑学生的个性化学习需要，关注并实施有差异的个性化教学和个性化学习。

一是在小组合作学习课堂教学模式中的课前微课导学环节，由于学生学习能力和基础的差异，有些基础较扎实和反应较快的学生看一遍就已经学会了，接着很快就进入导学案导学的环节。而基础中等的学生可能还一知半解，可能需要多看一遍才可以弄明白。学生们是统一在教室用电子白板观看的，怎么办？还有一些基础比较薄弱的学困生需要看两遍三遍甚至更多遍，又怎么办？这些问题一直困扰着我们，因为很多学生多次提出了疑问。

二是课中合学环节，在小组展示中如何体现小组或是组员的个性化学习过程？当时只能是将小组学习过程或是讨论草稿通过投影的形式来展示，但这个过程比较耗时、效率低，也体现不了小组或每个组员的个性化学习过程。

三是课中合学效果或是课后作业的检测千篇一律，不管学生学习的效果如何都做同样的题目来检测，不能做到分层次、根据个性化需求来量身定做，做不到因材施教，更不用说培优扶差。

二、课前导学效果评价

课前的微课和导学案导学环节是学生在晚自习时间独立完成的，既起到课前预习的作用，又能培养学生独立自主学习的习惯，有利于学生养成主动学习和独立解决问题的良好的学习习惯。但一个班50人一定会存在很大的学习差异性，课前二导的学习效果也会参差不齐，教师如何在上课的前3~5分钟之内有个很好的预判呢？没有这个比较确切的数据，教师又如何根据课前二导的情况来引导和把握重难点问题的解决？最好的方法就是快速地课堂导入之后提出一两个本节课的关键问题进行检测，由学生快速解答，如此马上就有一个结果生成，教师可以根据这个生成的确切的数据有的放矢地引导和掌控课堂。

三、课中合学效果快速检测

在课中合学环节，通过小组讨论和小组展示，以及在教师的引导和辅导之后，课堂教学的重难点问题基本得到解决，但学生具体掌握情况如何不得而知。基于学生的学习差异性和个性化学习，教师一般会布置随堂练习来检测。平常的做法就是学生做随堂练习，教师边巡堂边辅导边检查学习的效果，这样既没有一个准确的数据又不能完全统计全班学生学习的情况，更致命的是太耗时间、速度又慢，练习量还达不到要求。怎么能在课中合学中快速地检测学习效果就是一个棘手的问题。

四、课后作业的布置

由于每天几乎所有的文化学科都采用这种课堂教学模式，晚自习又是分学科分段进行，并且每个学科都有相应的课前导学内容和任务，课后时间就非常有限，教师面临的最大问题就是课后作业如何布置。如果是布置纸质作业的话，学生花在抄抄写写上的时间就会相应大幅度增加，如果不布置纸质作业的话，有些文科类又需要抄抄写写的，怎么办？能不能文理科区分对待？还有什么办法既能让文科作业减少抄写，又能让理科作业根据个性化需求来快速完成？我们迷惑不解。

五、时间的科学合理分配

我们学校是全寄宿制封闭管理的，学生在校时间非常固定和有规律，时间分配和管理也非常方便，学生几乎按照学校制定的作息时间表来进行学习生活，但如何科学合理地分配好学习时间来推进小组合作学习教学模式是需要考虑和协调的。语文、数学、英语三大主科每天都有至少一节课，而且中考占分值都很高，所以每天晚自习时间分配要相应地比重大些，其他科如何分配？有些科目每周有四节，而有些科目只有两三节，非中考科目呢？如何均衡科学分配时间很考验教学管理者的智慧，我们尝试过几种分法，最后确定了一种适合自己学校的时间分配方法。

六、不同课型之间的转换

小组合作学习课堂教学模式只是一个课堂教学的模式而已，我们在统一框架之下允许具有学科特色，但学科内部也有不同的课型。比如，数学有代数类、几何类，有运算类、证明类、作图类等，其他学科也有类似的问题。不同课型之间怎么转换，怎么与我们小组合作学习课堂教学模式相结合，也是我们遇到的一个难题。

第二节　信息技术与问题的解决

翻转课堂式教学模式，是指学生在课前或课外观看教师的视频讲解，自主学习，教师不再占用课堂时间来讲授知识，课堂变成了师生之间和学生与学生之间互动的场所，学生在课堂上答疑解惑、合作探究、完成学业等，从而达到更好的教育效果。

通过信息化教学的观摩和培训，我们惊喜地发现其实信息技术可以解决很多课堂教学问题，只是局限于各种条件和环境，所以信息技术融入课堂教学的深度还是非常有限的，但有融入越来越深的趋势。我们觉得信息技术完全可以解决我们在小组合作学习课堂教学模式中遇到的所有困惑和问题。

一、信息技术解决了微课制作和观看问题

教师通过信息技术来制作微课或在网上找到相应成熟的微课通过电子白板播放给学生观看，学生通过观看微课进行课前导学，这样就给教师释放了大量的课堂时间来进行个性化辅导和互动，既提升了课堂教学效果，又培养了学生自学能力。

二、信息技术解决观看微课的个性化问题

那么信息技术又可不可以解决课前导学的个性化学习的问题呢？当然可以！如果师生人手一台平板电脑，只要教师推送微课给学生，每个学生都可以根据自己的需要来观看微课，无论多少遍都可以。这样可以不用统一利用电子白板来观看，还减少了大家相互的干扰，又促进了个性化学习的需要。

三、信息技术解决导学效果的检测问题

教师一上课在简要的课堂教学导入后，根据课堂教学内容和结合课前导学的内容，利用平板电脑快速在题库中推送几道习题进行限时课前导学效果的检测，学生只需要快速在平板电脑上完成提交，教师利用相关软件可以马上进行大数据统计分析，立刻得出检测的各项数据，并根据得分率、失分率、具体到个人的对错情况、作答的具体步骤等，来即时判断问题集中在什么地方、哪个知识点可以简略、哪个知识点必须重点评讲、哪些同学需要特别辅导哪个知识点等，错的同学是基础非常好的就要特别关注等。

四、信息技术解决课中合学效果的检测问题

教师根据课中合学情况，利用平板电脑快速在题库中推送几道习题进行限时课中合学效果的检测，也可以考虑推送必做题和挑战题，学生可以根据自己的掌握程度有选择地完成，这样既可以检测课中合学的效果，又可以满足不同学生个性化学习的需求，还可以激发学生挑战自我和向上的求知欲。在课中合学中还有一个很重要的环节，那就是个性化小组展示。在这个环节中，小组通常是根据展示的难易程度派出1~4号组员，简单的就会派出4号组员，答对就可以得4分，最难的就会派出1号组长，但只能得1分。这个小组展示的是在讨论导学案时或老师推送的检测题，每个学生都会在平板电脑中完成或拍照上传，展示时都会调出相应学生的原题，因此，在展示中学生会按照小组讨论结果和个性化的解答过程到讲台拿着自己个人的平板电脑来操作，当然展示内容也会同步到每个学生的平板电脑上，这样的话就非常巧妙地解决了个性化展示问题。

五、信息技术解决课后作业布置及个性化作业问题

因为每个教室都有固定的IP地址和网络，所以每个学生的平板都可以在相应的软件上进行学习操作，当然这个网络是禁外网的，防止学生不健康上网。如果具备了这些条件，那么课后作业的布置、科学合理分配时间和不同课型间的转换等问题都会迎刃而解。学生可以根据自身的实际情况和碎片时间科学地适时完成教师布置的作业，还可以个性化地在相应的作业题库中自行选择作业，自我挑战和提升。

第三节 信息技术的融入与提速增效

一、推动信息技术与学科教学的融合是未来教育变革创新的重要议题

2015年12月27日，第十二届全国人大常委会第十八次会议表决通过《关于修改<中华人民共和国教育法>的决定》，首次将教育信息化纳入《教育法》。将《教育法》的第六十六条修改为："国家推进教育信息化，加快教育信息基础设施建设，利用信息技术促进优质教育资源普及共享，提高教育教学水平和教育管理水平。县级以上人民政府及其有关部门应当发展教育信息技术和其他现代化教学方式，有关行政部门应当优先安排，给予扶持。国家鼓励学校及其他教育机构推广运用现代化教学手段。"此次《教育法》修改，在法律层面上确保了教育信息化，响应了时代的要求，与时俱进，具有一定的时代意义。

首届国际教育信息化大会于2015年5月23日在我国胜利召开。会议由联合国教科文组织和我国教育部合作举办，来自全球90多个国家的教育官员、学者、校长和教师汇聚于青岛，以"信息技术与未来教育变革"为主题，共同探索教育与信息技术深度融合的有效途径，研讨信息技术在教育领域更加广泛的实施应用。

二、我校信息技术与小组合作学习课堂教学的融入

从2014年起，我们学校数学科开始了小组合作学习的教学改革探索，通过两年的教学实践，实验班与非实验班的数学成绩对比表明，实验班学生的数学能力得到较大提升。随着翻转课堂在课堂的运用，我校的小组合作学习模式加入了微课导学的环节，教学实效又有了提高。镇委镇政府高度重视教育，支持我校教育信息化的发展，为学生每人配备一台平板电脑，保障了信息化小组合

作学习的教改的条件。

学校在大力开展导学案的制作和推广应用的过程中取得了意想不到的效果，意外地收获了老师们的教研水平提升和满腔热情。同时在尝试小组合作学习课堂教学模式方面，反响同样很热烈，得到市教育局教研室的大力支持和指导，引起了本市教育界的关注。2015年10月15日，东莞市慕课启动暨麻涌一中慕课专题片在全市首映。2015年12月23日，在东莞市首届慕课创新工作现场会，我校作为代表向全市教育线汇报成果，一时间全市各兄弟学校纷纷派出骨干教师到我校观摩交流，每周都会有好几拨儿同行来我校研讨，这大大刺激了教师们的教学教研热情。我们学校也适时制定了相应对策——推门课制度，即所有兄弟学校或同行来观摩交流的老师都可以随时随地进入任何教室、任何班级进行听课，听课后都会指定相应的学科骨干或带头人进行研讨，这样既促进了学科骨干或带头人的提升，又起到他山之石可以攻玉的借力作用。在这样的一番操作之后，我们镇主管教育的领导和行政部门看到了我校教改的效果和影响，再加上主管领导带队到教育教改先进的江浙和上海以及山东等省市名校实地考察过，我们也经常向主管领导和行政部门汇报教改的进程以及遇到的困难，主管领导经现场办公会和审核考察，决定投入我校小组合作学习课堂教学模式。2015年10月，镇政府投入300多万元，为初二级师生每人配置一台平板电脑，为实施小组合作教学信息化提供了优质教学平台。当年初二级文化科超市平均分2.7分，这是近十年来新生的第一次！2016年7月，我校开始培训毕业班教师制作微课、配套导学案及信息化小组合作教学模式，9月起全校实施信息化小组合作教学模式，彻底实现翻转课堂。主管领导和教育行政部门看到信息技术的融入带来教学的提速增效，于2016年9月再投入大约800多万元，为初一、初三级师生每人配置一台平板电脑，实现三个年级全覆盖。

第四节　引入第三方成熟的信息化教学技术

在2015年前后，信息化教学技术大量涌现，开始以各种各样的形式进入课堂教学。我们学校通过市教育局教研室的指导进行遴选和甄别，再根据自身的实际需要有条件地引入成熟的第三方信息化教学技术及相关软件。我们学校没有一味地相信和听从第三方公司的推介，而是通过考察了解和试用，选择了适合我们学校小组合作学习课堂教学模式的第三方公司的信息化教学技术。如果有些地方不同步或是不匹配，我们会要求第三方公司必须按照我们的需求来研发和设计，否则就选用其他公司的技术。我们宁可选择很多第三方公司的某一个技术来为我们的教学环节服务。

第五节　量身打造信息化小组
合作学习教学模式

在经历了导学案的制作和推广应用、小组合作学习教学模式的尝试以及全面铺开，再到信息化技术的深度融入，我们学校的信息化小组合作教学模式已初步构建，若想让这个教学模式更加科学合理，更加有效和高效，就需要学校领导的高瞻远瞩。我们认为最关键的有这么几个方面。

一、教改是一把手工程

从下而上的叫改变，从上而下的才叫改革。学校教学模式的改革只有学校一把手亲自出马、亲自抓、亲力亲为，才能带动整个学校的改革，才能撬动教师群体的核心利益。所有的改革从一把手开始，一定会从人力、物力、财力等全方位跟进、全力以赴地支持，这样教改才能得到最根本的保障。并且如此保证是为了改革而改革、为了纯粹地推进教育教学质量的提升。

二、推广应用价值

在不违背国家教育教学方针政策的原则下，任何的课堂教学模式的改革都要有推广应用的价值，都要在可借鉴、可操作、接地气的前提下才能有生命力。决不能生搬硬套、照本宣科地一味盲从、跟风。专家建言：拧干水分做课改，绝不作秀。翻转课堂常态化，做到接地气！给孩子们一个平台和舞台，孩子们的未来发展是我们的唯一动力。我们要解放老师，解放学生，实现教育信息化。申明：平板电脑只是一个工具，我们只是把它用在某些环节！一节课从头到尾都使用的那肯定是在作秀！

三、社会影响力

量身打造信息化小组合作学习教学模式是我们学校的唯一追求，不为作秀，更不为引起社会的关注。但为了提升教育教学质量，踏踏实实地推进改革，如果我们的教改效果显著，具有推广应用的价值，非常接地气，可借鉴、可操作性强，必然会引起社会的极大反响，产生深远的社会影响。2015年开始的近三年时间，我校共吸引了广西省教育考察团、广州市第二外国语学校、佛山市科技学院、佛山市三水区教育局、江门市蓬江区教育局、厦门市海沧区教育局、东莞外国语学校、东莞市长安实验中学等超过100所省市内外学校、单位，超过1700人次前来观摩交流。主持人为到校观摩人员做了超过80场专题讲座，还应邀在东莞市万江二中、深圳市龙华区同胜学校等举办讲座，核心成员黄若明先后到湖北武汉、贵州贵阳、广东东莞凤岗等举办讲座。《南方日报》《东莞日报》、中国教育品牌网、腾讯、新浪、网易、搜狐、广东新闻、今日头条、北京视窗、焦点新闻网等媒体（报纸）对我校教改进行了报道。

第 四 章

数学信息化小组合作学习教学模式的构建与优化

第一节 信息化小组合作学习教学模式的构建

一、合作学习

合作学习是以学习小组为基本组织形式，系统利用教学因素的互动，促进学生的学习，以团体成绩为评价标准，共同达成教学目标的教学理论与策略体系。

二、小组合作学习

小组合作学习指的是在课堂教学过程中，教师根据教学任务的性质及要求，组织学生以小组学习讨论为主要形式，依据一定的小组合作程序与方法，要求学生在小组中与其他同学围绕共同的学习任务进行讨论与交流，从而获取知识的认知与情感的提升。具体来说，小组合作学习就是在教师的指导下，依据教师设定的任务情境，将一个班级的学生按一定的原则分为若干个小组，每组二至六名学生，在组内充分讨论与交流的基础上，实现让学生主动参与教学的目的，从而顺利完成既定教学任务的一种教学模式。

三、信息化

信息化的定义是以现代通信、网络、数据库技术为基础，将所研究对象各要素汇总至数据库，供特定人群生活、工作、学习、辅助决策等，和人类息息相关的各种行为相结合的一种技术。使用该技术后，可以极大地提高各种行为的效率，为推动人类社会进步提供极大的技术支持。本课题研究的信息化，具体指的是运用适用于教学的平板电脑、多媒体教学平台等现代教育技术。

四、信息化小组合作学习模式

本课题研究的模式是先学后教，以小组合作的学为主，以教师的教为辅，教师起到指导、把关和辅导的作用，还课堂于学生，还讲台于学生，在导学案与微课中设置一系列具有内在联系的思考题和问答题并形成探究链，辅以平板电脑、多媒体教学平台等现代教育信息技术，引导学生在情境活动中进行体验、自主探究、合作、交流等一系列活动，来完成各项教学目标，进而提高综合探究能力和学科素质的课堂教学方法与过程。

五、数学信息小组合作学习教学模式的构建

学校前期开展的导学案制作及优化为小组合作学习教学模式，即翻转课堂教学做好了第一步的准备。小组合作学习课堂教学模式又为信息化的融入提供了模板和载体，同时信息化工具和技术的融入为小组合作学习课堂教学模式注入了新的活力和动力。我校信息化教学与数学学科教学融合现状研究为构建数学信息小组合作学习教学模式提供了最好的实际操作依据，我们觉得在这些环节中的融合会取得实效，具体如下：

（1）学生在课前导学之微课导学时利用平板电脑（可重复多次观看）或电子白板观看微课，提高效率，促进个性学习。

（2）学生在课前导学之独立完成导学稿时遇到困惑时可借助网络或微课解决。

（3）课中教师导入后通过平板推送3～5题检测，然后统计、整理、分析及反馈之前的导学情况，初步了解问题之所在。

（4）教师在课中展示可以使用抢答或随机点名功能激发学生积极主动表现的欲望，活跃课堂气氛，提高课堂效率。

（5）教师在课中展示还可以用拍照上传功能进行对比点评，让学生同台PK与展示，效果显著。

（6）教师在课中展示时可针对性地推送3～5题巩固类似知识点，还可让学生个性化地分层次对知识点进行过关挑战。

（7）教师点评后可立即推送随堂小测题然后批改，了解学生掌握程度。

（8）学生利用信息化手段随时解决遇到的问题而不必时时求助老师。

（9）教师利用后台进行大数据的收集与整理分析，随时诊断学生出现的问题并快速准确地提出解决办法。

第二节　基于小组合作学习的翻转课堂教学

首先，导学案是根据每节课的课堂教学需要而配套制作的，而微课又是根据教材章节内容来制作的，所以微课和导学案是配套使用的。学生在课前二导（微课导学和导学案导学）中是先看微课，接着再做导学案，它们是对应出现的。换句话说就是课前的二导是连续两次的自我学习过程，这对学生自学能力的培养和自学效率的提升是非常关键的，比较容易完成，也提高了学生自学的兴趣和内驱力。

一、初中课堂信息化小组合作学习教学模式研究

此项目包括教师教的模式和学生学的模式。我们通过项目推进，促使各学科形成稳定的、可塑性强的教师教的模式和学生学的模式。然后在外校的实践单位中进行试验，检查这种教学模式的有效性和稳定性。

二、初中课堂信息化小组合作学习教学策略研究

项目研究关键是策略，策略研究将着重于探索有效的师生教学关系，在尊重和差异方面更好地提升学生全面素养，注重学生的参与、实践和探究的方法，强调合作与对话，关注高阶思维培养途径，等等。

三、研究难点

根据心理学思想和行动的相关理论，使教师在信息化小组合作教学之路上能一路走下去的关键是思想认识，如果教师不能认识到未来教育信息化的必然性和重要性，一定会受到应试教育的冲击，进而在思想上摇摆。项目研究的难

点就是形成教师主动、较持久地开展信息化小组合作教学的教学生态、专业成长机制。具体如图4-2-1所示。

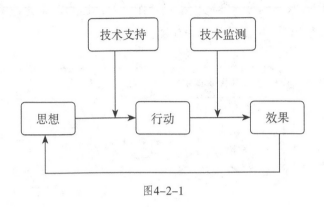

图4-2-1

四、主要特色

教学过程和效果诊断均得到信息化技术支持，使教学实现可视化、个性化。

五、构建信息化小组合作教学模式

我们认为信息化小组合作教学模式包括教师教的模式和学生学的模式，这两种模式既有不同，又有共性。区别在于教师教的模式主要体现在组织课堂、构建教学内容和教学效果监测等环节，学生学的模式主要包括课前预习、课中讨论、课尾总结等三环节。（图4-2-2）

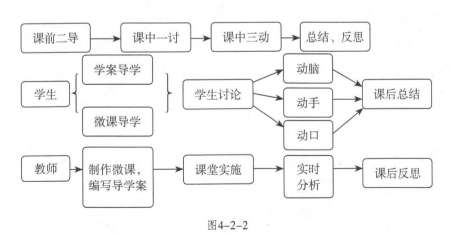

图4-2-2

六、构建信息化小组合作学习的教学策略及实施方法

通过制作微课、编写导学案、小组合作学习，运用信息化技术即时传送课题、统计、评析等手段，结合课堂量化评价促进教学成效的提升。（图4-2-3）

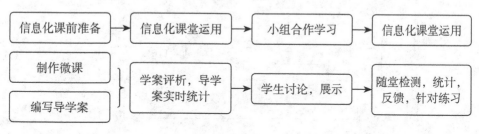

图4-2-3

七、综述信息化小组合作教学特征与原则

小组合作教学是教改的最终目的，信息化是推进小组合作教学的工具之一，项目研究是将信息化与小组合作学习深入融合，使各学科形成稳定的教学生态。信息化小组合作教学的特征是以学定教，学生为"演员"，教师为"导演"，原则是先学后教，组内互助，组间竞争。

第三节 各种课型的构建

信息化小组合作学习课堂教学模式除了基本框架保持不变之外，每个学科也有很多种课型。例如，初中数学有新授课、习题课、专题复习课、试卷评讲课等各种课型教学模式。不同课型之间的构建与转换，以及怎么与小组合作学习课堂教学模式相结合也是我们遇到的一个难题。当然其他学科也有类似的问题。

一、新授课

1. 知识链接提出课题

数学知识的引入，教师通常应以复习或预习相关知识做铺垫，结合实际问题引入课题，根据新、旧知识的内在联系，简要复习已有知识，抓住数学研究中出现的新情境、新矛盾巧妙设置问题，激发学生进一步学习新知的热情。

2. 创设情境感受新知

教师要从实际出发来创设情境，使学生初步感受新知。教师应设计好一系列的问题或为学生准备好生成新知的具体事例，引导学生分析解答，使学生在对具体问题的解答中感知新知，形成感性认识，再通过对一定数量感性材料的观察、分析，提炼出感性材料的本质属性，进而转化为数学模型。

3. 自主学习理解新知

在对新知形成感性认知的基础上，学生结合教师提供的材料（如导学案）进行自主学习，对存在的疑惑可先在小组内与其他同学进行讨论，然后在课堂上表述自己对新知的理解、认识，教师根据情况进行必要的点拨指导、补充升华，引领学生逐步生成新知。

4. 例题示范应用新知

根据情况，可由学生运用新知自主解决本节课的典型例题，经展示、交流、讨论后，修正错误，优化解题方法，完善解题步骤。教师应及时点评要点、规范解题步骤和书写格式。

5. 变式训练强化新知

教师引领，对典型例题进行变式训练，延伸拓展，使学生进一步理解、巩固新知。

6. 自主归纳升华新知

由学生自主进行课堂小结，整理本节课所学概念、思想、方法及应注意的问题，教师适时评价、补充。

7. 自我诊断落实新知

学生用一组习题对本节所学进行自我诊断，限时完成，小组内批阅，及时检测反馈课堂效果。

二、习题课

1. 自主回顾梳理知识

通过基础练习或提出问题，引导学生对本专题知识进行复习回顾，梳理本专题的知识、方法，完善知识体系，形成网络。

2. 例题剖析尝试练习

学生自主对本专题典型例题进行尝试练习，在小组内展示、交流、讨论、纠错，优化解题方法，完善解题步骤。教师剖析解题思路，点拨应注意的问题，规范解题步骤，使学生达到知识与方法的升华。

3. 变式训练拓展提高

对典型例题进行变式训练，延伸拓展，使学生进一步巩固本专题知识应用的主要题型，强化解题方法，规范解题步骤。本环节仍然可由学生先做，再展示、修正，教师最后点评。

4. 自主整理归纳总结

教师要放手让学生自己进行知识小结，整理归纳本专题知识应用的主要题型，总结解题方法与规律，适当强调重点内容及注意事项。

5. 自我诊断当堂落实

学生用一组题目对本专题知识进行自我诊断，限时完成，当堂进行小组内批阅、修改，以此来强化落实对本专题知识、方法的理解、应用，提高解决问题的能力。

三、专题复习课

1. 自学学案

教师要根据本节课复习的重点、难点及课堂教学目标落实措施，设计导学案供学生练习使用，学生完成基础知识回顾题。

2. 点拨指导

教师要明确提出本专题的复习要求，点拨指导复习重点和应注意的问题，必要时以具体题目来说明。

3. 典型例题剖析

精选一定数量的典型题目供学生尝试探索、教师点拨讲解。具体要求：

① 尝试做题。

教师对典型例题要坚持"不做不讲"的原则，鼓励学生自己先尝试解题，探求解题思路和方法，必要时让学生之间进行讨论。

② 解法展示。

教师有目的、有针对性地选择学生板演典型例题，一般可安排一人一题，重点或较难的题目可以多人一题，以充分展示学生的思维过程、解题障碍或典型解法。

③ 思路分析与错误剖析。

对学生板演结果，提倡先让学生到黑板上进行批阅，批阅时应当指出错误之处及改正的方法、出错原因、有无其他解法等，其他同学可以交换批改。教师要适时评价学生的批阅是否恰当、合理，并指导学生如何避免错误。

④ 方法规律总结。

教师通过学生的板演、批阅、交换批改、错误分析，引导学生比较各种解法的优劣，总结典型例题的通性通法。

⑤ 注意问题点拨。

教师通过提炼总结出应用本专题知识解决问题时应注意的事项和问题，进行点拨强调。

4. 变式训练

针对典型例题解决过程中出现的有共性的问题，紧扣典型例题，通过条件变形、结论变形、设问角度变形、考查方式变形等手段进行再训练，从而达到一题多解、一题多变、举一反三、多题一解、熟练掌握通性通法、灵活应用知识、提升学科能力的目的。

5. 反思总结

重点反思和总结应用本专题知识解决问题的通性通法、最容易犯的典型错误、最容易出问题的解题环节（如审题、计算、推理等）等。

6. 反馈检测

精选一组题目，当堂检测反馈。

四、试卷讲评课

1. 数据统计与成绩分析

制定科学合理的评分标准，认真评阅试卷，统计成绩并分析。

① 对学生得分、失分情况进行统计、汇总，确定讲评重点。

② 分类统计答题情况，对选择题和填空题应统计出错误情况和人数，对解答题统计得分并计算各题的平均分和典型错误及特殊解法，确定重点讲评的题目。

③ 对错误较为集中的题目进行分析，找出错误根源，制定纠正措施，设计好变式训练题。

在试卷讲评课中，教师在进行成绩分析时，可简述测试的平均分、及格率、优秀率、分数段分布、试题命制意图和特点分析、考查的重点、试题的难度，表扬成绩突出和进步明显的同学；对成绩差的同学给以更多的关注和鼓励，以提高他们学习的自信心。

2. 学生纠正错误

提前将试卷发给学生，首先要求学生自我纠正错误，剖析出错原因，然后与同学交流考试得失，讨论解决问题的方法。

3. 分类讲解

根据学生的答卷情况，按知识模块或方法规律分类讲解。这是讲评课最重要的环节，教师要精心设计课堂教学环节，必须要讲在重点、难点、疑点和关键点上，充分调动学生参与到课堂教学中，具体要做到以下几点：

① 典型错误剖析。

对典型错误要重点分析出错原因，找到症结所在。教师根据阅卷情况，用提问的方式,将学生典型的错误思维过程暴露出来,大家共同探讨纠正的方法。提问的面要尽可能广,这样才有代表性。还要引导学生进行成绩分析:一是对得分原因的分析,指导学生分析当时是怎样想的、切入口是怎样找到的、计算是怎样进行的、过程是如何表述的等,也就是要反思过程,通过反思探索出解题的规律,掌握解题方法。二是对失分原因的分析。失分是由于不会做、找不到切入口,还是会做却未得全分? 要分析出错误原因。这一环节必须以学生为主体,因为教师仅仅从卷面上对学生出错原因进行判断未必准确。

② 通性通法。

通过典型题目的剖析与讲解,达到总结提炼通性通法的目的,以此提高学生对学科知识的整体把握。对典型题目的讲解要做到以下几点:一是讲解题方法的发现过程,包括如何读题、如何寻找解题的切入点、解法探索;二是讲如何规范表述解题过程;三是通过一题多解、一题多变、多题一解等手段,深入挖掘典型试题的潜在功能。

③ 一题多解、解法优化。

对答卷中出现的新思路、新解法,同一题目的不同解法及不同解法的优劣,教师都要给以恰当的评价,使学生能够理解和尝试学习新思路、新解法,根据题意优化解题方法。

④ 变式训练。

针对学生出现的典型错误、出错率较高的题目进行同类或变式问题的再训练,主要是为了让学生巩固解决这些问题的通法。

4. 反思总结,完成满分卷

没有反思,讲评过程就不会得到消化,讲评效果就得不到巩固。总结的过程,就是学生认识水平和能力提高的过程。教师要善于引导学生反思、回顾和总结,概括知识要点,归纳解题方法,强调应注意的问题。反思总结之后,要引导学生完成满分卷并进行二次批阅。

5. 巩固练习

讲评课的结束,并不是试卷讲评的终结,教师应利用学生的思维惯性扩大"战果",有针对性地布置一定量的作业,进行巩固练习。练习题的来源,可以是对某些试题进行多角度的改造,使旧题变新题,以有利于学生对知识和方法的巩固、提高,有利于反馈教学信息。

第四节　信息化小组合作学习教学模式的优化

　　小组合作学习作为研究性学习的一种基本组织形式已经在教学实践中普遍应用。我们从计算机基础教学的实践角度出发，分析探讨网络信息环境下小组合作学习与新课程的整合实施过程，并指出整合过程中应注意的问题。

　　20世纪初诞生于西方的研究性学习思想被引入中国后，经过教育工作者的长期实践，已被确认为实施创新教育的一条有效途径。小组合作学习作为研究性学习的一种基本形式，已被广泛应用于教学。随着教育信息化的不断深入以及课程设置与内容的不断更新，探索信息化条件下小组合作学习与新课程整合的新思路、新特点及新问题，对于有效提高研究性学习的效果具有十分重要的实践意义。

一、小组合作学习的元认知

（一）小组合作学习的含义及核心要素

　　小组合作学习是以学习小组为基本组织形式，系统利用教学动态因素之间的互动来促进学习，以团体成绩为评价标准，共同达成教学目标的活动。它于20世纪70年代兴起于美国，被世界许多教育工作者采纳并应用于实践，是目前世界上许多国家普遍采用的一种富有创意和实效的教学理论和策略。由于小组合作学习在组织形式、内容及交互性上更有利于学生主动性、独立性、社会性及创新性的形成，被认为是研究性学习的基本组织形式和主要活动方式。

（二）小组合作学习的一般实施过程

　　小组合作学习的一般实施过程主要包括如下几个环节：

　　① 合理分组

　　与传统教学中的简单按人数或成绩分组不同，小组合作学习的小组划分从学生的心理认知结构、知识结构出发，综合考虑成员的学习者特征、学习风格习惯、学习兴趣、学习特长等因素，注重优势互补、小组均衡。

②确立学习活动目标

教师依据培养方案、教学大纲的总体思想，结合学生、教学环境及教学内容的特点，在与学生协商的前提下确立活动目标（包括知识目标、技能目标及情感态度目标），并制定活动目标的评价标准。

③明确学习任务

学习活动目标确立后，应设立完成活动目标必须经历的系列学习任务、规则及程序。学习任务又包含一系列的子任务，任务应具体可行，以确保活动目标的最终完成。

④开展小组学习活动

开始学习活动后，让各小组成员自己去发现、分析并解决问题，培养学生相互协作解决问题的能力。教师及时对各小组提出建议并监督、督促其按既定程序完成学习。

⑤小组活动结果展示

小组活动的最终学习结果可以是具体的作品或研究报告。

⑥小组学习活动评价与总结

组织各小组参照评价标准体系展开自评、互评，分析并总结活动中的成功经验及不足。

二、信息化教学环境下的小组合作学习实践

（一）信息化环境下的教学新特点

随着计算机、网络、多媒体等信息化工具与手段应用于教学，传统教学的各要素面临着前所未有的机遇与挑战，具体表现为：

①教学环境更加开放。由传统教学环境延伸为包括自然环境、社会环境及网络环境在内的一系列与教学相关的环境，这个环境更加开放、全面、复杂。

②教学内容更多样、丰富，而且更新迅捷。教学内容由传统的课本教材扩展为信息量更为庞大的互联网络，突破了空间、时间的限制。

③教学媒体更加多样，教学手段更为灵活。信息化技术让更多的现代化媒体应用于教学，让教学传播的途径与方式更多样，让教学的手段与方法更加

灵活、有效。

④教学理念发生变化。信息化环境下，教学思想由传统的"以教为中心"转变为教师学生相结合的"主导—主体"教学理念。

⑤教学模式多样。一系列信息化教学环境下的教学模式相继产生，如探究式学习、专题性网站学习等。

这些新问题、新特点的出现都对教学改革提出了更高的要求。

（二）小组合作学习在PowerPoint迁移教学中的应用

计算机基础作为一门基础课程，旨在传授学生基本的计算机知识与操作技能，同时，培养学生良好的信息素养，为其他课程的学习奠定信息化教学基础。PowerPoint是Office办公系列软件之一，是计算机基础教学内容的核心之一，其教学目标是培养学生掌握和运用该软件制作电子演示文稿的知识与能力。

以PowerPoint复习实践课为例，开展小组合作学习的具体实施步骤为：

（1）教学分析

此阶段是对教学内容、学习者特征及教学环境进行分析，准备教学，主要由教师完成。

①教学内容为PowerPoint复习巩固课，让学生熟练掌握和运用该软件。

②学习者特征体现为：已经学习和掌握了Word、Excel软件的操作，具备一定的动手实践能力；对PowerPoint基本操作有了初步的认识，具备了必要的知识前提；通过观看高年级学生优秀作品的展示，刺激与提高了学生的学习兴趣与动机，对实践活动充满了期待。

③教学场地为多媒体网络教室，为学习者提供了丰富的网络资源及实践设备。

（2）划分合作小组

依据"自愿、均衡"的原则，将班级划成员分为3~4人的若干小组，并明确组员的角色与主要职责。此阶段工作由教师和学生共同完成，教师为学生的合理分组、角色设立提供参考建议与帮助，学生则根据自己的学习兴趣、特长等寻找合作的小组成员，并在集体中寻找自己的合适角色与职责。本次活动小组角色包括组长、资料收集员、资料处理员及设计员各一名，职责分别为负责整个活动的组织与协调、收集作品所需的各类资料、对各类资料进行筛选并加工处理、具体的设计制作，各成员相互配合共同完成学习活动。

（3）确定小组活动主题，明确学习规则

此阶段主要是确立学习活动的主题，明确完成该学习主题应达到的一些要求，并制定相应的评价方法与标准。该工作主要由教师在学生配合下完成。本次活动的主题及要求为：利用计算机网络资源，用所学的知识制作一个幻灯片作品，各小组自拟主题，作品内容要求包括文字、图片、音频、视频，突出作品主题，用到幻灯片制作的多种技巧，如自定义动画、幻灯片切换等。

（4）展开小组学习活动

理解活动主题、要求及评价标准后，各小组分别展开各自的学习活动。在活动过程中，教师应密切关注各小组活动进程并给予相应的指导，积极调动各小组成员的积极性，防止活动迷航。

（5）作品展示

经过2～3个课时的学习活动后，教师组织各小组选取一名代表上台为其他小组展示与讲解本组的幻灯片作品，具体包括设计理念、设计主题、人员分工及工作职责、内容、活动心得体会。

（6）评价总结

依据设计好的评价体系表，教师组织各小组在作品展示过程中展开自评、互评及教师评，并组织各小组针对作品展开讨论，提出自己对其他小组作品的建议及其他小组作品给自己的启示。评价工作完成后，将每个小组的评议结果表发放给各小组，让其针对结果发现问题、改进不足、发挥优势。

活动结束后，各个小组都很好地完成了自己的作品，且作品的主题及内容丰富多样。学生普遍反映更加熟练地掌握了软件的操作使用，而且从其他同学身上学到了很多东西，提高了分析与处理问题的能力，增加了自信，增进了同学间的友谊。

三、教学实践中运用小组合作学习应注意的问题

实践证明，在信息化教学环境下，小组合作学习在培养学生主观能动性、分析和解决问题能力，促进技能形成方面有独特的优势。由于教学内容、教学对象、教学环境等的不同，在实际运用小组合作学习时应注意如下几个方面：

① 注重教学分析。在开展小组合作学习活动前，教师必须对教学的内容、对象及环境等要素做综合考虑，以确定是否采取该教学策略，如采取则选择并

准备学习活动所需的各类资源。特别是在信息化环境下，教学的内容、时间、空间与手段都突破了传统课堂的限制，这就要求教师对信息化环境有详细的了解，把握和利用信息化环境与手段来促进教学。

② 合理分组，让学生了解并接受小组合作学习有效的学习小组是小组合作学习成功的关键。合理地划分合作小组，除了综合考虑学生的学习特点、兴趣、性格外，更需要学生主动配合。因此，在开展小组合作学习活动前，教师要对学生详细地讲解开展小组合作学习的主要目的、实施流程、注意事项及预期效果，让学生了解并接受小组合作学习，从而主动、积极地配合教师完成分组、角色分配及职责承担，真正参与到小组活动学习中来。

③ 科学合理地选择活动主题并确立学习规则，营造良好的学习情境。小组合作学习活动的主题依据教学目标、内容、参与人员及环境的不同，可以分为完全开放型主题、半开放型主题及闭合型主题。主题确立后，教师要规定学习要求及注意事项，并通过设立评价项目的方式约束学生。此外，教师还要充分利用鞭策、激励、互动以及信息技术等手段营造一种积极、友好的学习情境。

④ 注重教学交互，促进有效交流。有效交流是促进学习者成功、快速完成知识建构与迁移的关键。在学习过程中，学生既要与组内同学交流，还要与同伴一起与其他组员交流，交流也不局限于认知领域，还有情感、态度和技能方面的沟通。因此，教师在活动实施过程中必须及时对小组内交流、组间交流及人机交流加以引导与限制，防止交互迷航，促进有效交互活动的开展与维持。

⑤ 评价应灵活多样，制定科学的评价体系。在小组合作学习中，除了评价小组整体表现外，还应注重小组成员的评价，关注结果的同时更应注重过程。评价的手段应采取教师评价、小组自评及组间评价相结合的方式，评价的内容及指标也应详细、具体、量化。评价的最终结果应反馈给各个小组，让其对照评价表发现自身存在的问题并找出改正方法，保持优点。因此，在设计小组合作学习活动时，应综合教学目标、活动要求、学生特点等要素，制定灵活、科学的评价体系。

教育信息化是教育创新与发展的必然趋势，信息技术及教育相关理论的相互作用已经促进了许多新教学理论、教学模式的产生，如网络探究式学习、专题网站学习、开放式学习等，积极实践与探索这些新理论、新模式在创新教育中的实际应用与作用，对于提高创新教育成效具有十分重要的意义。

第五节　信息化小组合作学习教学模式在数学教研组的全面应用

　　信息技术作为一种新的辅助教学手段被广泛运用于当前的教育教学中。教师通过对信息技术的有效利用，能够取得更好的教学效果。作为一种新的教学模式，小组合作已经在各个学科的教学中实现，教师要在实行小组合作教学的过程中注重对学生自主性的发挥，让学生在小组合作中形成独立思考的习惯，善于表达自己的见解，通过分享与交流得出最终的结论，真正发挥课堂小组合作模式在教学中的作用。本文着重研究了信息化环境下数学课堂小组合作模式的相关内容。

　　素质教育的盛行使培养学生的综合素质成了教育新的发展目标，新的教学模式、教学设备被引入当前的实际教学过程中。新课程标准对小组合作学习提出了新的要求，即要求学校为学生营造轻松活跃的课堂环境，让学生在愉悦的课堂氛围中充分发挥其自主性，满足学生个性化发展的需求，提高学生的学习效率和学习质量。数学作为一门逻辑性较强的学科，对学生的理解能力有着较高的要求，需要学生拥有递进式、旋转上升式的数学思维模式。信息化环境为当前的数学教学提供了更多的可能性，教师也应当注重信息技术与小组合作的结合，促进学生思维能力和学习能力的双重发展。

一、信息化环境下数学课堂教学现状的分析

（一）课堂中学生的独立意识不够，缺乏参与意识与创新意识

　　小组合作学习方式的盛行使得其在各个学科的教学中都得以运用，数学教学也不例外。这种教学方式得到了学校与教师的重视，成了实现当代素质教育的必要的教育手段，但不可忽视的是其中依然存在很多问题：就学生方面而

言，数学知识对学生的吸引力较低，导致学生在数学课堂中的参与度依然不够，没有自主思考、相互讨论的习惯，缺乏探索意识和独立自主学习的能力。这和教师的教学方法有很大的关系。

（二）课程设计没有从学生发展实际出发，教学效果不佳

虽然，小组合作学习已经被广泛运用到数学课堂教学中，但是教师对其小组教学的实质意义没有清晰的认识，觉得营造一个热闹的教学氛围，让学生围坐在一起你说一句、我说一句就是小组合作学习。殊不知这种热闹的学习氛围中隐藏了许多的弊端：教师没有从学生发展实际出发进行分组，缺乏明确分工、清晰表述；学习任务、学习目标缺乏科学评价机制，导致在实际的小组合作学习中学生效率低、参与度不够，以及不能实现学生的差异化、个性化发展问题。这与小组合作学习的目的是背道而驰的。

（三）缺乏以学生为主的评价体系，教学效果一般

在传统数学教学模式中，课堂教学是以教师为主导的教学活动，很多时候，数学教师为了完成教学任务，往往会短时间、高频率地讲述教学知识点，而对学生的学习体验仅仅停留在口头询问。这种数学教学模式对学习优异的学生没有太大的困难，他们一般在课堂教学之前就熟练掌握了相关的数学知识，并对相关的数学习题进行了演练。当学习基础比较差的学生遇到这种数学教学模式时，他们很难跟上数学教师的教学节奏，加上他们固有的自尊心，以及不善于在课堂上表达自己的真实想法，导致数学教师不能真实地掌握学生的学习进度，使很多学生的学习成绩不如人意，课堂教学效率也相对低下。

二、信息化环境下数学课堂小组合作模式的重要性

（一）小组合作模式能够激发学生自主学习的积极性

小组合作模式能够调动学生的积极性，打破原有教师讲学生听的模式，让学生之间进行交流，集思广益，产生最终的结论，再将得出的结论与教师进行交流，学生们可以各抒己见，从而得出自己认为的最优答案。在小组讨论中，所有学生都能发表自己的观点。尊重学生的个性化发展，让学生感知自身存在的重要性，对提升学生的学习积极性是非常有利的。与此同时，借助信息化教学手段能够降低课堂教学的难度，如为不同层次的学习兴趣小组提供相应的课件，引导他们根据自身的学习需求开展小组讨论，从而激发他们学习数学的积

极性，改善数学课堂学习质量。

（二）小组合作模式能够有效提高教学质量

在设计数学课堂教学内容时，教师应当抛弃为了小组合作而合作的想法，从教学内容的实际出发，选择适当的有利于提升学生学习能力的时机开展小组合作，发挥其应有的作用。在实际的小组讨论过程中，教师应尊重学生的主体地位，让学生通过小组合作去思考、发展、交流、总结，坚持人人参与、个个发言的原则，在探讨中启迪智慧、在合作中提升能力，从而得到最优的教学效果。在数学课堂教学中，教师可以借助信息化教学手段的帮助成为学习兴趣小组的引路人，将数学教学内容融入小组合作学习，通过学生的分享、体验来检验课堂教学成效，根据学生的学习反馈来补充相关的数学知识。也可以说，信息化环境下的小组合作学习在提高课堂教学质量方面卓有成效，推动数学课堂教学向着更深、更广的领域有效开展。

（三）小组合作模式提高了教学评价效果

信息化环境下的数学课堂采用的小组合作模式不仅能大大提高教学评价效果，还能帮助学生发挥合作交流的团队优势和群体效应。在课堂教学过程中，数学教师可以利用信息化技术来量化学习小组的学习活动情况，组织学习小组之间进行评一评、比一比、赛一赛活动，根据学生在小组合作学习中的表现进行量化打分，根据最终的评价结果进行相应的教学活动补充。尤其是要关注一些学习比较困难的学生，教师可以帮助他们找到自身的学习不足，鼓励他们在学习小组中大胆参与，及时肯定他们的进步和优点。与此同时，小组合作模式可以借助信息技术与数学教学的整合，在小组成员中检验数学知识、运算过程、数学思维等评价内容，客观评价数学教育的价值、目标以及教学方式。

三、信息化环境下数学课堂小组合作模式的发展策略

（一）坚持信息化技术与传统教学模式相结合的教学模式

虽然，信息化技术的发展对改善教学效果有着明显作用，但是传统教学模式在发展的过程中也有其优势存在，因而在新的发展形势下，数学课堂小组合作模式的开展必须建立在信息化技术与传统教学模式相结合的基础上，发挥传统教学模式中教师的引导作用，沿用原有的教学流程，在引入信息化技术的过程中适当调整教学流程，将信息技术作为辅助，教师与信息技术共同构成知识

来源，在合适的时机让学生开展小组合作，实现信息化环境下数学课堂小组合作效果的最大化。在信息化技术背景下的传统数学课堂上，小组合作学习是展现新课程改革成果的重要学习模式，集中体现了传统教学模式和信息化教学手段的完美融合。学生可以在课前通过信息化平台合作讨论教学内容，交流有关的数学重点、难点。在数学课堂上，数学教师可以借助信息化技术打通教学与学习通道，通过小组合作学习中集中开展的学习攻关，针对课堂教学中的数学规律、数学现象和教学目标组织相关的小组合作学习活动，注重对学生进行学习引导和与学生的情感交流。在课堂教学后，学生可以利用信息化教学平台、即时通信工具来进行小组分享交流，将在课堂教学中遇到的困难问题进行归纳、总结，而数学教师可以根据小组成员反馈的问题进行补充教学。

（二）以信息化技术为依托，优化课堂教学流程

信息化技术在当前的数学教学课堂中的运用改变了教学内容与教学方式，优化了教学目标，其优质的资源可为数学教学提供素材。信息化技术使得很多难以理解的数学知识内容变得简单易懂，改变了原有的、传统的教学方式，创建了新型教学模式，让学生乐于探讨数学知识的奥秘。信息化技术与数学课堂的融合产生了新的教学模式，信息化技术带来的丰富的知识对激发学生学习数学知识的兴趣有着极大的作用，使信息化技术支撑下的数学知识理解更为简单。教师在教学中可以通过信息化技术将深奥的、逻辑性强的数学知识进行直观的展示，这样一来，在开展小组讨论的过程中，每名学生都可以发表自己的意见，小组讨论的目标及任务变得清晰，教师发挥了引导作用，这样的数学课堂小组合作学习效果是非常明显的。与此同时，数学教师可以借助微课视频、翻转课堂、慕课教学等信息化教学手段来帮助学生开展小组合作学习，力求打造大规模、开放、在线的学习活动，借助学生熟悉的在线学习模式来梳理教学知识，引导学生在小组合作学习中进行数学知识和学习时间的重新梳理，从而优化数学教学流程，提高学生在小组合作学习中的学习兴趣和参与度。

（三）借助信息化技术的技术优势，搭建合作平台

在传统的数学课堂上，数学教师与学生更多进行的是一对一的问答教学，教师往往需要提前准备好教学课件，在课堂教学中更注重数学知识的传播和教学任务的完成，而学生主要是被动地吸收学习，虽然很多优秀的学生能够跟上教学进度，及时掌握数学知识，但一些学习比较差的学生不能跟上教师的教学

进度，对数学问题的解题过程也是一知半解，只能机械地记忆解题步骤。在信息化技术的教学背景下，数学教师可以科学地组建学习兴趣小组，借助信息化技术搭建小组合作平台。在数学课堂教学中，教师可以运用信息化技术制作调查问卷表，掌握学生的知识储备、学习能力和兴趣爱好，从而能够按照同组异质、异组同质、优势互补的原则将学生划分成若干学习小组，让学生在课堂教学中能够以小组合作学习的方式，借助信息化教学课件开展相应的团队学习和分享交流。同时，小组合作学习必须依托于良好的合作平台。数学教师可以通过学校数字化资源库上传相关的学习资料和教学课件，组织学生开展相应的讨论研究，也可以利用即时通信软件创建小组学习群，注重将学习心得、解题技巧、数学规律上传到群里，通过优秀学生的带动作用，实现小组成员的共同成长进步。

（四）借助信息化技术的教学优势，创新数学教学环境

在数学课堂教学中，小组合作模式涉及学习资源、学习过程和学习成绩三个方面的教学环节，教师可以借助先进的信息技术平台，将集体学习和自主学习纳入信息化管理平台，打造以新课程改革教学目标为导向、以小组合作活动为主体、以教学成果为依据的全新教学模式，创造数学课堂教学与学生学习的优质环境。例如，在现代化的数学信息化教学过程中，教师可以利用计算机技术（尤其是多媒体技术和网络技术）来辅助课堂教学，如采用实时同地合作学习、非实时同地合作学习、实时远程合作学习、非实时远程合作学习四种模式。其中，实时同地合作学习、非实时同地合作学习需要学生同处一地（数学课堂或多媒体教室），主要采用计算机网络构建面对面交流、异步交流的信息化交流平台，计算机一般只是学生认知数学的工具，而不是合作交流工具。实时远程合作学习、非实时远程合作学习主要针对数学远程教学和在线课堂教学，计算机技术和网络技术共同构成了信息化合作学习平台，而它们在其中充当数学教学的通信工具和认知工具。

总而言之，数学知识具有抽象性、精确性、广泛性，在实际的数学课堂教学过程中，由于受到学生思维能力发展的限制，教师不好教，学生不易懂，但是在信息化的今天，教师借助信息化技术开展教学，能够将抽象的知识变得直观，降低了学生理解知识的难度，为小组合作的开展奠定了基础，每一名学生都能够参与到小组合作的讨论研究中。通过独立思考与相互合作的结合，学生的知识不断升华、能力不断提升、逻辑思维能力不断发展。

第五章

翻转课堂全科推进与
推广应用

第一节　翻转课堂数学教研组的引领和示范

翻转课堂是一种创新教学模式，它重构了学习流程。在传统教学模式中，学生听课、课后复习、做作业、考试，而在这种创新教学模式中，学生要先通过教师制作的教学视频自学，然后到课堂上做实践性练习，并利用知识解决问题。

一、数学翻转课堂的备课要求

1. 选择内容

每个学科的课程标准不同，学生对学科教学的需求也不同，教师教学不能生搬硬套。对于初中数学来说，每个课时的知识点是十分清晰的，根据这个特点，我把微视频分为三类：一是知识点介绍，二是范例讲解，三是思维拓展。前两类是一节数学课必备的，第三类则是根据课时内容的实际需要来取舍安排。

2. 录制微视频

我们目前掌握的录制微视频的方法有很多。包括有PPT+录屏软件、几何画板+录屏软件、手写板+录屏软件、手机（或摄像头）录制、录课笔录制，手机录制又有手写录制和打印纸条展示录制。根据不同的课的需要选择恰当的录制方式是数学翻转课堂成功的第一因素。例如，初中数学"分式方程"一课，需要教师板书分式方程的解题步骤，让学生清楚地知道解题格式，这个时候就需要用到录课笔录制或手机手写录制方法。又如，八年级数学关于位置的确定中"变化的鱼"一课需要用到几何画板+录屏软件，以充分发挥几何画板的直观可操作的特性，为这节课中说明图像与坐标的关系提供很好的平台。而当讲到概率统计知识的时候，为了保证大量文字图表的展示快速且准确，就需要用到PPT+录屏软件或手机录制打印纸条展示的方式。总之，录制方式需要根据教学内容的呈现特点来决定，恰当的选择可以让学生的学习更加轻松和准确。

3. 寻找教师提供的视频

起初我们也尝试过让学生去视频网站观看教学视频，但很快就发现学生容易被教学视频以外的内容吸引。后来我们尝试直接通过网盘分享或蓝牙快传等方式将教学视频发到学生的电脑或手机上，学生通过手机视听播放器就可以播放，这样学习效果就好了很多。我们集合在晚自习中开展试验，每天集中在电脑房学习慕课30分钟。再后来，我们和企业合作开发了一个微课程平台和手机App应用客户端，把微视频的观看、反馈、小组交流等功能都整合进去，确保了学生学习平台内容的单纯性和网络访问的安全性。一般一个课时可以根据内容分成2～3个微视频，保证每个视频讲清楚一个问题，内容集中，每个视频时间控制在8分钟左右。这是根据人脑科学观点提出的视觉在大脑中的滞留最佳时间在10分钟内来确定的。

除了微视频，教师还要准备好学习任务单。微视频解决了学什么的问题，而学习任务单就是解决如何学的问题。任务单贯穿整个课前、课中和课后，是学生参与翻转课堂的学习指南。

二、数学翻转课堂的具体操作

课下看视频学新知识点，课上则不讲新课直接讨论，翻转课堂将教学由"教—学"模式变成了"学—教"模式。为了实施翻转课堂，很多教师将主要的精力都放在了视频的制作上，这其实也是一个误区。视频自然重要，但比视频更加重要的是如何支配课堂上多出来的时间。课堂上的对话和讨论，需要教师做出精心的准备和细致的观察，真正做到因材施教。翻转课堂之所以成功，是因为课堂讨论所带来的学生"吸收内化"学习过程效益的提升。

1. 课堂上学生的要求

实施翻转课堂，新课学生已经通过微视频学过了，如果在课堂上再让学生学一遍就失去了翻转课堂的意义了。但我们并不能保证学生通过自己的观看视频自学就能够全部掌握，因此，发现问题和解决问题成了课堂的主旋律。学生通过练习、研讨、展示、检测、质疑、阐释、评讲、讨论等多种方式参与学习，最终吸收内化。传统课堂由于缺少教师的支持和同伴的帮助，吸收内化阶段是学生独立完成的，常常会让学生感到挫败，丧失学习的动机和成就感。翻转课堂对学生的学习过程进行了重构：信息传递是学生在课前进行的，教师不仅提供了视频，还可以提供在线的辅导；吸收内化是在课堂上通过互动来完成的，教师能够提前了解学生的学习困难，在课堂上给予有效的辅导，同学之间的相互交流更有助于促进学生知识的吸收内化过程。

2. 课堂上教师的要求

上课前，教师首先要了解学生的学习困难点，可以通过前一天学生完成的任务单来了解，也可以通过课前与学生的在线交流了解。为了更好地发现问题，从而解决问题，教师要改变以往课堂主人的身份，变主动为被动，通过让学生上台展示配套练习，讲解典型范例，完成分层操练的环节，充分暴露学生的问题。教师发现问题也不急于亲自出手，尽可能留机会给其他学生来"找茬儿"，对于"找茬儿"有理的孩子给予积分奖励，提高学生找问题的积极性。课堂上教师的被动是相对的，对于本节课的难点和易错点，还是要充分发挥教师的指导作用，给予及时的准确的解答。课堂中，教师有一个艰巨的任务，就是及时捕捉课堂即时生成的资源，这些"生成性资源"往往是解决学生问题的精华所在。

3. 形成课堂上的生成性资源

生成性资源是指数学教学活动中产生的新情况、新问题、新思路、新方法和新结果等。教学资源从结果正确与否，可分为错误性生成资源和差异性生成资源。在数学教学中，过程和结果都很重要，特别在探究性学习中，有时过程往往比结果更重要，因为智慧往往生成于对知识的探究争论的过程之中。在课堂上的互动对话中，有时会出现学生对同一问题纷纷发表自己不同意见的情况，教师不应打压这种情况，而要把握时机、利用学生的争论来生成教学资源，让学生充分阐述自己的观点，让学生各种不同的声音和思考能够在课堂上得到展现，让学生在这种思考的交锋中碰撞，在碰撞中获得对知识的深入认识、形成数学技能，从而提高数学思维的能力。

4. 师生的角色转换

在传统课堂上，教师都是主演，教案就是剧本，课件就是道具，教师们个个都是男一号、女一号。而学生仅仅是一些群众演员，偶尔有几个演配角的还相对固定。教师永远是主动的，学生则是被动的，教师的话多，学生的话少。但在翻转课堂中这一切都发生了改变，学生从台后走到了台前，他们已经对新课有了初步的认识，课堂上需要对所学知识加以运用和阐述，他们或讲评例题、或展示成果、或质疑别人的发言、或阐述自己的观点……个个都成了课堂的主演，而此时的教师退到了幕后，做起了导演，在需要的时候，出面组织、裁决、主持、评价、矫正……课堂中师生的角色发生了彻底的改变，学生成了学习真正的主人。

第二节　各学科教研组骨干的培训与体验示范

一、课前准备

（一）导学案编写的要求

1. 量的要求

（1）一课一案，一节课一份导学案。一节课一定要完成导学案上的具体学习内容，不分课时的导学案不允许出现。

（2）八开纸，页边距、中缝1.5厘米左右，包括导学和作业内容（此作业非课下作业，而是在课前或课上完成的）。

2. 质的要求

（1）知识问题化。

不管是新授课还是复习课，教师都要根据学生的认知特点、教学内容的结构特点，把知识点设计成具体的问题。问题应该明确，让学生一看就懂，不能似是而非，模棱两可。学生解决问题的过程就是完成学习任务的过程。

（2）问题层次化。

① 由于不同的学生基础知识水平和接受能力存在差异，所以在编写学案时，不管在知识体系上还是在练习题的设置上都要体现出层次来，以满足高、中、低不同层次学生的需求，这样有利于培养学生的创新精神和求异的思维能力。

② 问题设计一定要有层次，不能过于笼统。可分为A、B、C、D、E五个层次，并在每个题目后面注明，以满足不同层次学生的学习需求。

A类题，是课本再现型，为识记级，即学生只要看课本，不需要任何其他帮助，就可以解决问题。识记类内容，要求学生在课前必须解决。

B类题，是课本延伸型，为理解级，即学生看课本的同时，只要适当地看一看工具书或其他课外资料，就可以解决问题。

C类题，是模仿应用型，为应用级，即学生只要简单模仿课本上的例题就可以完成。这类题，可以直接使用课本上的例题，也可以是例题的变形。

D类题，独立应用型，为应用级，即学生在掌握所学知识后，可以独立解决问题，完成任务。这类题，可以是课本上的习题，也可以是课外同一难度的题目。

E类题，是课外拓展题，为拓展级，即学生可以运用所学的知识，较好地解决的一些难度较大的问题。这类题要求学生能把知识、经验和社会以及最新的科研成果挂钩，主要针对那些学有余力的学生。

在导学案使用的不同阶段，每类题所占比重是不相同的。在起步阶段，建议每份导学案中，A类和B类题所占比重不得少于百分之五十。E类题，在每份导学案中不得超过一题。

3. 格式要求

导学案格式一定要规范。一般来说，一份完整的导学案，应由以下三部分组成：

（1）开头部分，要包括题目、年级学科、设计人姓名、审核人姓名、使用时间等。

（2）主体部分要包括：①学习目标；②重难点预测；③知识链接；④学法指导；⑤学习内容（自学内容、合作学习内容、展示内容）；⑥整理学案；⑦达标测评；⑧自主反思。以上各环节可根据学科特点及教学实际恰当体现。

（3）结尾部分，包括知识小结、学习反思等。

相关问题后留出适宜空白以备书写。

导学案的规格要求：电子稿纸张设置以A4纸（成册）正反两面为基本格式。标题类文字均为小4号加粗宋体，正文为五号宋体，页边距按模板要求。

（二）导学案编写的基本原则

（1）主体性原则。

（2）探究性原则。

（3）切合学生实际的原则。

（4）由易到难原则。

（5）简明扼要原则。

（6）区别性原则。

（7）阶段性原则。

（8）方法性原则。

（9）课时性原则。

（三）导学案形成流程

导学案是课堂教学的总抓手，其质量直接影响着教学的各个环节，影响着学生学习的兴趣、习惯、学习能力。所以，一份导学案的形成既是集体力量的体现，又融入每位教师的个性风采。具体而言就是优化集体备课流程，保障导学案质量。集体备课应包括以下几个环节。

1. 三定：集体备课做到定时间、定地点、定内容

各备课组每周应有不少于一个半天的时间集体备课。集体备课时，要解决以下问题：下一周的导学案定稿，下下周的导学案编写任务分工，以及其他相关问题。导学案编写，必须提前一周完成，并在每周五以前把下一周的导学案全部经备课组长审核后报教务处。

2. 五备

（1）个人初备，形成个案。

个人初备时，要求教师学习研究课程标准及相关材料，突出抓"八点"（教学重点、难点、弱点、疑点、考点、易错点、易混点和盲点）。同时，教师还要查阅学生档案、了解学生预习情况，以便有的放矢地进行教学设计。初备时每位教师都要尽力提出自己有独到之处的设计方案和有疑问的地方，以便"会诊"，排除困难。

（2）集体研讨，形成初案。

备课教师在集体备课时，首先由主备人将个人设计的个案，以说课的形式进行交流，备课组其他教师在认真听讲、及时记录的基础上，分别陈述各自的个案，进行比较，把对教材的处理、目标的制定、教法的选用、学法的指导、过程的设计等，调整到最佳程度，形成"初案"。

（3）完善整理，形成定案。

主备教师在集体备课的基础上，对形成的初案进一步完善、整理，经备课组长审定，形成规范的教学设计，完成定案。

（4）跟踪听课，形成复案。

经过备课组研讨过的导学案是否可行还有待于考证，因此，有必要进行跟踪听课进行检验，以便总结、提高。备课组成员之间要互相听课、取长补短，根据学校听课安排或邀请别人听课指导。把关领导要跟踪听课，了解集体备课落实情况。

（5）教后反思，形成补案。

课后交流，就是对备课的总结阶段。备课组教师在集体备课情况下授课，要进行交流，对教学进行反思，写出较为翔实的教后记，分析教学过程中的优点和不足，同时对教学设计进一步修订完善，形成补案，以促进今后教学的进一步开展。

3. 建议

古今中外历史上有许多格言、箴言、警句，可以说是言简意赅，含义深刻，给后人以很大启迪和鼓舞。格言警句是语言文字的精华，是思想认识的火花；领悟其丰富多彩的内涵，欣赏其珠玉般绚丽的光辉，会使人心境旷达、情志升华。将格言警句编制在导学方案里，一方面是为了能在精神上给学生以激励，尤其是那些励志名言。另一方面也使导学方案活泼多样，更能体现以人为本，以学生为本。

二、课堂操作

课堂小组合作学习以"小组合作学习管理"为准绳。

（一）问题提出

1. 问题设计

要紧扣目标，由易到难，体现思维层进性，以语文为例：问题可以为判断思维，锁定答案范围，找到关键词句；解读分析，理解词句内涵；品味语言美、情感美、意境美；阅读启示感悟；归纳提炼答案，等等。也可以是提出问题—多元解读—整理归纳类，还可以是联系生活提出问题—列举实例，进行分析—提出观点—提高认识等，没有一定之规（问题的价值体现在学生认识的深度、广度、高度、方法规律领悟、情感体验、语言艺术品味、价值观升华、能力的提升等方面）。

2. 问题数量

问题不宜超过三个，且梯度适宜。一般情况下，一组问题力求突破一个目标。

3. 问题呈现

语言简明，思维指向明确，条理性强。问题不宜用大段叙述文字方式呈现，字号不能太小，要让学生一目了然，关键词句用鲜亮颜色标识出来。

（二）独立思考

（1）思考状态：问题出示后，教师不用读题（低年级例外），学生自然迅速进入思考状态，室内安静，学生神情专注，努力开动脑筋。

（2）思考程度：多数4号能对部分问题作出一定的判断，能用只言片语发表一下观点；2号3号能对多数问题表达自己的看法，1号甚至2号能对有所问题形成自己的认识。1～4号在此过程中还可以生成新的问题。

（3）结束思考：3号4号示意1号2号想要表达观点，结束独立思考环节。

（三）合作探究

（1）发言顺序：4—3—2—1。

（2）发言规范：后一个发言者要对前面的发言做简短的评价，然后修正、补充或提出新意见，但不要重复前面的发言，发言结束，告知组员。

（3）一轮发言完毕后，组长可继续组织自由发言，进一步完善答案，直到组员没有新的观点。

（4）组长组织组员用最快的方式小结归纳本组探究结论，还可以提出生成的问题，待展示结束时再向全班质疑（教师可根据生成问题的价值，选择要不要进行生成问题的再探究）。

（5）回位举手，向教师示意任务完成。

（四）充分展示

（1）发言姿势：端正大方，面带微笑。

（2）语言规范：我们小组的观点（答案或结论）是……

（3）先评价后表达观点：后一组发言前先对前面的发言做简短的评价，然后修正、补充或提出新的见解。较长的发言结束时说"发言完毕"，然后自行坐下。

（4）白板展示：举起的白板一定要让全班每一个学生都能看见，小组内要安排好举牌和讲解员，建议1～4号轮流担任举牌员或讲解员。

（5）展示对象：发言要兼顾不同层次和不同组别的学生。

（6）展示形式：多种多样，立体展示，促成组与组之间形成竞争态势，如台上台下、问题辩论、分层竞争、跨层挑战等。

三、互助课堂

提倡同年级同学科教师间开展互助课堂教学。

（1）课前做好充分准备。备课组安排好互助教师的结对，结对教师协商好各自的任务分工。

（2）课堂上按照各自课前分工做好学生的检查落实。

（3）课后及时反馈学生的问题。

四、课后研讨反思要求

（1）及时性。每节课后的反思要及时进行，做到在当天完成。

（2）有效性。重点对教育教学行为、教学策略、学生学习的过程进行反思。写成功之处、写不足之处、写教学机智、写学生创新、写"再教设计"。

五、课堂打磨要求

详见中心学校关于示范教师、合格教师打磨要求。

六、教研要求

（1）按时参加教研组、备课组活动。

（2）活动过程中积极参与。

（3）精心完成导学案的编制。

（4）进一步开展课堂打磨活动。

（5）积极撰写三小文章，每月至少一篇。

（6）参与课题研究活动，每人每学期至少在所申报课题相应级别以上网站或刊物发表一篇研究文章。

第三节　学科组内的培训与体验

一、小组合作的实际意义

小组合作学习这一教学模式的应用可以给课堂教学注入活力，它不仅可以使师生之间、生生之间更有效地进行语言交际，还可以培养学生的合作意识、团队精神，进而促使学生相互学习，共同提高，有力地促进了课堂效率的提高。

（一）小组合作学习更能突出学生的主体地位，培养学生主动参与的意识，激发学生的求知欲

新课程改革的理念，改变了课程实施过于强调接受学习、死记硬背、机械训练的现状，特别强调学生是学习的主体，是信息的主动获取者和加工者，是以自身的力量去主动作用于教师的教，只有当学生学习的主体性与积极性最大限度地得到发挥时，教学才能生动活泼、富有成效。

（二）小组合作学习的方式强化了学生对自己学习的责任感，和对自己同伴学习进展的关心

在合作教学中，教师在布置完成任务后，通常穿梭于各小组之间，进行旁听（观）、指导、帮助或纠正，这样的学习气氛显得轻松、活泼而又团结互助，有利于学生顺利完成学习任务，有利于师生间的有效沟通，构建和谐的师生关系，有利于学生相互帮助、相互支持，进而培养合作能力和团队精神。

（三）小组合作学习能为学生提供一个较为轻松、自主的学习环境，提高了学生创造思维的能力

在合作性的课堂教学中，师生、生生之间的交互活动是多边进行的，学生有更多的机会发表自己的看法，并能充分利用自己的创造性思维，得到相同问题的不同答案，学生的学习环境更为宽松，自主发挥的空间更为广阔。

（四）传统课堂的弊端早已显露出来

课堂气氛沉闷，学生积极性不高，其结果就是随着年级增高，学困生甚至放弃学习的学生数量越来越多。不学习的学生数量多了，势必给班级管理和学校管理增加困难，因为学生不学习肯定要把精力放在其他方面，所以，想方设法把学生精力传移到学习上不仅仅是提高学校的教学成绩的需要，对于提高学校管理层次也有着深远意义。

总之，我们在教学中采用小组合作学习的方式，形成了师生、生生之间的全方位、多角度的交流模式，使学生感受到学习是一件愉快的事情，从而满足了学生的心理需要，促进学生智力因素和非智力因素的和谐发展，进而有效地提高了教学质量。

二、合作小组建设第一步：思想动员，创设氛围

思想动员要解决的问题就是让所有学生知道为什么要合作、合作学习能够给自身带来什么好处，让每个学生每堂课、每个活动都能够主动参与合作。如果哪个小组有一个对合作不热心、不参与的学生，影响的不仅仅是一个小组的合作效果，可以说给整个班级都会带来负面的影响，越来越多学生置身于合作外的话，不出两个月必定导致整个班级又回到原始状态。因此，班主任需要做的第一步就是对学生进行思想动员，然后在班级内营造民主、开放的学习氛围。营造民主、开放的教学氛围，有利于激发学生的学习和创造热情，这直接影响着学生的主体性发展，是开展好小组合作学习的主要前提。营造人人参与合作、事事不离合作的气氛，无论什么活动能以小组为单位的都要分到各个小组，大到学校各项比赛，小到班级值日的安排，等等。

三、合作小组建设第二步：划分小组、建设小组

（一）如何划分学习小组

分组应遵循的原则是"组间同质，组内异质，优势互补"。依照我校六七年级的人数，合作学习小组最好每组6名学生，这样每个班差不多都有八九个小组，如果4人一组的话，分组太多战线太长，选不出那么多的好小组长，也不便于管理。在构成上要求小组成员的性别、学业成绩、智力水平、个性特征、家庭背景等方面有合理的差异，使每个小组成为全班的缩影或截面。组内异质为

互助合作奠定了基础，而组间同质又为在全班各小组间展开公开竞争创造了条件。如何进行科学、合理的分组，基本保证合作学习小组"组内异质，组间同质"呢？以七年级50人的班级规模构建6人合作小组的操作程序为例，全班可以组成9个合作小组。

首先，从全班挑选出9名学习成绩好、组织能力强、在同学中威信较高的学生担任各组的组长；然后，按学业成绩和能力水平，从高到低分别选择编排每组的副组长（1人）与组员（4人），并从组长到组员依次编号；最后，由班主任与各科教师统一协调，根据每组成员的性别、性格、成绩、智力等方面的比例结构进行组间平行微调，使同号的组员实力相当，组际之间的各科水平和综合水平基本平衡。男女比例要适当，而且每组都要有女生，为何？一般而言，女生书写认真，步骤规范，能按老师的要求去做；而男生思路灵活，讨论积极，往往注重结果，步骤不规范，书写相对潦草。这样男女生可以取长补短。

（二）如何进行小组软实力建设

组建好学习小组，并不等于学生就能合作、就会合作了。要使合作学习小组能够正常运行，合作富有成效，则必须做好以下几件事。

1. 选一名得力的组长

组长是教师的小助手和代言人，是一组之魂。实践告诉我们，选一名成绩好、责任心强、有一定组织能力的学生担任小组长，负责全组的组织、分工、协调、合作等工作至关重要。每个小组还可以设立一个副组长，正组长主抓全面工作，副组长侧重于纪律、卫生等方面的工作。然后再设6个学科组长，学科组长每人根据自己的意愿或教师的挑选担任，这样可以增强小组成员参与小组、管理小组的意识，增强他们的集体荣誉感和责任感，使小组的每个成员都感觉到自己很重要，为小组建设贡献力量。

2. 起一个响亮的名字

让每组成员集思广益、共同磋商，为小组取一个积极向上、富有新意的、响亮的名字，这有利于凝聚人心，形成小组目标和团队精神。事实证明，只要教师相信学生，给学生表现的机会，学生的潜能和智慧必定能得到淋漓尽致的发挥。像勤奋、翱翔等有思想有气魄的组名会给组员带来精神上的激励。但是班主任也要控制学生起一些无病呻吟的名字或者网络名字，如叛逆组、无念无欲组等。

3. 制定小组的共同奋斗目标

有了共同的奋斗目标，学生们才有了方向，有了方向就有了动力。当然，奋斗目标既有长期的又有短期的，长的可以是一年的，短的可以是每一天的，甚至于是每一节课的。

4. 明确小组内的互相合作机制和互相监督机制

明确小组内的互相合作机制和互相监督机制主要靠班主任、任课教师的正确引导。一是要让学生学会与他人共同分享痛苦与快乐，要乐于帮助他人。现在的学生基本上都是独生子女，自我意识较为强烈。二是要通过小组捆绑评价逼迫他们相互合作。建立小组内的互相监督机制就是为了保证良好的课堂纪律以及自习课的纪律。除了强化小组奋斗目标外，也可以让副组长监督本组组员或小组之间相互监督。

四、合作小组建设第三步：选拔培训组长、培训组员

（一）小组长的选拔

小组长是小组活动的灵魂，既是小组活动的领导者，又是小组活动的组织者，还是教师的小助手。小组长在小组合作学习中具有举足轻重的作用。只有明确了小组长的职责，开展系统有效的培训，充分发挥小组长的作用，小组合作学习才能真正产生实效。

1. 学习成绩要优秀

小组长是一个管理者，无论是在学习还是在生活方面的作用都很关键。小组长不一定是学习成绩最好的，但必须是小组内学习方面的佼佼者，只有这样才能服众，他的话组内同学才会听，他在小组管理方面才会有号召力，才能把整个小组管理好。选小组长通常以名次为主要标准兼顾性格特点。

2. 性格应外向

小组长不但要学习成绩好，而且要性格外向一些。教师应挑选外向的同学做小组长，如果小组长内向的话，那么他在很多方面都起不到带头引领作用。例如，小组长在课堂展示中不会积极主动地进行展示，那么其他的组员也不会太积极主动。想让组内同学主动展示，积极参与，小组长必须做好表率。

3. 责任心、组织管理能力要强

一个优秀的小组必然有一个责任心很强、组织管理能力较强的小组长。如

果小组成员学习不投入、不认真，不参与课堂展示，小组长应该及时发现及时进行整改，否则，学生的学习效果不会好。

（二）培训小组长

1. 小组长培训方式

小组长培训方式主要有三种：一是任课教师进行课前培训，其目的是更好地实现课堂学习目标，完成教学任务；二是班主任进行定期培训，在固定时间，班主任与小组长进行交流，在进行思想教育的同时，进一步了解班级学生的动态、思想状况、学习状况及各小组存在的问题等，与大家商讨解决办法，帮助每一名同学进步，推动班集体共同提高；三是任课教师进行不定期培训，由任课教师根据教学工作的需要，随时召集学科组长及学习班长开会，了解本学科教学中的问题，探讨解决办法。

2. 明确小组长的作用

（1）小组长要团结同学、帮助同学、组织同学，打造积极向上的小组学习团队，勇敢地担当起学习小组的学习领袖角色。

（2）小组长要组织小组成员进行组内讨论或者在需要学生到讲台上展示的时候指定组员。

（3）小组长要及时检查小组成员课堂学习情况和每天学习内容的落实情况。

（4）小组长要建立起针对每个小组成员学习态度、学习效果的评价制度，每周公布、总结一次，以督促小组成员不断反思，不断进步。

（5）小组长要负责维持本组同学的学习纪律，协助老师做好其他教学工作，如督促同学预习，检查同学作业、早晚自习作业完成情况或者背诵情况。

（三）小组成员的培训

（1）加强学生互助意识的培养，要让优秀学生明白：教会学困生学习、把知识让学困生也学得懂的过程，也是自己深化知识、提高能力的过程，帮助差生不但不会影响自己，反而能提高自己的水平。

（2）教育每个组员：主动寻求帮助，获得最大收益；积极配合组长，赢得同伴好感；自尊自立自强，争取合作成功；小组利益为重，人人为我，我为人人。

（3）给学困生更多的学习、答题、汇报、展示的机会，对他们的每一点微小的进步，都要给予及时的肯定和赞扬，即使答错了，也要肯定他们的精神，一点一点地培养他们的学习积极性和自信心，让他们勇于参加到小组的学习和探讨中来。这需要教师在学习过程中心里时刻记着他们，关注他们，提倡教师堂清检测分层次达标，以鼓励学困生积极参与。

五、关于小组的评价问题

让评价引领合作、激励合作。为了促进小组合作在班级管理工作中发挥积极的作用，应该采取相应的评价手段。但是我们作为班主任，心中应该非常清醒地明白一个道理，应该充分发挥评价的积极的导向作用，通过评价真正去激发学生内在的学习动力，通过评价去维持学生合作的兴奋点。学校在评价的方法上给了我们一定的指导性的方案，但因为每个班的具体情况不同，所以我们应该结合自己本班学生的特点，形成自己的评价方式。

（一）评价的原则

1. 评价要及时性

最好是当堂的评比当堂公布，当天的评比一定要当天公布，不能让这些评比结果过夜，更不能让组员等待一周排名出来之后才知道自己加了哪些分，扣了哪些分。各班级应在黑板上做好表格，把每天的各小组分数清楚地填在表格内，让学生看到每天的分数变化。

2. 评价要客观公正

班主任和任课教师应该按照评价加分指导意见或者班主任定的加分方案给分，杜绝随意的加分或者无限度的加分，那样的话会使分数失去意义。

3. 团体性

对小组的最终评价一律采用捆绑式评价，培训学生的合作意识与团队精神。

（二）评价的要求

1. 每节课统计，每天评比，每周班级小结，每月级部表彰，期中、期末学校总结表彰等

要求每个小组的记分员统计出自己组的每个同学一天中参与课堂展示的次数，填写好表格。根据次数的多少排出名次。对于参与次数多的同学，在第二天班主任利用第一节课前全班表扬，对于参与次数少（或没有参与）的同学，由组长先了解情况、谈心交流，并且这部分同学要自己写出第二天参与课堂展示的目标，然后进行跟踪。对于问题比较大的学生，教师要亲自了解情况，和学生共同讨论解决办法和拟定目标。通过这种办法，一个月进行一次大的评比、表彰、奖励（建议奖励采取多种形式）。

2. 设定各种荣誉称号

设定优秀组长、优秀副组长、优秀课代表、展示高手、点评专家等荣誉称号，全班每周评选一次，设立专栏，贴照片进行公示。建议各班级丰富合作文化，利用教室外墙制作墙报，学校统一尺寸，内容以表彰、心得、活动照片为主。班主任要注重收集各种数据、学生心得，积极营造合作氛围。

（三）课堂评价细则

教师的评价对激励学生参与活动，提高合作学习质量有着十分重要的作用。教师应采用多样化的评价和奖励方式，评价一定要有鼓励性、针对性、指导性和全面性。一是重视个人评价与小组集体评价相结合，根据评价结果，定期评出优秀学习小组。通过评价促进小组成员之间互学、互帮、互补、互促。二是重视学习过程评价与学习结果评价相结合。教师除对小组学习结果进行恰如其分的评价外，更要注重对学习过程中学生的合作态度、合作方法、参与程度的评价，要更多地去关注学生的倾听、交流、协作情况，对表现突出的小组和个人及时给予充分肯定和奖励。

1. 课堂学习

发言奖励措施：1号组员发言答对问题1次奖1分；2号组员发言答对问题1次奖2分；3号组员发言答对问题1次奖3分，以此类推。此措施目的是激发学生的学习积极性和互助意识。

2. 堂清、平时测验或作业

按等级给分：1号、2号人A等记2分，B等记1分；3号、4号A等记4分，B等记3分，C等记2分，D等记1分；5号、6号A等记6分，B等记5分，C等记4分，D等记2分。作业得到老师特别表扬或者成为示范再加1分。不按时交作业一次扣3分，抄袭作业一次扣5分。举报他组（人）抄袭作业经查实的奖励举报人（所在组）3分。

3. 考试成绩

成绩以班为单位，以上一次大型考试的成绩为基准，看每门学科的名次上升幅度。单科名次每上升一名奖1分，每下降一名扣0.5分；总名次每上升一名奖3分，下降一名扣1分。

4. 课堂纪律表现

上课表现：上课起哄、滥接话茬儿、睡觉、看课外书籍等违纪行为或做与本课堂学习无关的事—次扣3分。

一个班级内各任课教师的评价分数均不相同，这就导致了班级之间的学生得分不平衡状况，所以小组得分在不同班级之间是没有可比性的。教师在给予分数评价时不能一味地给分，或者为了给分而给分，不能让学生认为分数不算什么，如政教违纪一次扣2分，任课教师一个问题加了20分，这会失去平衡。所以建议班主任组织班级教导会统一各自班级的加减分办法。

六、任课教师在课堂上要注意的几个问题

（一）要追求合作的实效

小组合作的初衷是提高课堂效率，让学生爱学、乐学。但有的课堂事与愿违，合作流于形式，没收到成效。因此，我们开展教学时应注意以下两点。

1. 避免合作的"假"与"浮"

有些课堂采用了小组合作学习，而且看似很热闹，可是学生讨论才几十秒，有的学生刚投入，有的还没来得及阐明自己的观点，老师就拍手叫停，这种假讨论的现象是不可取的。另一方面，老师不能很好地驾驭课堂，让学生漫无边际地说下去，浪费了宝贵的课堂时间，发生这种现象的原因是教师对新课堂的要领掌握不准，没给自己定好位。要提高课堂效率，首先要精心设计导学案，设计的问题要有层次感，富有启发性、引领性。建议把基础知识、典型例题的学习、课堂同步练习的训练、帮助学生预习新课、解决新课中的大部分简单问题，放在课下课前提前解决，让学生带着问题听课。每个小组必须提出预习存在的疑惑，然后上课有专人整理问题，课堂上教师重点解决，本小组解决不了的问题，到其他小组去讨论，可使课堂上大放光彩。

2. 处理好独立学习与合作学习的关系

合作学习非常重要，但成效是建立在自主学习的基础上。在合作学习之前要让学生先独立思考，学生有了自己的想法后再和同伴探究、交流、解决问题，这样做就避免了只有好学生动口、动手，学困生没有独立思考机会而直接从好学生那里获得信息的现象。合作学习要给学习有困难的学生提供思考、进步的机会。如果一直合作，组内的5号和6号同学有依赖性，自己不爱动脑，可以让对应的号来做比较，比如4号跟4号比，5号跟5号比，哪个组这些同学回答问题次数多，回答好，给本小组加2分，这样就让小组组长必须帮助5号或6号，

被帮助的人养成习惯，不会的问题会主动问组长，小组合作发挥了应有的互助作用。

（二）课堂合作效率低及对策

由于学习的内容有难易之处、重点与非重点之别，课堂上不能一律采用合作的方法。当学生独立思考出现困难时，为了加深印象，集思广益，突破难点，需要合作；当学生的见解不统一时，需要合作；对于知识的重点处、难点处、关键处，需要合作。教师应设法让所有学生都参与到学习中来，实现真正的合作。不能优生占据着小组的发言权，中差生只能随声附和，成了"配角"。这样一来，就出现了优等生"一手包办"，中差生不愿动脑、"搭乘便车"的情况，致使合作学习多数仅仅停留在形式上，看似热热闹闹，学生两极分化的问题仍然解决不了。如何提高"小组合作学习"的效率呢？

1. 小组合作均分制

小组合作均分制就是学生组成合作小组，用小组成员的平均分作为每个成员的成绩。小组内各成员相互依赖，相互交流，相互鼓励，相互促进，相互竞争，形成一股凝聚力，为了一个共同的目标而奋斗；他们靠的是相互团结的力量，互勉、互助和互爱。把小组学习任务完成率纳入小组考核之中，只要有一个学生消极被动，就会对小组的考核产生负面影响。对同一问题，设置多种分值，完成任务的学生基础越差，奖励分数越多，从而鼓励学困生把握机会。

2. 提高教师驾驭课堂的能力

有时课堂效率不高，与教师对课堂调控能力不强也有关系。学生合作，教师该做些什么？要多给学生帮助，了解学生的想法。教师要与学生进行交流和沟通，了解学生的想法，有针对性地进行指导，起到"解惑"的作用。当学生在小组合作遇到困难时，教师应该成为鼓励者和启发者，当学生取得进展时，教师应当充分肯定学生的成绩，树立其进行学习的自信心；要鼓励不同的观点。教师应鼓励学生大胆发表自己的看法，想说就说，说不清楚的允许补充，说错了允许改正，有不同见解的允许坚持，保留看法。必要时，可按观点的不同设立小小的辩论台，教师要相机引导，适当评判，使辩论既有序，又不断走向深入；要适时评估学生的学习情况。教师应根据学生学习中出现的问题和学生提出的疑点和难点，根据教学的需要，灵活地调整下一个教学环节。适时适当地激励，可以收到事半功倍的效果。教师应使每个小组都能真切地体验到合作学习的成功与快乐，从而产生进一步合作的欲望。

总之，小组合作并非一日之功，如果我们把能想到的弊端杜绝，就会少走许多弯路。提高小组合作学习的有效性需要我们在教学实践中理论与实践相结合，并且不断摸索、总结和创新，以达到小组合作学习形式与效果的统一，让我们的课堂绽放精彩。

第四节　各学科组翻转课堂教学模式的构建

一、新旧课堂教学模式对比（时间分配）

新旧课堂时间分配见图5-4-1。

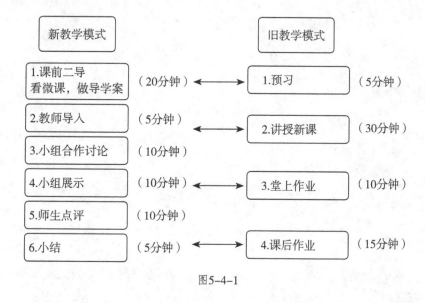

图5-4-1

二、新旧课堂教学模式对比（初一初二两个年级学生问卷）

（1）你比较喜欢我校现在的信息化小组合作教学模式还是以前的传统教学模式？

选项	小计	比例	
A. 现在的信息化小组合作教学模式	1270		91.63%
B. 传统款学模式	116		8.37%
本题有效填写人次	1386		

（2）我校信息化小组合作教学的如下环节中，你最喜欢哪个环节？

选项	小计	比例	
A. 课前微课导入	291		21%
B. 课前导学案导入	83		5.99%
C. 课堂老师导入	118		8.51%
D. 小组讨论	556		40.12%
E. 小组展示	188		13.56%
F. 师生点评	69		4.98%
G. 师生总结	81		5.84%
本题有效填写人次	1386		

（3）如下中考科目中，你最喜欢上哪个科目的课？

选项	小计	比例	
A. 语文	126		9.09%
B. 数学	201		14.5%
C. 英语	263		18.98%
D. 政治	154		11.11%
E. 物理	123		8.87%
F. 化学	42		3.03%
G. 历史	233		16.81%
H. 地理	111		8.01%
I. 生物	133		9.6%
本题有效填写人次	1386		

（4）如下中考科目中，你现在最不喜欢上哪个科目的课？

选项	小计	比例	
A. 语文	197		14.21%
B. 数学	341		24.6%
C. 英语	203		14.65%
D. 政治	125		9.02%
E. 物理	80		5.77%

选项	小计	比例
F. 化学	61	4.4%
G. 历史	94	6.78%
H. 地理	134	9.67%
I. 生物	151	10.89%
本题有效填写人次	1386	

（5）你最不喜欢该上该科目课的原因：（　　　）。（多选）

选项	小计	比例
A. 老师上课沉闷	577	41.63%
B. 老师语言表达不清	266	19.19%
C. 老师上课方式单一，满堂灌	460	33.19%
D. 老师为人冷漠让人不敢靠近	160	11.54%
E. 我对该科知识无兴趣	397	28.64%
F. 该科中考高考分值低	99	7.14%
G. 其他	545	39.32%
本题有效填写人次	1386	

三、构建学科教学模式及评价体系

各学科根据自身学科特点在总模式的框架下构建起具有学科特色的信息化小组合作学习的课堂教学模式及评价体系。

第五节　跨学科的精研共进

一、数学科组构建的信息化小组合作学习教学模式（图5-5-1）

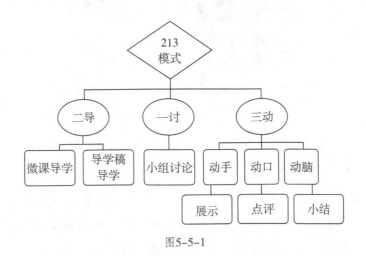

图5-5-1

二、各学科都参照数学科组构建了信息化小组合作学习教学模式（图5-5-2）

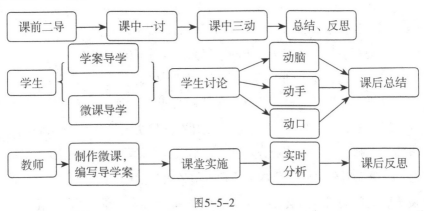

图5-5-2

三、平板电脑在小组合作课堂教学中发挥的作用（图5-5-3）

图5-5-3

四、建立名师讲堂

在校长室带领下，我校信息化小组合作教学的实施进入常态化。为提供更好的平台支持教师的专业发展，为使我校信息化小组合作教学取得长足的发展，学校搭建了一个砥砺思想、分享经验、提高技能的平台——"名师讲堂"。我校信息化小组合作教学"名师讲堂"绽放异彩。

在"名师讲堂"中，我校老师就信息化小组合作教学模式的运用进行了具体的阐述：

（1）结合各科组实施情况，在不断运用的过程中提炼特点。

（2）全力打造本学科团队，不断完善微课和导学案的制作。

（3）从建模到有模再到无模，不断体现"生本位"。

我校在推进信息化小组合作教学模式的过程中，涌现出很多教学改革的骨干教师，取得了非常丰富的一手资料，教师在互相交流与合作中得到升华。

朱颂维老师，与我们特别分享了《"小组合作学习"213新模式的经验交流与探讨》，鼓励其他老师力争成为导师，引领教学潮流。

黄若明老师的《信息化小组合作教学》和赖志敏老师的《信息化小组合作

教学模式》，提供了专注校本教研、用心教学、关注学生的范本。

邓文勇副校长，在《小组合作教学探讨与实施》中，结合我校信息化小组合作教学实情，提出了一套适合我校的各学科的小组合作教学模式。

黄奇勇老师的《信息化小组合作学习之我见》解决了在教学实施过程中遇到的各种问题。

熊建琼老师的《携手共进，遇见更美的课堂》增强了我校老师迎接挑战的决心，催人奋进！

梁秋焕老师《英语科"IELTS五环四学"基本模式》生动而富有特色，为英语科信息化小组合作学习做出了实实在在的指引。

莫柏安校长的《慕课创新行动》，让人耳目一新，为经常低头的我们打开了鸟瞰全局的窗户，使我们对于问题的研读开始有了精准的解决方案、深层的探究。

"雄关漫道真如铁，而今迈步从头越。"在莫校长带领下，各科组在信息化小组合作教学活动中，采取了积极的应对策略，认清了追求与发展是教师职业生活的内核。相信在这一氛围下，我校所有老师一定会更加努力专研！一位哲学家曾说过，教育本身就是"一棵树摇动另一棵树，一朵云推动另一朵云，一个灵魂唤醒另一个灵魂"。教师的生命与学生的生命都应是灵动的，如此才能使教师焕发活力，才能使课堂焕发活力。

曲终人散，意犹未尽。这是老师们对"名师讲堂"的最真感受。这样的活动，让我校更多的老师能够学习领悟到先进的教学方法和艺术，提高教学质量和教学水平，是"新课改营养大餐"，值得我们共同品味。

"名师讲堂"部分题目见表5-5-1。

表5-5-1

时间	姓名	题目
2015.10.24	朱颂维	"小组合作学习"213新模式的经验交流与探讨
2016.4.11	黄若明	信息化小组合作教学
2016.5.16	邓文勇	小组合作教学探讨与实施
2016.6.13	黄奇勇	信息化小组合作学习之我见
2016.6.13	熊建琼	携手共进，遇见更美的课堂

续表

时间	姓名	题目
2016.10.10	梁秋焕	英语科"IELTS五环四学"基本模式
2016.10.24	赖志敏	信息化小组合作教学模式
2016.10.31	曾杜清	语文科"信息化小组合作教学·241"模式初探
2016.11.3	莫秀文	历史科信息化小组合作教学模式——双导双学模式
2016.11.4	罗任华	探寻《道德与法治》课程之韵兼谈核心素养
2016.11.14	詹添全	化学科信息化小组合作教学的进程与实践
2016.11.17	莫柏安	慕课创新行动
2016.11.18	曾令军	物理科信息化小组合作教学模式探索
2016.11.28	郑小波	思品科在"信息化小组合作学习"教学的探索与研究
2016.12.12	黎福文	地理科信息化小组合作教学模式的做法与体会
2016.12.26	邹荣静	生物学科信息化小组合作课堂初探

五、各学科建立具有学科特色的课堂教学评价表

1. 麻涌一中信息化小组合作教学模式课堂评价表（数学科）（表5-5-2）

表5-5-2

授课老师：　　　　时间：　　年　月　日；第　周　星期　第　节 班级

课堂环节	课堂活动内容	评价标准	分值	得分
一	导学案检查	1.课前学生完成导学案。 2.课前老师批改导学案。	10	
二	老师导入	1.导入简明扼要、突出重点。 2.导入有启发性。 3.时间在5分钟内。	10	
三	小组讨论	1.小组讨论结束后及时评价。 2.组内分工明确，各组员合作能力强。 3.讨论气氛热烈，参与面广，第1、2号组员能充分发挥讲解作用，第3、4号组员也能大胆讨论，效果显著。 4.老师能密切注意观察学生讨论情况，能巡视解答问题	20	

课堂环节	课堂活动内容	评价标准	分值	得分
四	学生展示	1.学生积极踊跃，敢于展示自己的学习成果。 2.学生展示清晰大方，正确率高。 3.座位上的学生能按要求继续学习。	20	
五	点评	1.学生点评，老师补充。 2.对学生展示成果及点评做出及时评价。	20	
六	平板电脑使用	师生能熟练有效地使用平板电脑。	10	
七	小结	老师或学生进行总结，知识脉络清晰，回顾重难点。	10	
总得分			100	
评价或建议		评课人：		

2. 麻涌一中信息化小组合作教学模式课堂评价表（语文科）（表5-5-3）

表5-5-3

授课老师：　　　　时间：　　年 月 日；第 周 星期 第 节 班级

课堂环节	课堂活动内容	评价标准	分值	得分
一	课前自学	1.课前是否有观看微课。 2.课前是否有做导学案：导学案问题设计是否合理；学生能否在课前完成导学案相关内容。	10	
二	老师导入	1.导入是否简明扼要，突出重点。 2.时间是否在5分钟内。	10	
三	小组讨论	1.学生自学过程是否有讨论环节。 2.讨论环节设计是否合理：组内分工明确，各组员合作能力强。 3.讨论过程气氛热烈，参与面广，第1、2号组员能充分发挥讲解作用，第3、4号组员也能大胆讨论，效果显著。 4.老师能在座位间巡视解答问题，观察学生讨论情况。 5.讨论内容（或习题）时能有效使用平板电脑。 6.讨论时间不少于10分钟。	20	

续表

课堂环节	课堂活动内容	评价标准	分值	得分
四	学生展示	1.学生是否敢于展示自己的学习成果，正确率高。 2.座位上的学生能认真聆听，提出问题、配合展示的同学、做出补充。 3.学生能借助平板电脑进行展示。 4.老师能及时做出评价，有加分等鼓励，能让学生充分享受到学习的成就感。 5.展示时间不少于10分钟。	20	
五	老师点评	1.老师针对普遍存在的问题精讲点评，学生已掌握的问题不讲。 2.老师的讲解是否有拓展性，能否加深拓宽学生已掌握的知识。 3.讲解时间在10分钟内。	20	
六	课堂小结	1.老师或学生进行总结，知识脉络清晰，回顾重难点。 2.时间约5分钟。	10	
七	平板使用	师生是否熟练有效地使用平板电脑。	10	
总得分			100	
评价或建议		评课人：		

3. 麻涌一中信息化小组合作教学模式课堂评价表（英语科"IELTS五环四学"模式）（表5-5-4）

表5-5-4

授课老师：　　　　时间：　　年　月　日；第　周　星期　第　节　班级

课堂环节	课堂活动内容	评价标准	分值	得分
一 Input	课前个体自学	1.课前有观看微课及做导学案，导学案问题设计合理。 2.学生能在课前完成导学案相关内容。 （适合读写课型和练习课型，听说课在书本上有个体自学的听、读、圈、画、问。）	10	

续 表

课堂环节	课堂活动内容	评价标准	分值	得分
二 Effect	老师效果导入环节	1.批改导学案或平板推送预测练习。 2.能根据预测的效果选择错题率高的知识点进行激情导课。 3.导入简明扼要，突出学生还没掌握的重点、难点进行攻关。 4.导入口语流利清晰，有启发性。 5.时间在5分钟内。	10	
三 Learning 双学 环节	组内互助合学	1.讨论环节设计合理；组内分工明确，各组员合作能力强。 2.讨论气氛热烈，参与面广，第1、2号组员能充分发挥讲解作用，第3、4号组员也能大胆讨论，效果显著。 3.老师能密切注意观察学生讨论情况，能在座位间巡视解答问题。 4.讨论内容或习题时能有效使用平板电脑。 5.讨论时间不少于10分钟。	20	
	班级互助展学	1.学生积极踊跃发言，敢于发表展示自己的学习成果；学生展示清晰大方，正确率高。 2.座位上的学生能认真聆听，能提出问题、做出补充，能文明配合展示的同学。 3.老师能及时做出评价，有加分等鼓励，能让学生充分享受到学习的成就感。 4.时间不少于10分钟。	20	
	师助点评	1.老师针对普遍存在问题精讲。 2.学生已掌握的问题不讲。 3.老师对学生反复出错的地方点评分析到位。 4.讲解有拓展性，能加深拓宽学生已掌握的知识。 5.时间在10分钟内。	10	
	平板电脑使用	师生能熟练有效地使用平板电脑。能借助平板电脑高效学习。	10	
四 Test	考核促学环节	1.目标检测的练习题紧扣本节课重点内容，难易度适中，让学生体会学习的乐趣。 2.时间约5分钟。	10	

续表

课堂环节	课堂活动内容	评价标准	分值	得分
五 Summary	总结提升环节	1.老师或学生进行总结，知识脉络清晰。 2.回顾重难点。	10	
总得分			100	
评价或建议		评课人：		

4. 麻涌一中信息化小组合作教学模式课堂评价表（思想品德科）（表5-5-5）

表5-5-5

授课老师：　　　时间：　　年　月　日；第　周　星期　第　节　班级

课堂环节	课堂活动内容	评价标准	分值	得分
一	课前自学	1.导学案问题设计合理。 2.学生能在课前完成导学案相关内容。	10	
二	老师导入	1.导入简明扼要突出重点；有启发性。 2.时间在5分钟内。	10	
三	小组讨论	1.讨论环节设计合理。 2.讨论气氛热烈，参与面广，第1、2号组员能充分发挥讲解作用，第3、4号组员也能大胆讨论，效果显著。 3.老师能密切注意观察学生讨论情况，能在座位间巡视解答问题。 4.讨论内容或习题时能有效使用平板电脑。 5.讨论时间不少于10分钟。	20	
四	学生展示	1.学生展示清晰大方，正确率高。 2.座位上的学生能认真聆听，能提出问题、做出补充，能文明配合展示的同学。 3.老师能及时做出评价，有加分等鼓励，能让学生充分享受到学习的成就感。 4.时间不少于10分钟。	20	
五	老师点评	1.讲解有拓展性，能加深拓宽学生已掌握的知识。 2.时间在10分钟内。	20	
六	平板电脑使用	师生能有效熟练地使用平板电脑。	10	

续 表

课堂环节	课堂活动内容	评价标准	分值	得分
七	小结	1.老师或学生进行总结,知识脉络清晰,回顾重难点。 2.时间约5分钟。	10	
总得分			100	
评价或建议		评课人:		

5. 麻涌一中信息化小组合作教学模式课堂评价表(物理科)(表5-5-6)

表5-5-6

授课老师:　　　　时间:　　年　月　日;第　周　星期　第　节　班级

课堂环节	课堂活动内容	评价标准	分值	得分
一	微课导入	1.学生观看微课及做导学案相关习题,导学案习题设计合理。 2.小组讨论和展示合作成果;组内分工明确,组员合作能力强。 3.老师点评有针对性、启发性。(时间约15分钟)	15	
二	知识剖析	1.教师利用导学案讲解相关知识点,重点突出,针对性强。 2.条理清晰,知识衔接合理。 3.能调动学生的积极性和注意力。(约14分钟)	20	
三	实验演示	1.根据实际开设演示实验,操作正确、规范。 2.演示实验能解决实际问题、可视性好。 3.学生积极参与实验演示。	15	
四	小组讨论	1.讨论环节设计合理。 2.组内分工明确,各组员合作能力强。 3.讨论气氛热烈,参与面广,第1、2号组员能充分发挥讲解作用,第3、4号组员也能大胆讨论,效果显著。 4.老师能密切观察学生讨论情况,能在座位间巡视解答问题。 5.讨论内容或习题时能有效使用平板电脑。(约5分钟)	15	

课堂环节	课堂活动内容	评价标准	分值	得分
五	学生展示	1.学生积极踊跃发言，敢于发表展示自己的学习成果。 2.学生展示清晰大方，正确率高。 3.座位上的学生能认真聆听，能提出问题、做出补充，能文明配合展示的同学。 4.学生能借助平板电脑进行展示。 5.老师能及时做出评价，有加分等鼓励，能让学生充分享受到学习的成就感。（约4分钟）	15	
六	点评小结	1.老师针对普遍存在的问题进行点评，学生已掌握的问题不讲。 2.点评有拓展性，能加深拓宽学生已掌握的知识。（约2分钟）	10	
七	平板电脑使用	师生能熟练有效地使用平板电脑。	10	
总得分			100	
评价或建议		评课人：		

6. 麻涌一中信息化小组合作教学模式课堂评价表（化学科）（表5-5-7）

表5-5-7

授课老师：　　　　时间：　　年　月　日；第　周　星期　第　节　班级

课堂环节	课堂活动内容	评价标准	分值	得分
一	课前自学检查	1.课前有观看微课及做导学案，导学案问题设计合理。 2.学生能在课前完成导学案相关内容。 3.老师有针对性批改导学案。	10	
二	老师导入	1.根据实际引导学生朗读/背诵重要概念或知识点并展示。 2.导入简明扼要，突出重点，有启发性。 3.时间在5分钟内。	10	
三	小组讨论	1.讨论环节设计合理。 2.组内分工明确，各组员合作能力强。 3.讨论气氛热烈，参与面广，第1、2号组员能充分发挥讲解作用，第3、4号组员也能大胆讨论，效果显著。	20	

续 表

课堂环节	课堂活动内容	评价标准	分值	得分
三	小组讨论	4.老师能密切观察学生讨论情况,能在座位间巡视解答问题。 5.总的讨论时间不少于8分钟。		
四	实验演示	1.根据实际开设演示实验,操作正确、规范。 2.演示实验能解决实际问题。 3.鼓励学生进行演示。	10	
五	学生展示	1.学生积极踊跃发言,敢于发表展示自己的学习成果。 2.学生展示清晰大方,正确率高。 3.座位上的学生能认真聆听,能提出问题、做出补充,能文明配合展示的同学。 4.学生能借助平板电脑进行展示。 5.老师能及时做出评价,有加分等鼓励,能让学生充分享受到学习的成就感。 6.总的时间不少于8分钟。	20	
六	点评	1.老师针对普遍存在的问题精讲,学生已掌握的问题不讲。 2.讲解有拓展性,能加深拓宽学生已掌握的知识。 3.时间在10分钟内。 4.鼓励学生进行点评。	10	
七	平板使用	师生能熟练有效地使用平板电脑。	10	
八	练习反馈	1.练习紧扣本节课重点,难易度适中,让学生体会学习的乐趣。 2.时间约5分钟。	5	
九	小结	老师或学生进行总结,知识脉络清晰,回顾重难点。	5	
总得分			100	
评价或建议	评课人:			

7. 麻涌一中信息化小组合作教学模式课堂评价表（历史科）（表5-5-8）

表5-5-8

授课老师：　　　　　时间：　　年 月 日；第 周　星期　第 节　班级

课堂环节	课堂活动内容	评价标准	分值	得分
一	课前自学	1.课前有观看微课及完成导学案自学部分。 2.导学案问题设计合理。	10	
二	导入	1.有明确的导入过程。 2.脉络清晰，能链接前阶段学习内容，启发学生。 3.时间在5分钟内。	10	
三	小组讨论	1.讨论环节设计合理，有效完成教学目标。 2.讨论气氛热烈，全员参与，第1、2号组员能充分发挥讲解作用，第3、4号组员也能大胆讨论，效果显著。 3.老师能密切注意观察学生讨论情况，能在座位间巡视解答问题。 4.讨论时间不少于10分钟。	15	
四	学生展示	1.展示清晰大方，正确率高。 2.学生积极踊跃发言，3、4号亦敢于发表展示自己的学习成果。 3.同组学生能积极做出补充，能文明配合展示的同学。 4.老师能及时做出评价，有加分等鼓励，能让学生充分享受到学习的成就感。 5.时间不少于10分钟。	15	
五	老师点评	1.老师针对普遍存在的问题精讲，学生已掌握的问题不讲。 2.讲解有拓展性，能加深拓宽学生已掌握的知识。 3.时间在10分钟内。	20	
六	练习反馈	1.练习紧扣本节课重点内容，难易度适中，让学生体会学习的乐趣。 2.时间约5分钟。	10	
七	平板电脑使用	师生能有效熟练地使用平板电脑。	10	
八	小结	老师或学生进行总结，知识脉络清晰，回顾重难点。	10	
总得分			100	
评价或建议		评课人：		

8. 麻涌一中信息化小组合作教学模式课堂评价表（地理科）（表5-5-9）

表5-5-9

授课老师：　　　时间：　　年　月　日；第　周　星期　第　节　班级

课堂环节	课堂活动内容	评价标准	分值	得分
一	课前自学检查	1.课前有观看微课及做导学案，导学案问题设计合理。 2.学生能在课前完成导学案相关内容。	5	
二	老师导入	1.导入简明扼要，突出重点。 2.导入有启发性。 3.时间在5分钟内。	10	
三	小组讨论	1.讨论环节设计合理。 2.组内分工明确，各组员合作能力强。 3.讨论气氛热烈，参与面广，第1、2号组员能充分发挥讲解作用，第3、4号组员也能大胆讨论，效果显著。 4.老师能密切注意观察学生讨论情况，能在座位间巡视解答问题。 5.讨论时间不少于10分钟。	20	
四	学生展示	1.学生积极踊跃发言，敢于发表展示自己的学习成果。 2.学生展示清晰大方，正确率高。 3.座位上的学生能认真聆听，能提出问题、做出补充，能文明配合展示的同学。 4.老师能及时做出评价，有加分等鼓励，能让学生充分享受到学习的成就感。 5.时间不少于10分钟。	20	
五	老师点评	1.老师针对普遍存在的问题精讲，学生已掌握的问题不讲。 2.讲解有拓展性，能加深拓宽学生已掌握的知识。 3.时间在10分钟内。	20	
六	练习反馈	1.练习紧扣本节课重点内容，难易度适中，让学生体会学习的乐趣。 2.时间约5分钟	10	
七	平板电脑使用	师生能熟练有效地使用平板电脑。	10	
八	小结	老师或学生进行总结，知识脉络清晰，回顾重难点。	5	
总得分			100	
评价或建议		评课人：		

9. 麻涌一中信息化小组合作教学模式课堂评价表（生物科）（表5-5-10）

表5-5-10

授课老师：　　　　时间：　　年　月　日；第　周　星期　第　节　班级

课堂环节	课堂活动内容	评价标准	分值	得分
一	学生的自主学习	1.课前有观看微课及做导学案。 2.学生准备到位，动作迅速，动手画课本的重点语句。	5	
二	老师导入	1.导入简明扼要、具有启发性。 2.教学三维目标明确，对教学内容重点、难点把握准确。导学案问题设计合理。 3.时间在5分钟内。	10	
三	小组讨论	1.讨论环节设计合理。 2.组内分工明确，各组员合作能力强。 3.讨论气氛热烈，参与面广，第1、2号组员能充分发挥讲解作用，第3、4号组员也能大胆讨论，效果显著。 4.老师能密切注意观察学生讨论情况，能在座位间巡视解答问题。 5.讨论时间不少于10分钟。	20	
四	学生展示	1.学生积极踊跃发言，敢于发表展示自己的学习成果。 2.学生展示清晰大方，正确率高。 3.学生能充分利用生物实验或各种生物资源进行展示，将生物学知识与实际生活相联系。 4.座位上的学生能认真聆听，能提出问题、做出补充，能文明配合展示的同学。 5.老师能及时做出评价，有加分等鼓励，能让学生充分享受到学习的成就感。 6.时间不少于10分钟。	20	
五	老师点评	1.老师针对普遍存在的问题精讲，学生已掌握的问题不讲。 2.讲解有拓展性，能加深拓宽学生已掌握的知识。 3.时间在10分钟内。	20	
六	练习反馈	1.练习紧扣本节课重点内容，难易度适中，让学生体会学习的乐趣。 2.时间约5分钟。	10	
七	平板电脑使用	师生能熟练有效地使用平板电脑。	10	

续 表

课堂环节	课堂活动内容	评价标准	分值	得分
八	小结	老师或学生进行总结，知识脉络清晰，回顾重难点	5	
总得分			100	
评价或建议	评课人：			

六、学校发展规划

我校的信息化小组合作教学改革正在稳步地推进中，各个学科正在建立具有自己学科特色的信息化小组合作教学模式和课堂评价体系，全校师生在课堂中正在全面使用平板电脑，并在技术技巧上探索和不断突破，以打造高效与实效的信息化课堂。我们的信息化小组合作教学改革正在路上。具体发展规划如图5-5-4所示。

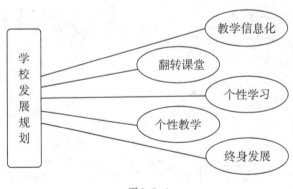

图5-5-4

第六节　跨地区交流研讨与应用推广

一、学校举办专题研讨会暨信息化小组合作学习课堂教学模式展示活动

学校于2016年4月21日举办面向全国的信息化小组合作教学研讨会，到会人员达400人（图5-6-1）。2017年5月19日，举办东莞市中小学慕课工作现场会，与会人员达800人（图5-6-2）。

图5-6-1

图5-6-2

二、东莞市慕课试点启动以我校为示范

2015年10月15日，东莞市中小学慕课创新案例培训交流会暨麻涌一中翻转课堂专题片首映仪式。（图5-6-3）

图5-6-3

三、东莞市首届慕课试点工作现场会，我校做主要介绍

2015年12月23日，东莞市首届慕课试点工作现场会上，我校作为重点示范学校做经验介绍：麻涌一中翻转课堂暨信息化小组合作学习模式介绍。（图5-6-4）

图5-6-4

四、主持人和核心成员应邀到省市内外专题讲座

（一）主持人应邀专题讲座

主持人开设讲座，每年都按要求上示范课，引领青年教师。还开设《翻转课堂之信息化小组合作教学模式》等专题讲座培训教师，引领专业化成长。受邀到镇内为中小学教学骨干做专题讲座，到市内万江第二中学、中堂实验中学、高埗低涌中学，省内深圳市龙华区同胜学校、佛山市顺德区凤城学校、广东省初等数学学会、省强师工程校（园）长培训班、华南师范大学数学科学院等作专题报告，在校内为省市内外兄弟学校作专题讲座约80场。

① 2016年5月16日，受聘为麻涌镇第一中学信息化小组合作教学校本教研"名师讲堂"主讲名师，连续两年为我校信息化小组合作教学模式深度推进把关把脉。（图5-6-5）

图5-6-5

② 2016年11月22日应邀在东莞市万江第二中学面向全校教师作了《翻转课堂之信息化小组合作教学模式》专题讲座，效果良好。（图5-6-6）

图5-6-6

③ 2017年4月27日，应邀到深圳市龙市华区同胜学校为七年级师生及家长代表作《信息化小组合作教学模式的探索与实施》专题讲座，效果显著。（图5-6-7）

图5-6-7

④ 2018年1月18日，应邀在华南师范大学数学科学学院为硕士研究生70多人作《从学校需求谈教师专业发展》专题讲座，效果良好。（图5-6-8）

图5-6-8

⑤ 2018年5月9日，应邀在麻涌镇中小学信息化小组合作教学研讨中作《信息化小组合作教学模式的探索与实施》专题讲座，效果良好。（图5-6-9）

⑥ 2018年7月8日，应邀到佛山市顺德区凤城学校为七年级师生及家长作《融合信息技术，促进教学创新》专题讲座，效果显著。（图5-6-10）

图5-6-9

图5-6-10

⑦ 2018年11月24日，应邀在广东省初等数学学会第二届第一次研讨会作《初中数学课堂信息化小组合作教学的实践与探索》讲座。（图5-6-11）

⑧ 2019年6月28日，应邀在岭南师范学院广东省强师工程校（园）长培训班作《初中数学课堂信息化小组合作教学的实践与探索》主题分享，效果良好。（图5-6-12）

图5-6-11

图5-6-12

（二）核心成员黄若明老师专题讲座

我校基于小组合作的翻转课堂教学模式产生广泛影响，核心成员也应邀到省市内外开展交流研讨活动，尤其是黄若明老师作为市名师工作室主持人更受关注。

① 2019年8月30日，东莞市初中数学名师工作室主持人培训会议在东莞中学初中部古梅一中举行。章建跃博士，吴有昌教授，市教研员刘嘉远老师、于涛老师，古梅一中袁婉娜副校长以及初中数学名师工作室主持人张青云、蔡映红、余再超、温河山、黄若明齐聚古梅一中，共同探讨名师工作室主持人常规工作建设与未来规划。黄若明老师围绕"打造一个专业共同体"主题展开论述，提出了"自学、互学、展学"教学模式，指出了今后将以"基于未来学校初中数学课程研究"为方向，形成"自学、互学、展学"的学术氛围，充分发挥各家之所长，争取取得更多学术成果。

② 2019年9月5日，华南师范大学数学科学学院的专家教授到我校对数学科组及黄若明工作室进行专题讲座和课堂指导。工作室成员陈家畅老师上课的课题是《1.2.2数轴》，专家教授在这次课堂诊断活动中给我们今后的教学活动提出了很好的建议，为今后课题研究带来了极大的帮助。

③ 2019年9月25日上午，东莞市初中数学黄若明名师工作室在东莞中学初中部古梅一中开展了集中研修活动，黄若明作了题为《初中数学学科资源建设》的专题讲座，为课题资源建设打下了扎实的基础。

④ 2019年10月10日，为帮助东莞市新教师快速成长，黄若明老师在东莞市中小学教师发展中心面向全体新教师开设学科专题讲座，主题是《现代信息技术与初中数学教学的融合》。黄若明老师为新教师详尽地介绍了"自学、互学、展学"教学模式，并鼓励新教师先站稳讲台，后续再把教学模式研究作为自己学习或转型的方向。

⑤ 2019年10月16日，佛山市顺德区初中数学骨干教师培训班学员莅临我校学习交流，工作室成员陈家畅老师授课的课题是《2.2整式的加减》，课堂气氛活跃，把"自学、互学、展学"真正落实到课堂当中。

⑥ 2019年12月4日上午，2019年东莞市初中"慧教育·慧资源·慧应用"（第12期）水乡新城片区专题研训活动在中堂镇朝阳学校开展。课题组成员参加了此次活动。市学科带头人杨运标老师为朝阳学校初三学生送课《24.4弧长

和扇形面积》，黄若明老师作关于《初中数学课堂教学中问题设计》专题讲座，就"自学、互学、展学"教学模式导学案设计做了分享。

⑦ 2019年12月4日下午，东莞市黄若明名师工作室、高埗镇张鹏名师工作室、低涌中学数学科组、同富学校数学科组联合开展了一次教研活动。同富实验学校徐俊鹏老师、工作室学员张鹏老师分别展示了同课异构课《圆的复习》。同富实验学校苗校长肯定了"自学、互学、展学"课堂的精彩和有效性，希望这些课堂可以更多地走进民办学校，促进民办学校的教育教学质量的提升。

⑧ 2020年6月9日上午，东莞市初中数学黄若明名师工作室送教到麻涌新港学校，黄若明作了题为《基于初中数学信息技术教学场域构建的实践与研究》的专题讲座，分享了"自学、互学、展学"教学模式的实践经验。

⑨ 2020年9月3日，黄若明老师到万江二中交流研讨，参加了该校"灵动课堂"教学专题研讨会，并为初一级全体教师作了题为《基于小组合作学习的课堂转型》专题讲座，介绍了"自学、互学、展学"教学模式的操作流程与实施细节。

⑩ 2021年10月27日，黄若明老师到龙门县作了题为《信息技术在初中数学教学中的应用》专题讲座，介绍了"自学、互学、展学"教学模式的操作流程与实施细节。

（三）其他成员专题讲座

① 2016年4月27日，6位教改骨干（熊建琼、高惠红、詹添全、邹荣静、温景春、陈文锋）到清远进行讲学，让老师们有更多的锻炼机会，促进教师的专业发展。

② 2017年3月，曾令军、詹添全老师到深圳讲学。

③ 曾杜清到四川绵阳进行信息化小组合作学习教学模式展示。

④ 傅思权到东莞市万江三中进行信息化小组合作学习教学模式展示。

⑤ 朱颂维等多次被邀请外出讲学。

五、推广应用实践检验单位

一个优秀的课题研究成果必须要得到推广应用和实践检验，除本单位之外，在省市内外还应有其他推广应用的单位，我们选择了其中3个实践检验单位。

（一）第1个实践检验单位情况（表5-6-1）

表5-6-1

地区或学校名称	武汉市新洲区第一初级中学
实践检验时间	2016年11月开始至2017年6月结束
承担任务	智慧教学与翻转课堂的实践应用
实践效果	

我校从2015年始采用小组合作学习教学模式。在实践探索的过程中我们发现学生的学习态度实现了积极良好的转变，学生在学习上变得更加自信，但我们也碰到一些教学组织和管理上的问题。武汉市新洲区教研室安排了当时在全国信息化小组合作学习试验方面比较成功的东莞市麻涌镇古梅第一中学的黄若明老师来我校开展"智慧教学与翻转课堂"主题讲座，黄老师连续两天在我校就信息化小组合作学习的教学模式进行深入细致的指导，帮我们解决了诸如微课制作、信息化与小组合作如何有效切入、学生评价、小组分工等问题。

基于麻涌镇古梅第一中学信息化学小组合作学习教学模式，充分结合校情、学情，我校于2016年12月开始，在初一级全面采用信息化小组合作学习教学模式。一学期下来，这种教学模式给师生带来全新的教学体验，能促进学校的内涵发展，能凸显学校的办学特色，能提高学校的教学成绩，取得了良好的教学改革效果。

实践检验单位（公章）
2017年9月10日

（二）第2个实践检验单位情况（表5-6-2）

表5-6-2

地区或学校名称	深圳市龙华区同胜学校
实践检验时间	2016年3月开始至2017年6月结束
承担任务	信息化小组合作学习教学模式实践应用
实践效果	

麻涌镇古梅第一中学在信息化小组合作学习教学改革探索中取得令人瞩目的成绩、丰硕的研究成果。我校黄宇慧校长在2015年12月先后两次带领教学管理人员共29人次到该校教学观摩，并于2016年3月至2017年6月分三次带领一线教师共47人次到校跟岗交流。2017年4月，主持人邓文勇副校长带领6名骨干到我校指导信息化小组合作教学工作。我校于2016年3月开展信息化小组合作学习教学探索，在初一选定两个试验班。2016年7月两个试验班的各科成绩均高于其他班，信息化小组合作学习初见成效。2016年9月起，我校在初二级全级全科开展信息化小组合作学习教学，在此期间我们发现，信息化小组合作学习积极的教学模式能改变学生的学习态度，能改变教师的教学积极性。初二级在两次期末考试中，各科教学成绩均高于往年同年级水平。我校认为，随着互联网＋教育的深度融合，麻涌镇古梅第一中学的信息化小组合作学习定会引领麻涌教育走上新的腾飞之路。

实践检验单位（公章）：
2017 年 9 月 15 日

（三）第3个实践检验单位情况（表5-6-3）

表5-6-3

地区或学校名称	东莞市长安振安初级中学
实践检验时间	2015年3月开始至2015年12月结束
承担任务	数学小组合作学习教学模式实践探索
实践效果	

我校从2014年10月开始，多次选送我校各科优秀教师至东莞市麻涌镇古梅第一中学观摩数学小组合作学习教学模式，讨论交流数学小组合作教学模式的落实细节。我们从微课制作技巧、导学案编写原则、教室画板布置、教室座位布置、小组分组方式、小组评价与组员评价、奖励方式等方面进行了全方位的深入学习。我们的学员一致认为，麻涌镇古梅第一中学数学小组合作学习教学模式理念新，操作性强，接地气，能给师生带来很好的教学体验，能提高我们的课堂教学质量。

我校从2015年3月开始进行小组合作学习教学模式的实践改革，我们遵循循序渐进原则，先试点，然后级部推广，最后是全科全级展开。试验的结果是我们取得了良好的教学效果，促进了学校的内涵发展，提升了我校在周边镇街中民校的社会认知度。基于我校在小组合作学习教学模式推广力度和取得的成绩，我校于2015年12月23日成功举办了东莞市2015年中小学慕课试点工作现场会。

实践检验单位（公章）
2017 年 9 月 16 日

第 六 章

反思与展望

第一节　优势与反思

一、优势

（一）提升了数学教师的专业素养

"自学、互学、展学"教学模式的研究，除了全面提高教师的教育、教学、科研能力之外，更能提升教师的教育思想，让教师站在一个更高的立足点思考和实践自己的工作。改变了以教师为中心的传统教育模式，真正树立以学生为主体、以教师为主导的现代教育思想，学生从被动接受知识转变为主动探求知识，在获得学科知识的同时，提高了综合素养。数学老师编制适合学情的导学案的水平提高了，录制的微课也多次获市级奖励。教师的职业倦怠得到有效控制，焕发出全新的教育工作情怀。

（二）促进学生综合发展

"自学、互学、展学"课堂教学模式以学生为主体，真正做到了把课堂还给学生，让学生在不解—疑惑—开朗的过程中获取知识，体会学习的乐趣，对学生综合素质的提升起了重要作用。

（三）激发了学生的学习兴趣

学生的学习热情高涨，认真听课程度、互学的参与度大幅度提高，就连成绩较差、学习习惯不好的学生上课也能积极参与，面对较简单的问题积极发言，学习成绩慢慢提高。学生上课积极踊跃，厌学现象大大减少，基本实现课堂的翻转。

（四）提高了学生的语言表达能力、想象能力和表演能力等各方面能力

在"自学、互学、展学"实验中，课题组发现，学生的上课兴趣得到了极大的提高，大部分学生能认真对课堂内容进行思考，并积极将自己的思考结果和大家交流。尤其是很多平时没有机会表达自己的比较内向的学生，在"自

学、互学、展学"这一平台上找到了属于自己的舞台，可以尽情展示他们智慧的结晶。学生的精神状态、责任意识、观察分析、综合表达、审美感受等综合素质也在学习中得到了较大提升，学校的教育教学质量大幅提高。合作交流展示有效地促进学生的心理健康。

（五）成绩有较大进步

"自学、互学、展学"教学模式实施以来，初一、初二年级数学成绩取得了较大进步，50分以下人数明显减少，合格率和优秀率均有较大幅度的提高。课堂效果得到质的提升，教学质量明显提高。培优扶差效果显著，合格率从60%提升到80%。教研活动出现亮点纷呈的局面，近五年已经有11个课题获得省市级立项。

二、反思

（1）小组合作教学实现了课堂的翻转，给课堂带来生机和活力，培养了学生在集体中的合作精神和交往能力，对后进生也有很大帮助。打破了传统班级授课制的垄断地位，为教学组织形式的改革提供了新的途径或参考。但缺少对教师主导的研究和缺乏理论认识，在具体教学中过于注重探索方法，缺少对课堂教学的反思和提升，如何多元评价学习效果也有待于进一步研究。

（2）信息化技术在课堂教学中的应用：信息化，具体指的是运用适用于教学的平板电脑、多媒体教学平台等现代教育技术。使用该技术可以极大提高各种教学行为的效率，共同探索教育与信息技术深度融合的有效途径，研讨信息技术在教育领域更加广泛的实施应用。利用信息技术促进优质教育资源普及共享，提高教育教学水平和教育管理水平。挖掘平板电脑的各种功能，实现课堂效率的最大化。

（3）深化对信息化小组合作学习教学评价模式的总结，使教学模式更成体系，开发不同年级典型的教学课例。

（4）评价激励还存于浅层次，不够深入。

（5）教师微课制作水平还不够高，导学案还需要优化。

三、解决五大问题

（一）解决传统教学学生遗忘率过高问题

著名的艾宾浩斯遗忘曲线原理可以很好地解决遗忘率过高问题。遗忘曲线由德国心理学家艾宾浩斯（H.Ebbinghaus）研究发现，描述了人类大脑对新事物遗忘的规律。艾宾浩斯发现遗忘在学习之后立即开始，而且遗忘的进程并不是均匀的。最初遗忘速度很快，以后逐渐缓慢（表6-1-1）。他认为保持和遗忘是时间的函数，他用无意义音节（由若干音节字母组成，能够读出但无内容意义，即不是词的音节）作为记忆材料，用节省法计算保持和遗忘的数量，并根据他的实验结果绘成描述遗忘进程的曲线，即著名的艾宾浩斯遗忘曲线（图6-1-1）。人们可以从遗忘曲线中掌握遗忘规律并加以利用，从而提升记忆能力。该曲线对人类记忆认知研究产生了重大影响。

表6-1-1

时间间隔	记忆量
刚刚记忆完毕	100%
20分钟后	58.2%
1小时后	44.2%
8～9小时后	35.8%
1天后	33.7%
2天后	27.8%
6天后	25.4%
31天后	21.1%

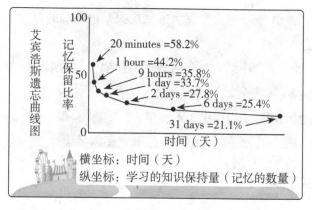

图6-1-1

艾宾浩斯曲线告诉人们学习中的遗忘是有规律的，遗忘的进程很快并且先快后慢。观察曲线，你会发现，学得的知识在一天后，如果不抓紧复习，就只剩下原来的33.7%。随着时间的推移，遗忘的速度减慢，遗忘的数量也就减少。有人做过一个实验，两组学生学习一段课文，甲组在学习后不复习，一天后记忆率为36%，一周后只剩13%。乙组按艾宾浩斯记忆规律复习，一天后保持记忆率为98%，一周后保持86%，乙组的记忆率明显高于甲组。

所以，老师一直强调的课后要及时复习是有科学依据的。但是，仅仅是及时复习还不够，还要定时复习，按照艾宾浩斯遗忘曲线的规律，复习的几个时间点主要可以为第1天、第2天、第4天、第7天、第15天、第3个月。

只要能按照时间点进行复习，很多知识点可以记得很牢靠。初中短短三年，几乎每门学科都有大量的知识点要记忆，没有科学的方法，不仅效率低，而且费时费力。值得注意的是，千万不要有这种错误的观点：一看就会的知识我肯定不会忘记！看似简单的知识也是会随着时间的推移在你脑海中慢慢模糊的，千万不要"被自己骗了"。

我们根据记忆遗忘曲线和学习金字塔效应，改变了教与学的方式，实现了课堂的翻转和角色的转换，即课堂上教师从演员到导演、学生从观众到演员、学习从被动到主动的转变。在教师引领下，学生通过小组讨论、展示和点评等环节来探究和发现知识，增强了"教"的力量，彻底将课堂翻转！学生厌学现象大大减少，教师焕发出全新的教育工作热情，同时我们把平板电脑引入课堂，让小组合作教学融入信息化元素，使课堂变得更高效、更有实效。

（二）解决学生上课期间精神集中力的个体差异问题：学生上课精力不集中的原因和改变方法

保持良好的注意力，是大脑进行感知、记忆、思维等认识活动的基本条件。在我们的学习过程中，注意力是打开我们心灵的门户，而且是唯一的门户。门开得越大，我们学到的东西就越多。而一旦注意力涣散了或无法集中，心灵的门户就关闭了，一切有用的知识信息都无法进入。正因为如此，法国生物学家乔治·居维叶说："天才，首先是注意力。"

在正常情况下，注意力使我们的心理活动朝向某一事物，有选择地接受某些信息，而抑制其他活动和其他信息，并集中全部的心理能量用于所指向的事物。因而，良好的注意力会提高我们工作与学习的效率。注意力障碍，主要表现为无法将心理活动指向某一具体事物，或无法将全部精力集中到这一事物上来，同时无法抑制对无关事物的注意。造成这种情况的原因比较复杂，许多较严重的心理障碍都可以引起注意力障碍。而对于学生来说，他们主要是由于学习负担重、心理压力过大而造成高度的紧张和焦虑，进而导致了注意力无法集中。另外，睡眠不足，大脑得不到充分休息，也可能出现注意力涣散的情况。因此，当你因注意力无法集中影响学习而倍感苦恼时，不妨采用以下方法来改善。

1. 养成良好的睡眠习惯

一些学生因学习负担重，一到晚上便贪黑熬夜，有的学生甚至在宿舍打电筒读书，学到深夜；有的学生不能按时入睡，在宿舍和同学闲聊，等等。这些学生早晨不能按时起床，即便勉强起来，头脑也是昏沉沉的，一整天都打不起精神，有的甚至在课堂上伏桌睡觉。作为学生，主要的学习任务要在白天完成，白天无精打采，必然学习效率低下。所以，如果你是"夜猫子"型的，奉劝你学学"百灵鸟"，按时睡觉按时起床，养足精神，提高白天的学习效率。

2. 学会自我减压

中学生的学习任务本来就很重，老师、家长的期望又给学生心理加上一道砝码。一些同学自己对成绩、考试等看得很重，无疑是自己给自己加压，从而不堪重负，变得疲惫、紧张和烦躁，心理上难得片刻宁静。因此，学生要学会自我减压，不把成绩的好坏看得太重。一分耕耘，一分收获，只要平日努力了，付出了，又何必让忧虑占据心头，去自寻烦恼呢？

3. 做些放松训练

舒适地坐在椅子上或躺在床上，然后用大脑向身体的各部位传递休息的信息。先从左脚开始，使脚部肌肉绷紧，然后松弛，同时暗示它休息，随后命令脚脖子、小腿、膝盖、大腿，一直到躯干部休息，之后，再从脚到躯干，从左右手放松到躯干。这时，再从躯干开始到颈部、头部、脸部全部放松。

4. 做些集中注意力的训练

我国年轻的数学家杨乐、张广厚，小时候都曾采用快速做习题的办法，严格训练自己集中注意力。这里给大家介绍一种在心理学中用来锻炼注意力的小游戏。在一张有25个小方格的表中，将1～25的数字打乱顺序，填写在里面，然后以最快的速度从1数到25，要边读边指出，同时计时。研究表明：7～8岁儿童按顺序找每张图表上的数字的时间是30～50秒，平均40～42秒；正常成年人看一张图表的时间大约是25～30秒，有些人可以缩短到十几秒。你可以自己多做几张这样的训练表，每天训练一遍，相信你的注意力水平一定会逐步提高。训练注意力、提高自己专心致志素质的方法还有以下几种。

方法之一：运用积极目标的力量

这种方法的含义是什么？就是当你给自己设定了一个要自觉提高自己注意力和专心能力的目标时，你就会发现，你在非常短的时间内，集中注意力这种能力有了迅速的发展和变化。我们要在训练中完成这个进步。我们要有一个目标：从现在开始比过去善于集中注意力。不论做任何事情，一旦进入，能够迅速地不受干扰。这是非常重要的。例如，我今天如果对自己有这个要求——我要在高度注意力集中的情况下，将这一讲的内容基本上一次都记忆下来。当有了这样一个训练目标时，我们的注意力本身就会高度集中，就会排除干扰。又如，在军事上把兵力漫无目的地分散开容易被敌人各个围歼从而失败。这与我们在学习、工作中一样，将自己的精力漫无目标地花掉，我们就永远是失败的人物。学会在需要的任何时候将自己的力量集中起来，将注意力集中起来，这是一个成功者的品质。培养这种品质的第一个方法，是要有这样的目标。

方法之二：培养对专心素质的兴趣

我们在休息和玩耍中可以散漫自在，一旦开始做一件事情，就要迅速集中自己的注意力，这是一个才能。就像一个军事家迅速集中自己的兵力，在一个点上歼灭敌人，这是军事天才。我们知道，在军事上，要集中自己的兵力而不被敌人觉察，要战胜各种空间、时间方面的困难，要战胜军队的疲劳状态，要调动方方面面的因素，需要各种集中兵力的具体手段。我们集中自己的精力、注意力，也要掌握各种各样的手段。这些都值得探讨，是让人很有兴趣的事情。有了这种兴趣，我们就会给自己设置很多训练的科目、训练的方式、训练的手段。我们就会在很短的时间内，甚至完全有可能通过一个暑期的自我训练，发现自己和书上所赞扬的那些大科学家、大思想家、大文学家、大政治家、大军事家一样，有了令人称赞的注意力集中的能力。

方法之三：要有对专心素质的自信

我们千万不要受自己和他人的不良暗示。有的家长经常这样说孩子：我的孩子注意力不集中。在很多场合都听到家长说：我的孩子上课时精力不集中。有的同学自己可能也这样认为。不要这样认为，因为这种状态可以改变。只要你有这个自信心，相信自己可以具备迅速集中注意力的能力，能够掌握让自己专心的方法，你就能具备这种素质。我们都是正常人、健康人，只要我们下定决心，不受干扰，排除干扰，我们肯定可以做到高度的注意力集中。

方法之四：善于排除外界干扰

要训练排除干扰的能力。毛泽东在年轻的时候为了训练自己注意力集中的能力，曾经给自己设定这样一个训练科目：到城门洞里、车水马龙之处读书。为了什么？就是为了训练自己的抗干扰能力。我们知道，一些优秀的军事家在炮火连天的情况下，依然能够非常沉静地、注意力高度集中地在指挥中心判断战略战术的选择和取向。生死的危险就悬在头上，可是他们还能够排除这种威胁对自己的干扰，进行军事上的部署。这种排除环境干扰的能力，需要训练。不管环境多么嘈杂，当进入阅读和学习时，对周围的一切因素置若罔闻，这是可以训练成功的。

方法之五：善于排除内心的干扰

在这里要排除的不是环境的干扰，而是内心的干扰。环境可能很安静，在课堂上，周围的同学都坐得很好，但是，我们内心可能有一种骚动，有一种干扰自己的情绪活动，有一种与学习不相关的兴奋。对于各种各样的情绪活动，我们要善于将它们放下来，予以排除。这时候，我们要学会将自己的身体坐端正，将身体放松下来，将面部表情放松下来，也就是将内心各种情绪的干扰随同身体的放松都放到一边。通常，内心的干扰比环境的干扰更严重。我们可以想一下，在课堂上，为什么有的学生能够始终注意力集中呢？为什么有的学生注意力不能集中呢？除了有没有学习的目标、兴趣和自信之外，还有一个就是善于不善于排除自己内心的干扰。有的时候并不是周围有人在骚扰自己，而是自己心头有各种各样浮光掠影的东西。要去除它们，这个能力是要训练的。现代人需要具备这种事到临头能够集中自己注意力的素质和能力，要善于在各种环境中不但能够排除环境的干扰，而且能够排除自己内心的干扰。

方法之六：节奏分明地处理学习与休息的关系

有学生可能有这样的想法：我这一天就是复习功课。然后，他从早晨开始就好像在复习功课，书一直在手边，但是效率很低，同时一会儿干干这个，一会儿干干那个。十二个小时就这样过去了，休息也没有休息好，玩也没玩好，学习也没有什么成效。或者，一大早到公园念外语，坐了一个小时或两个小时，散散漫漫，说念也念了，说没念也跟没念差不多，没有记住多少东西。这叫学习和休息、劳和逸的节奏不分明。正确的态度是要分明。例如，我从现在开始，集中一小时的精力，背诵80个英语单词，看能不能背诵下来。高度地集中注意力，尝试着把这些单词记下来。学习完了，再休息，再玩耍。当需要再次进入学习状态的时候，又能高度集中注意力。这叫张弛有道。一定要训练这个能力。永远不要熬时间，永远不要折磨自己。我们一定要善于在短时间内一下子把注意力集中，高效率地学习。我们要这样训练自己：安静的时候，像一棵树；行动的时候，像闪电雷霆；休息的时候，流水一样悠闲；学习的时候，像军事上实施进攻一样集中优势兵力。这样的训练才能使我们越来越具备注意力集中的能力。

方法之七：空间清静

这个方法，非常简单。当我们学习时，要将书桌上与此时学习内容无关的其他书籍、物品全部清走。在我们的视野中，只有现在要学习的科目。这种空间上的处理，是训练注意力集中的最初阶段的一个必要手段。有学生会出现这样的场面：他坐在桌子前，想学数学了，桌上有一张报纸，本来是垫在书底下的，上面有些新闻，忍不住就看起来了，看了半天，才知道自己是来学数学的。或者本来他是要学习的，桌子一角的小电视还开着呢，看着看着，他从数学王国出去了，到了电视上了。这是完全可能的。甚至可能是一个小纸片，上面写着什么字，让人看着看着又想起一件事情。所以，在训练注意力的最初阶段，做一件事情之前，首先要清除全部无关的东西。然后，使自己迅速进入主题。如果你能够做到一分钟之内没有杂念，进入主题，你就了不起。如果你半分钟就能进入主题，就更了不起。如果你一坐在那里，十秒、五秒，当下就进入，那就是天才，那就是效率。有的学生说，自己复习功课用了四个小时，其实那四个小时大多数在散漫中、低效率中度过，没有用。反之，你开始学习，一坐在那里，与此无关的全部内容置之脑外，这就是高效率。

方法之八：清理大脑

收拾书桌是为了集中自己的注意力，那么，我们也可以清理自己的大脑。我们经常收拾书桌，慢慢就会有一个形象的类比，觉得自己的大脑也像一个书桌一样。大脑是一个屏幕，那里面也堆放着很多东西，我们要将在自己心头浮光掠影活动的各种无关的情绪、思绪和信息收掉，在大脑中只留下要学习的科目，就像收拾桌子一样。这样的训练我们时刻可以做，它并不困难。当我们将思想中的所有杂念都去除的时候，一瞬间就进入了专一的主题，我们的大脑也就充分调动起来，才有才智，才有发明，才有创造，才有观察的能力、记忆的能力、逻辑推理的能力和想象的能力。如果不是这样，我们坐在那里，十分钟之内脑袋瓜里还是车水马龙，还是风马牛不相及，还是天南海北，那么这十分钟是被浪费掉的。再有十分钟，不是车水马龙了，但依然是熙熙攘攘的街道，又十分钟过去了。到最后学习开始了，难免三心二意，效率很低。我们要善于迅速进入自己专心的主题。

方法之九：对感官的全部训练

除了清理自己的书桌，我们可以进行视觉、听觉、感觉方方面面的类似训练。我们可以训练自己在视觉中一段时间内盯视一个目标，而不被其他的图像转移注意力。我们可以训练在一段时间内虽然有很多种声音，但是我们集中聆听一种声音。我们也可以在整个世界中只感觉太阳的存在或者只感觉月亮的存在，或者只感觉周围空气的温度。这种感觉上的专心训练是进行注意力训练的有用的方法。

方法之十：不在难点上停留

我们理解的事物、有兴趣的事物，当我们去探究它、观察它时，就比较容易集中注意力。例如，我喜欢数学，数学课就比较容易集中注意力，因为我理解，又比较有兴趣。反之，因为我不太喜欢化学，缺乏兴趣，对老师讲的课又缺乏足够的理解，就有可能注意力分散。在这种情况下，我们就有了正反两个方面的对策。正的对策是，我们要利用自己的理解力、利用自己的兴趣集中自己的注意力。而对那些自己还缺乏理解、缺乏兴趣的事物，当我们必须研究它、学习它时，这就是一个特别艰难的训练了。首先，在听老师讲课的过程中，出现任何不理解的环节，不要在这个环节上停留。这一点不懂，没关系，接着听老师往下讲。当我们研究一个事物的时候，这个问题不太理解，不要紧，接着往下研究。当我们读一本书的时候，这个点不太理解，做了努力还是不太理解，没关系，放下来，接着往下阅读。千万不要被前几页的难点挡住，对整本书望而却步。实际上，在往下阅读的过程中我们可能会发现，后边大部分内容我们都能理解。前边这几页所谓不理解的东西，我们慢慢也会理解。

（三）解决课堂低效、学生作业负担过重问题

学生作业负担过重，这是当前在提高教学质量过程中迫切需要解决的问题。我们经常在网上看见、在社会上听到别人谈起这方面的问题，说孩子如何被作业压得喘不过气来，也有很多教育人士在不断呼吁。我想，作为一名教师，减轻学生的负担，不仅需要呼吁，更需要拿出办法来，切实解决问题才行。如何解决？首先要搞清楚原因和危害性，以提高对减轻学生负担重要性的认识。例如，有的学生因为作业负担过重，体质下降了，视力下降了；有的学生产生了对学习的厌恶情绪；比较多的学生忙于应付老师的作业，没有时间看课外读物，知识面窄，更没有时间去思考问题，能力得不到提高。学生十分苦恼，老师也是一样，大量的作业需要花大量的时间去批改，老师精力有限，埋头在作业堆里，就不能集中精力去钻研教材，更不能抽出时间去学习、去提高。老师很辛苦，学生很痛苦，师生双方都在辛苦和痛苦中干着大量的低效甚至无效的劳动。当然，要改变这种状态，有的需要教育部门来解决问题，有的需要社会、家长的配合，但更多的则是需要学校、教师。就教师来说，我们要真正理解教育方针、教学大纲和课程标准，要按照教学规律，运用适当的教学方法来合理地组织教学。具体到减轻学生的作业负担，我觉得特别需要处理好以下四个关系：

（1）正确处理提高学习效率与保证学生精力充沛的关系。学生作业负担过重，晚上十二点还无法休息，第二天上课无精打采、昏昏沉沉，教师讲得津津有味，学生听得昏昏欲睡，怎么能提高学习效率呢？长此以往，学生身体搞垮了，教育质量也肯定提不上去。因此，保证学生有充沛的精力是提高课堂学习效率的基础。

（2）处理好教师教与学生学的关系。教学是教师和学生双边的活动过程，教师起主导作用，而学生是学习的主体，是课堂的主人。"名师出高徒"，要提高教学质量，关键在于教师，在于教师思想的转变、业务水平的提高、教学方法的灵活得当。如果教师水平不提高，备课备不好，"以其昏昏，使人昭昭"，那是不可能的。用压作业的办法，让学生靠苦干来提高学习的质量也是不可能的，这实际上就是否定了教师在教学过程中的主导作用，是教师的失职表现。正如陶行知老先生所说：好的先生不是教书，不是教学生，而是教学生学。

（3）处理好课内和课外的关系。学校教学的主体是课堂教学，课外作业只是课堂教学的一个补充。如果把提高教学质量的希望寄托在课外多做作业上，那就是捡了芝麻丢了西瓜，是本末倒置。课堂上，学生对所学的知识不知其所以然，糊里糊涂地去做大量的作业，怎么能出效果呢？相反，如果学生能在课堂把教师所教内容消化了，教师又何必布置那么多的作业呢？所以，提高课堂教学的质量，打造高效课堂是提高学生学习质量的重点，也是解决学生负担过重问题的主要方法。

（4）正确认识调动学生学习积极性、培养学生能力与减轻学生负担的关系。作业较多，难度较大，对一个学习积极性高、掌握了一定的学习方法、学习能力强的学生来说，其负担可能是轻松的，而对于被动状态的学生来说，即使作业减少，难度降低，其负担也可能是沉重的。同样的作业量对不同的学生，其负担轻重的感受是不同的，所以要减轻学生的作业负担，从某种意义上说，更重要的是调动学生学习的积极性，培养学生学习的兴趣，教给学生学习的方法，提高学生的学习能力。那种认为减轻学生的作业负担，就是不管学生有没有学到知识技能，只是消极地让学生少做作业甚至不做作业的做法是片面的。我们说要减轻学生的负担是积极的，就是说，要从培养学生的兴趣着手，调动学生的学习积极性，把重点放在学生能力的培养上，进而达到好的学习效果，我觉得这才是解决学生负担过重问题的正确途径。

（四）解决培优辅差问题

学生的学习能力差异很大，为了让每一个学生都能够进步，我特意做了培优辅差计划，具体如下：

1. 指导思想

为提高学生的学习成绩，全面提高学生学习的主动性和积极性，进一步发展学生智力、提高学生学习成绩，特制订培优辅差工作计划。

2. 思想方面的培优辅差

（1）做好学生的思想工作，经常和学生谈心，关心他们，关爱他们，让学生觉得老师是重视他们的，激发他们学习的积极性。了解学生的学习态度、学习习惯、学习方法等，根据学生的思想状态进行相应的辅导。

（2）定期与班主任老师交流，进一步了解学生的家庭、生活、思想、课堂等各方面的情况。

3. 有效培优辅差措施

利用课余时间和晚自习，对各种情况的同学进行辅导、提高，"因材施教、对症下药"，根据学生的素质采取相应的辅导方法。具体如下：

（1）课上差生板演，中等生订正，优等生解决难题。

（2）安排座位时坚持"好差同桌"结为学习对子，即"兵教兵"。

（3）课堂练习分成三个层次：第一层"必做题"，即基础题；第二层"选做题"，即中等题；第三层"思考题"，即拓展题。用不同层次的练习题满足不同层次学生的需要。课本教材后面的练习题一般为基础题，难度不大，但是对学习内容的巩固有基础作用，为第一层次；教学辅导材料上有很多习题，难度有适中的，也有较大的，可以作为第二层次和第三层次。

（4）培优辅差过程必须优化备课，功在课前，效在课上，成果巩固在课后培优。培优辅差尽可能"耗费最少的必要时间和必要精力"。只有备好学生、备好教材、备好练习，才能上好课，才能保证培优辅差的效果。要精编习题，习题教学要有四度：习题设计（或选编习题）要有梯度，紧扣重点、难点、疑点和热点，面向大多数学生，符合学生的认知规律，有利于巩固"双基"，有利于启发学生思维；习题讲评要增加信息程度，围绕重点，增加强度，引导学生高度注意，有利于学生学会解答；解答习题要多角度，一题多解，一题多变，多题一解，扩展思路，培养学生思维的灵活性，培养学生思维的广阔性和变通性；解题训练要讲精度，精选构思巧妙、新颖灵活的典型题，有代表性和针对性的题，练不在数量而在质量，训练要多样化。

4. 培优辅差注意事项

（1）不歧视学习有困难的学生，不纵容优秀的学生，一视同仁。

（2）根据学生的实际情况制定学习方案，如优秀生可以给他们一定难度的题目让他们进行练习，学困生则根据他们的程度给予相应的题目进行练习和讲解，以达到循序渐进的目的。

（3）经常与班主任交流，相互了解学生在家与在校的一些情况，共同改善学生的作业完成情况，培养学生学习兴趣，帮助学生树立对学习的信心。

（4）对于学生的作业完成情况要及时检查，并做出评价。

（5）不定期进行小测验，对所学知识进行抽测。

5. 落实培优辅差方案

我们针对学生知识残缺不全、基本解题方法不熟悉的特点，在面向全体学生采取知识点逐一过关的基础上，以五个分层落实教学常规，实现共同提高。

（1）学生分层

以班为单位，根据学生现有知识、能力水平和潜力倾向将学生分为A、B、C三层。其中，A层学生：成绩优秀，基础扎实，学习自觉，有能力独立完成作业，有严密的数学逻辑思维和综合解题能力。B层学生：成绩中等，上课能听懂，能独立完成基础知识题目，但综合能力欠缺，逻辑分析思维尚未成熟，主动性积极性较好。C层学生：基础不扎实，表现为计算能力弱，领悟能力差，学习习惯不好，学习意志不坚定。根据自愿，学生可在层间流动，也可脚踏两层。

（2）备课分层

备课是课堂教学的基础。因此，我们坚持通过集体备课来明确教学目标，设计教学内容，坚持在集体备课时，突出对培优辅差的讨论和研究，分析学生的能力增长点、思维障碍点，对不同层次学生提出不同的目标要求。备课内容以学案和教案的形式呈现出来。学案供学生使用，内容主要有考纲要求、基础知识整合、重点热点探究、链接高考、总结归纳、课后练习六部分。其中基础知识整合、重点热点探究、课后练习都以培优辅差为出发点设计不同的教学目标，由浅入深、梯度合理，可供不同层次学生选用。教案供教师使用。任课教师根据所教班级实际情况，围绕教学目标，编写教学设计，主要内容有：教学内容、重点难点、课堂范例、探究点的设置、方法规律、作业布置、课后反思等。

（3）授课分层

分层授课的主要理念是：以学生为本，低起点，缓坡度，让不同层次的学生都有思考和回答问题的机会，让每个学生在课堂中都能尝试成功。分层授课的模式是：基础知识整合→尝试探究→分层点拨→归纳小结→布置作业。在课堂教学中，我们交叉采用平行推进和分层推进授课。基本知识回顾、基本技能训练和课堂归纳小结，无论哪个层次的学生都必须参与，同步进行；在对重点知识进行延伸拓展，并把所学知识迁移到习题中时，不同层次学生进行不同层次的概念理解和不同要求的探究。

（4）作业分层

对于作业，我们坚持做到：分层设计、统一要求、不同批改。

① 分层设计：可为C层学生设计基础题；B层学生除了做C层学生的基础题，还配以简单的例题变式练习；A层学生除完成给B、C层学生布置的题目外，主要从思想方法和能力培养上设计具有综合性、开放性、讨论性的题目。

② 统一要求：平时，我们在学校分配的时间内要求学生按时作业，按时收交，做到有练必交，有错必纠；做好限时训练，变学堂为"战场"，做到平时练习考试化，并要求学生建立错题档案，及时领悟内化、查缺补漏。

③ 不同批改：对于不同层次学生的作业采取不同的批改方式。对C层学生尽量采用面批，及时指导，做到日清周结，帮助他们提高；对A、B层学生的作业，我们采取初改或者轮改的方式，批改后，要求他们互相对照独立完善，鼓励他们自主钻研，力求更优。

（5）辅导分层

我们利用学生自习课时间，分别对C层学生和A层学生在课堂中尚未解决的问题进行辅导，而且侧重点不同：对C层学生侧重于兴趣、信心、学习意愿等意识教育；对A层学生侧重于培养综合运用能力和解题方法技巧的指导。

（五）解决课堂气氛沉闷问题（含学生的表现欲）

新教材以新的形式和内容编排对传统的教法提出了新的挑战，它要求以学生为主体，让学生成为课堂的主人，学生的学习方式逐渐由过去的被动接受式向现在的自主学习、合作学习、探究学习转变。因此，教师必须在充分学习新课程标准和新教材的前提下，准确地把握新课程标准，实施新的教学方式，使全体学生都能主动参与课堂上的学习活动，引导学生经历探索数学知识的过程，让学生真正动起来，在师生互动中掌握数学知识。

1. 激发学生学习数学的兴趣

课堂教学是师生的双边活动，数学教学过程不但是知识传授的过程，也是师生情感交流的过程。在课堂教学中可以从以下三个方面挖掘情感的积极因素，促进学生对数学知识和数学活动本身的追求。

（1）构建师生平等的情感氛围

良好的师生关系与和谐愉快的课堂气氛是学生敢于参与的先决条件。学生只有在不感到压力的情况下，才会乐于学习。作为教师，首先，我们要放下架子，与学生多沟通，跟他们交朋友，在生活上、学习上都关心他们，从而激起他们对老师的爱、对数学的爱。其次，教学要平等，要面向全体学生施教，不偏爱一部分学生，对学习有困难的学生更要多关心。

（2）适时表扬和鼓励

学生学习的态度、情感、心境与教师对学生的评价有着密切的联系。在数学教学中，我们经常看到很多学生积极思考问题，积极发言，当他们的某个思路或解答方法被老师肯定后，从学生的眼神和表情就可以看出，他们得到了极大的满足，在之后学习中遇到困难时他们会反复钻研、探讨。可见，教师正确的评价也是促进学生积极主动学习的重要因素。

（3）使学生获得成功的自豪感

学习成功得到快乐的情感体验是一种巨大的力量，它能使学生产生学好数学的强烈欲望。要使学生获得成功，教师必须设计好探索数学知识的阶梯，包括设计好课堂提问和动手操作的步骤，使不同基础层次的学生都能拾级而上，都能获得经过自己艰苦探索，掌握数学知识的愉快情绪体验，得到心理上的满足，从而激励他们获得更多的成功。

2. 合理地开展合作学习

新教材提倡"以学生发展为主"的理念，教育的目的在于帮助所有学生进行有效的学习，使他们得到充分的发展。小组合作学习法是一种行之有效的方法，常采用如下两种形式：

（1）让学生在合作竞争中学习

例如，在教学长方体的表面积计算时，笔者让学生以小组为单位通过动手操作，合作交流探讨出长方体表面积的计算公式。然后各个小组派出代表阐述本组的方法，其他同学认真倾听并作出评价，老师及时给予表扬和鼓励。整个教学过程，教师只在"导""放""收"方面掌握，没有按部就班，固守全班一律的教学步骤，也没有局限于书本内容的讲解，而是把数学知识规律的获得融入学生的实践活动，使学生在开放的时间与空间里，解放头脑和手脚。

（2）让学生在学习中合作竞争

教学要以学生为主体，学生是课堂的主人，是学习、认识和发展的主体。"教是为了不教"，教师要引导学生学习、学会求知。教师在课堂教学中要努力营造轻松、愉快、和谐、民主的氛围，激发学生学习的主动性和积极性，给学生以创新的条件、机遇和氛围，这样有利于引发学生的创新兴趣和学习动力，有利于提高学生的主体意识和用数学的意识。

3. 让学生走上讲台

课堂活动的主体是学生，教师在课堂活动中只是以参与者、实践者、发展者、组织者的角色出现。为此，教师应把课堂交给学生，即把黑板、讲台、学具、时间交给学生，解放学生的手、嘴、眼、耳、鼻和思维，由学生在互动中完成活动内容，进而求得教师和学生的共同进步，教学相长。

（1）利用黑板给学生提供展现自我的机会

在数学课中，老师经常让学生在黑板上进行演示、板书，并让其他学生进行评价，既锻炼了学生的能力，又为学生提供了展示自我的机会。

（2）让学生充当"老师"，角色互换，体验成功的乐趣

在练习课或试卷讲评课上，我们可以尝试让学生走上讲台，对一些习题的解题思路、方法进行讲解，还可以引导学生讲讲哪些地方需要注意。教师及时给予评价、表扬和鼓励，让学生体验成功的乐趣。

4. 生活融入数学

（1）生活实例融入数学

将身边的实例融入数学课，让教与学跳出课本，走到现实生活中，使学生的课堂大起来。例如，超市的价格标签及折扣、银行的利率、家装材料的购买面积估计以及食堂菜谱的调查统计表等，都可以成为学习数学的素材。这样的学习无疑能极大地激发学生求知的内驱力，使所要学习的数学问题具体化、形象化。

（2）数学问题回归生活

数学来源于生活，又服务于生活。为此我们要创设运用数学知识的条件，给学生以实践的机会，使学生在实践活动中加深对新学知识的理解。只有真正运用数学知识解决生活实际问题，让学生既对数学内容进行了拓宽，又激发了学习热情，才能达到学习数学的最终目的。总而言之，数学课堂不再是封闭的知识集中训练营，不再是单纯的知识传递过程，我们要建立新型的师生关系，创设宽松的氛围，营造创造性思维的环境，尊重学生的爱好、个性和人格，以平等、宽容和友善的态度对待学生，真正使数学学习成为学生获取知识、形成方法、感悟价值、提升精神的生命历程。总之，关于如何用好新教材，教师在

实际教学中，其方法、措施是多种多样的，体会也各不相同，还有待于我们共同研究和探讨。

四、追求

（一）教育教学信息化

近年来我校就课堂教学改革做了一些积极的探索，取得了令人欣慰的成果。尤其是在信息化与课堂教学的深度融合方面做了比较多的尝试，得到很多经验与教训。

1. 改革前

学校教师年龄偏大，十几年没新进教师，教师缺少活力，教学观念比较陈旧，课堂低效，学校教育教学质量从2010年开始滑坡，2012年，更是达到新的低谷，改革课堂势在必行。

2. 改革中

我们课堂改革的理念就是运用"互联网+教育"新技术，开展小组合作学习。通过变革教与学方式，变"要我学"为"我要学"，发展学生的自主、合作、探究能力，提高教学效果。具体操作路径：一是自学，课前观看微课或资源平台内容自主预习；二是互学，开展信息化小组合作学习，整合平板、一体机、微课等资源；三是展学，学习小组展示学习成果，教师对展示的小组与个人进行评价。课堂评价用全面、多元的评价方法，以小组为单位对学生进行全方位的评价。在自学阶段，根据自学效果反馈加小组分；在互学阶段，根据小组成员的参与情况加分；在展学阶段，小组成员自主展示，按展示情况给予加分。学校还对学科优秀小组、班级优秀小组及校级优秀小组进行评价奖励。

3. 改革后

经过8年的努力，信息化小组合作学习让我们的课堂变得高效，学生变得自信、阳光，厌学现象基本扭转，教师焕发职业精神，学校办学品质提升，外出读书的麻涌学子回流。我校跨出低谷，进入教育教学质量飞速提升的快车道，连续多年获得东莞市教学质量优秀学校称号。

4. 推广辐射

我校改革经验还得到了很多教育同行的肯定。2015年10月15日，东莞市教育局教研室举办东莞市中小学慕课创新案例培训交流会暨麻涌一中翻转课堂专题片首映仪式；2016年4月21日，信息化小组合作教学研讨会暨古梅教育交流会在我校举行；2017年5月19日，东莞市中小学慕课试点工作现场会在我校举办。我校教学改革的成果辐射影响到东莞长安振安中学、深圳龙华同胜学校、四川德阳市金沙路学校等多所省内外学校，近五年来共吸引了广西省教育考察团、广州市第二外国语学校、佛山市三水区教育局、湛江市麻章区教育局、江门市蓬江区教育局、厦门市海沧区教育局等超过128所省市内外学校、单位，超过1700人次前来观摩交流。学校主要教学管理人员在外作了超过80场专题讲座。《南方日报》、《东莞日报》、中国教育品牌网、腾讯、新浪、网易、搜狐、广东新闻、今日头条、北京视窗、焦点新闻网等多家媒体对我校教改进行报道。改革成果还获得广东省基础教育教学成果二等奖。这些成绩的取得，得益于东莞教育改革的大潮，得益于顺势而为。

5. 新机遇新挑战

如今，我们的课堂改革已进入第10个年头，学校又进入了集团化办学的发展新阶段，我们也正在探索着如何进一步深化教育信息化的课堂，更好地提升课堂教学品质。就在这时，东莞市"品质课堂"行动吹响了号角，提出"品质课堂"行动的新目标，学校又一次迎来了发展的重大机遇——让信息化为品质课堂教学赋能。品质课堂是对高效课堂的重塑和升级，是信息技术与学习品质的深度融合。我们的信息化小组合作教学在引导学生知识习得、能力培养上做得比较多，下一阶段，将努力提升信息化环境建设，开发信息化教学工具箱、小程序以及信息化交互平台，整合与协调智慧课堂内各要素，融入"真实、情感、思考"的复合式教学情境，加强教师端和学生端的交流互动，促进学生深度体验，发挥"互联网+"作用，使我们的智慧课堂升级为技术与学科融合化、师生交流互动立体化、教育决策数据化、学习时空开放化的课堂，促进学生综合素养的发展，培养高阶思维人才。

（二）实现教师个性教学和学生个性学习

教学风格是影响教学效果的重要变量，教师的个性心理特征是教学风格形成的重要因素。教学风格的独特性决定了其类型的多样。随着教学实践的积累，教师的教学风格也逐渐趋于稳定。教师自身的个性心理特征（性格）在多样教学风格的塑造过程中作用明显。

1. 教学风格的内涵

关于教学风格的研究，国外的研究起步较早，涉及的领域涵盖教学风格的作用与效果研究、教师的个性特征对教学风格的影响研究、教学风格对学生学习的影响研究等。我国对于教学风格的研究始于20世纪70年代末，教育研究者重点从教师个人在教学过程中所表现的"风貌、格调"的角度把握教学风格的内涵。迄今为止，教学风格还没有一个被中外教育学者所公认的概念，关于教学风格的代表性观点有如下几种：

雷朱里（Joseph Renzulli）和史密斯（Linda H.Smith）认为，教学风格是教师所偏爱的教学方法，它很少因教学内容和教学对象的变化而变化，表现出持续一贯的稳定性和鲜明的特点。

邓恩夫妇认为，教师的教学风格可分成八个方面，即教学设计、教学方法、学生分组、课堂环境布置、教学组织、评价技术、教学管理和教学思想，这八个不同个性化程度的教育要素在教师身上的不同组合，构成了教师独特的教学风格。

康蒂（Conti）认为，教育思想、教育价值观要转变为课堂行为必须通过教师独特的教学风格这一中介，因此教学风格被看作教师在某些特定的教育价值系统影响下所作出的一系列行为。

我国学者李如密强调：教学风格，是指教师在长期教学实践中逐步形成的、富有成效的一贯的教学观点、教学技巧和教学作风的独特结合和表现，是教学艺术个性化的稳定状态之标志。

魏正书认为，教学风格是教学规律和教学个性在教学实践中的高度统一。构成教学风格的主要因素有：独特的教学思路、独特的教学方法体系、教学情境富有启迪性和感染力、鲜明的教学特色。

综上所述，国外学者将教学风格与具体的教学环节相联系，对教学风格的理解多与教学策略、教学方法联系，强调"风格"的稳定性；我国学者则从教师教学的外显行为理解"风格"，着重强调风格的艺术性，比较抽象。我们应认识到，教学风格是有别于教学策略、教学方法的，教学风格往往受教师个体的认知方式、人格特征的影响，是对教学策略和教学方法进行选择的较稳定的表现形式。

2. 教师个性

所谓个性，就是个别性，是一个人在思想、性格、品质、意志、情感、态度等方面不同于其他人的特质。心理学界对个性的解释是：一个人区别于他人的、在不同环境中显现出的、相对稳定的、影响人的外显和内隐性行为模式的心理特征的总和。构成个性的内容有三类，即个性倾向性（如动机、兴趣、信念、世界观等）、个性心理特征（如能力、气质和性格）以及自我意识。本文探讨的"教师个性"侧重于从教师个体的性格来理解教师个性与教学风格之间的相关性。

性格是指个体在生活过程中形成的对现实稳固的态度以及与之相适应的习惯化的行为方式。关于性格的分类，心理学研究者们大致提出了三种分类：按心理机能分为理智型、情绪型和意志型；按倾向性分为外倾性格和内倾性格；按独立与顺从程度分为独立型、顺从型和反抗型。英国心理学家艾森克（H.Eysenck）根据"内倾、外倾"和"稳定、不稳定"两个维度将性格分为外向—情绪不稳定的胆汁质、外向—情绪稳定的多血质、内向—情绪稳定的黏液质和内向—情绪不稳定的抑郁质四类。

3. 教师个性与教学风格关系的启示

影响教学风格的因素有很多，主要有教师自身的个性心理特征、品德修养、知识结构、思维方式、成长经历以及所处的外部环境等。其中，教师的个性心理特征（即性格）对教学风格的形成影响最大。本文中阐述的个性心理特征的分类参照英国心理学家艾森克性格分类理论。

教师教学形成的模式可以概括为模仿—生成—创新。模仿作为教学风格形成的首要步骤，不是要求教师复制他人的风格，而是让教师熟悉他人的教学艺术；生成强调教师本人在自我认知的基础上，选择适合自己性格的教学模式，并在教学实践中不断成熟；创新阶段是对教师自身教学素养的新的挑战，教师在教学风格逐步完善的过程中融入自己的特色，如风趣幽默的语言、富有想象力的环境创设等，真正实现将教学艺术融于教学实践。教师个性对教学风格形成过程的影响贯穿始终，尤其在教学风格的生成阶段，教师个性的作用体现得较为强烈。

一般而言，胆汁质的教师情感丰富，课堂教学富有气势和魄力，慷慨激昂，课堂极具感染力，容易引起学生强烈的情感共鸣。多血质的教师充满活力，表达生动形象，富有幽默感，能有效调动学生学习的积极性和主动性以活跃课堂气氛，师生关系和谐。黏液质的教师性情温和，认真且有耐心，在教学上善于理论分析、启发诱导，语言表达逻辑性强，但有时缺乏激情。抑郁质的教师亲和力强，文静温婉，在课堂教学中细致周密，使学生感到较强的亲和感和归属感，但这种教师有时容易产生消极情绪，优柔寡断。

综上所述，胆汁质类型的教师适合教授文科性质的科目，能在课文讲解过程中以自己的丰富情感感染学生，提高学生的学习热情，但有时情绪起伏，脾气暴躁，易影响教学效果。多血质类型的教师思维灵活，善于引导学生思考，但由于缺乏耐心，易忽略对基础差的学生的指导。黏液质类型的教师安静稳重，性情随和，讲究板书，条理清晰，但行为拘谨，在教学中可以使用任务教学，安排学生小组合作以活跃课堂。抑郁质类型的教师孤僻、沉静，循规蹈矩，缺乏表情，照本宣科，教师可借助多媒体教学设备（如视频、音乐等）配合课堂教学，以激发学生的积极性。教师只有对自身性格特点具备清晰的认识，才能在教学实践过程中合理安排教学资源，精心策划教学设计，顺利演绎教学流程，丰富自身教学风格，为自身专业发展创造条件。

五、信息化教学设备被广泛应用于学科教学

在现代化教育不断发展的过程中，信息化教学设备被广泛应用于学科教学，推动着课堂智能教学环境的构建。这种教学环境与传统的教学环境存在着巨大的差异，对教师提出的教学要求也不一样。在此背景下，教师需要尊重学生的个性差异，对个性化教学方案进行创新和完善。

初中教育中的智能环境主要是指各种先进教学设备在课堂教学中的应用，个性化教学是指教师针对不同学生的实际情况为其制订相应的学习方案并应用于实际教学的过程。在智能环境下，教师通过个性化教学能够充分利用教学中的数据和信息，提升全体学生的学习效率。所以，教师需要转变教学思想，提升现代化教学能力，努力构建科学高效的智慧课堂。笔者结合学校管理工作，对智能环境下的初中生个性化学习方案进行探究，希望能够推动学校教育事业的发展。

（一）结合学生需求制作不同的微课视频

由于学习能力、个人想法的不同，初中生往往在教学中有不同的学习需

求。在这种情况下，教师如果针对所有的学生设计相同的教学内容，就会造成优等生在新授知识上的学习难度过低而学困生的学习难度过高的问题。为了避免这种情况并且利用好智能教学环境，教师需要充分了解各层次学生的学习需求，结合具体的学科知识，将基础知识、重难点知识、考查内容等制作成不同的微课视频并整合成微课资料包，让学生根据自己的学习能力、个性爱好等选择最适合自己的微课视频，以此来落实学生个性化学习方案。

例如，在制作微课视频时，教师可以将基础知识、重难点知识区分开，利用主要讲述基础知识的微课视频培养学生的学习兴趣，通过主要讲述重难点知识的微课视频推动学生巩固新学的知识。另外，教师可以通过电子设备加强与学生家长之间的沟通，通过学生家长充分了解不同学生的兴趣爱好，从而将一些趣味图片和视频融入微课视频，以此来发掘学生的个性化学习动力。在此基础上，教师可以针对理论知识、实践探究活动制作不同的微课视频，使学生依据自己的弱项和不足选择学习内容，帮助学生完善知识体系。

（二）推动微课教学与课堂教学同步进行

在任何教育环境下，教师都在课堂教学中发挥着主导作用。智能环境下的初中生个性化学习方案的实施离不开教师的推动，因此，在进行教学时，各个学科的教师需要遵循自身主导地位和学生主体地位相统一的一般教学规律，推动微课教学与课堂教学的同步进行。在正式教学时，教师既要利用微课视频满足不同学生的学习需求，又要结合自身积累的知识和授课经验，在教学过程中融入导学过程和差异化教学等各种教学方法，以此来优化个性化学习方案的实施效果，构建高质量的智能课堂。

例如，在学生观看微课视频之前，教师可以先利用电子白板展示与新授课程内容相关的图片，让学生自主阐述图片的内容、发掘图片蕴藏的学科知识，然后引出微课视频中的内容，让学生展开自主学习。当学生看完微课视频后，教师可以结合单元知识，设计不同层次的课堂问题，依次将简单、难易程度适中、复杂的课堂问题展示给学生，并且让不同层次的学生回答相应难度的问题。另外，教师可以借助智能系统对学生每次的测验情况进行分析，通过实时数据了解学生的不足，进而采取针对性的教学对策。这样，教师就能够引导学生学习，提升教学效率。

（三）通过多种教学方法提供个性化学习支持

针对学生的个性化学习需求，教师需要通过多种教学方法为学生提供强有力的支持，以保障学生的个性与兴趣发展。智能教学环境能够为教学方法的实施提供便利条件，推动各种教学方法的顺利实施。因此，在智能环境下进行个性化教学时，教师应当在教学方法上体现出个性化特征，通过丰富多样的教学方法活跃课堂氛围、激发学生的主动性和积极性，以此来提升个性化教学的效率。在这样的教学模式下，初中生能够提升课堂参与度，充分展现自身的主观能动作用。

例如，教师可以针对同一知识点，通过教学设备和学生平板为不同的学生发布不同的课堂学习任务，同时使用多种教学方法。例如，针对思维比较发散的学生，教师应用探究式教学的方法，为其设计探究问题；针对活泼好动的学生，教师应用游戏教学的方法，为其设计课堂小游戏；针对语言表达能力较强的学生，教师应用互动教学的方法，为其设计语言论述类的学习任务。除此之外，教师还可以结合学生的实际情况，将情景教学法、生活化教学法等多种教学方法引入课堂。

总而言之，智能环境为初中个性化教学创造了良好的基础条件，有利于初中生的个性化发展。学校的领导者应当关注学科教学工作，树立全局观和整体观，把控好教育改革的发展方向，利用好智能教学环境，为一线教师提出积极的工作建议，推动学校现代化教育的发展进程，为社会培养具有个人特点的优秀人才。

（四）实现课堂彻底翻转，为学生的终身发展提供优质平台和服务

翻转课堂很火，很多教师都希望有所了解：翻转课堂与传统课堂有什么差别？翻转课堂如何助力当前正如火如荼进行的新课改？

1. 先学后教符合教育规律

传统教学结构是教师白天在教室上课传授知识，学生晚上（回家）做作业或者感悟巩固；翻转课堂的教学结构是学生白天在教室完成知识吸收与掌握的内化过程，晚上回家学习新知识。也就是说，知识传授的识得过程与基本的习得过程发生在课外，知识内化的习得与悟得过程发生在课堂。

教的秘诀在于"度"，学的真谛在于"悟"。悟得是指学生通过思考与觉悟，内化所学内容，让其成为自己智慧的一部分，从而使自己的价值层面得到改变的过程。知识是外在于人的，是一种可以量化的"知道"，只有通过课堂上的点拨与碰撞，悟有所得，让知识进入认知本体，才能称为素养。悟得是一种意义理解，是一种规律性的认识，是一种智慧，是"道"。

默多克指出，互联网改变了人们的交往方式、生活方式、经营方式……教育是唯一有待开发的领地。微视频能够提供高质量、大规模的在线学习素材，使学习者无论身处何处、教育背景如何，都能够借助网络分享优质课程资源。微视频的作用就是提供分解、嚼烂的知识，帮助学生理解，更好地实现知识的传授。当然学校提供的网络微视频一定要基于本校学生的心智水平与理解能力，不同学校的学生对慕课的要求是不一致的。

新课改的核心是学生的情感、态度、价值观。从我国传统的教育思想中，不难追溯其端倪。《周易》蒙卦有载："匪我求童蒙，童蒙求我。"源于师生交往的教育，不能开始于"我求童蒙"，而必须开始于"童蒙求我"，学生学而不厌，教师诲人不倦，才能志趣相应彼此互动，这是对教育本质的揭示。

联合国教科文组织在《学会生存》一书中说："未来的学校必须把教育的对象变成自己教育自己的主体，受教育的人必须成为教育他自己的人，别人的教育必须成为这个人自己的教育。"在我看来，江苏洋思、山东杜郎口、山西新绛的成功经验的内核也就是先学后教。

2. 设法唤醒学生的内驱力

翻转课堂的核心，就是先学后教。这里的问题在于，学生凭什么要去学全新的东西？怎么学？学到什么程度？

教育的功能是唤醒人的自觉。对于学生来说，"我要学"，才有可能实现教育；"要我学"，则远离了教育的本质。人的自我教育才是唯一有效的教育。我以为，推进翻转课堂的关键，就是学生内驱力的激发，就是学生学习上的"自主当家"。我主持的浙江省教科院重点课题"内驱型教学推动力建设"，意在倡导学生在学习上立足于无师自通的预习，立足于观点碰撞的听课，立足于真正理解的巩固，立足于全面掌握的纠错。

在国家大力倡导课改的背景下，真正走进我们的基础教育课堂，感觉还是较为传统的教学方式占据主导地位。不少教师还是以不变应万变，还在用凯洛夫五步法：组织教学—复习旧课—讲授新课—复习巩固—布置作业。换句话说，就是课堂上教师传授知识，猛灌猛填；课后学生猛练猛写。

而翻转课堂的流程是：教师提出具有热身作用的问题，学生看视频自主学习，解决教师提出的问题，反馈练习，甄别疑难；教师收集问题，再将学生难以理解的重难点归纳成几个问题，围绕教学目标，交流互动，释疑解惑。疑为思之源，思为智之本；疑乃觉悟之机，一番觉悟，一番长进。

3. 翻转课堂的要点、优势和局限

翻转课堂的要点应该是：围绕教学目标，直奔主题；展示知识的发生、发展、应用、相互关系；多运用归纳思维，少一点演绎思维；尽量让学生归纳整理，教师点拨与延伸。

翻转课堂的优势在于从先教后学到先学后教，学生从被动学习到主动学习，学生可以学习两遍：第一遍，带着问题自己学；第二遍，集中解决重难点问题。这样学生就有了直接面对新内容、新问题、新情境的机会。只有在学生自学理解的基础上，师生互动交流才有效，才能培养学生思维的深刻性、批判性，知识才能进入长时记忆。

翻转课堂的优势得益于现代科技的迅猛发展，学生由此可吸收来自全球的视频知识解读，可以反复看。这有助于学生自主学习、自己思考，真正成为一个思想的强者，适应于终身学习的大趋势。

翻转课堂的局限是在知识传授中，教师肢体语言、人格魅力缺失；新课、巩固课、复习课、讲评课，教学目标难以定位；受制于学生的学习内驱力，没有预习，课堂就成为空中楼阁；课堂起点提高后，不同程度的学生可能拉大差距。

六、以翻转课堂进行教学改革

判断一项教学改革内容的标准是其是否符合教育教学规律，是否有利于提升教育教学效率，是否针对当下时弊，是否具有可操作性，是否有改革的成功经验。翻转课堂作为一项改革，也许热一阵就会过去，但它的思想理念一定永存。

（一）熟悉翻转课堂的定义

翻转课堂是指重新调整课堂内外的时间，将学习的决定权从教师转移给学生，让学生更加灵活、主动地学习。它是在互联网融入教育后，一种学生们比较喜欢的教学模式，彻底颠覆了传统课堂教学结构与教学流程，而引入智慧课堂，为未来教育数字化奠定了基础。

（二）翻转课堂的五点意义

1. 学生的学习动机明显增强，学习自主充分展示

学生拥有了学习的主动权，每节课都有自己的学习目标，自己掌控学习过程，每个学习过程都要自主学习，愿意为达到自己的学习目标而努力。学生能自己学习的问题依靠自己，教师只需要处理学生解决不了的问题。学生在这种学习过程中能更好地证明自己的学习能力。整个教学的过程，学生忙着学习，最大限度地调动了学生的学习积极性。

2. 学生行为明显好转，同伴关系更加稳固

翻转课堂上，学生之间的关系，演变成同一个学习过程的伙伴关系、合作关系，学生们互相取长补短，密切配合，才能把学习任务快速完成。所以，不需要老师去督促，他们彼此之间互助学习，在学习过程中，逐渐加深友谊，为了最后的学习成功一起努力，快乐又有趣，每个人学习都很积极。

3. 师生关系更加密切，家校关系更加密切

传统的课堂形式，老师会不管学生之间存在的差异，以完成自己的教育任务为第一前提。这导致有一些接受慢的同学，总是跟不上老师的节奏，有被抛弃的感觉。而在翻转课堂中，学生可以根据自己的需求调整学习节奏。这样一来，学生的和老师的关系得到了极大的缓解，彼此成为学伴，激励了学生，也鼓励了老师。我们不仅在教育我们的学生，也在密切联系学生的家长，三方面共同努力。

4. 学习成绩大幅度提升

翻转课堂最后的收益，就是把学生变成了课堂的主体，教师变成以学生学习为中心的陪伴者和学习者，从学生身上学到了什么知识才是学生最需要的。这种方式的改变，让学生的学习积累比过去传统教育的学习积累多了很多。学生真正成了课堂的主人。这种倒置，让学生变得非常有竞争力。学生成绩的大幅度提升使家长对这种课堂形式的教育也很满意。

5. 职业倦怠明显下降，工作认同感明显提升

我们知道，在传统教学模式下，教师的教学多半都是让人精疲力竭的。每个教师，像一台不断加油的教学机器，每时每刻，只要学生有需求，就要在舞台上演出，不能停止，而且效率很低。调整教学模式后，教师只需要解决学生自己处理不了的问题，这样教师才有时间了解学生真正需要的知识。这种改变，让教师对自己职业的倦怠感明显下降，随着学生学习积极性的提高，教师的职业认同感也在不断提升。

（三）智慧课堂、数字教育有了预期

翻转课堂是教学的一种形式，它的意义是智慧课堂走进学生的生活。从传统的一支粉笔，到现在上课一部手机玩转多媒体，智慧课堂，已经是当下最受欢迎的授课形式。随着网络的逐渐普及，数字教育有了预期。

用好翻转课堂教学模式，提供智慧课堂，让教育数字化，终身学习给学生的知识结构奠定了深厚的地基，学生、教师、家庭、学校共同努力，让我们的翻转课堂，充满生机。

案例1：初二级期末动员会暨慕课动员大会

2016年1月20日，下午初二级召开期末考试冲刺动员学生座谈会，邀请教导处余琼芳主任参加并做动员发言，期末模拟测试成绩前150名学生参加。

本次座谈会一改往日做法，熊建琼级长和赖志敏级长以及余琼芳主任做了简短的动员发言后，主要由学生自由发言。以往这种学生座谈会通常都是学生被动参与，所谓的座谈主要都是以老师谈为主、学生作为听众的形式，要么是主持人指定人发言、要么就是主持人点名才能打破冷场的尴尬！就算是指定人发言也是照本宣科地念稿，点名的后果就是寥寥数语收场！可这届初二学生从初一开始尝试信息化小组合作教学模式以来，精神面貌大为改观，个性彰显！而这次，没有任何的要求或指定，学生积极主动地站起来，侃侃而谈，从期末模拟的自我剖析到期末考试的目标以及复习计划，抢着发言，都想展示自己！学生表现出来的那种自信、阳光、激情和表达力大大出乎我们意料！这难道不是信息化小组合作教学模式实施的宝贵成果之一吗？

案例2：常平中学初中部暨麻涌一中信息化学小组合作教学研讨会

2016年3月9日，在这春暖花开的早春里，教改热情再次燃烧着老师们，常平中学初中部的全体数学老师在谢副校长和吴副校长的带领下慕名来我校交流学习，我校教导处全体成员热情接待。

常平中学初中部的老师重点听了我校初二级的全体数学老师的课。在推门听课中，我校老师上课从容，学生回答展示落落大方，课堂气氛热烈，效果良好。在课后的交流中，我校教导处麦主任重点介绍了我校信息化小组合作教学模式起源、形式及所取得的成效；常平中学的老师则普遍反映我校学生在课堂上表现得落落大方、自信、阳光，学生的沟通表达能力强，让人佩服，认为我校通过小组合作教学中的"讨论、展示"等环节的训练，为学生提供了更多的平台，充分锻炼了学生的综合能力，而这种综合能力的提高将会让学生终身受益。最后，常平中学的谢校长还表示我校的信息化小组合作教学模式很实在、很有效、很接地气、很有实操性，他们回校后也将尝试用这种模式进行教学，并希望两校能常来常往，多交流、共发展。

第二节　纵深推进挑战

一、大量引进优质微课和优秀教学平台

微课的设计制作、应用，首先要求教师在选题上下大功夫，要根据学生的学习程度和容易出现的问题入手，通过典型例题和深入浅出的讲解使学生迅速掌握知识点。其次，在制作视频时要注意动静结合，图文并茂，字体搭配、字号搭配、颜色搭配合理，使用的文字尽量少等，要使整个视频简洁清新流畅。再次，讲解时心中要有学生，语言要用普通话，尽可能少地使用古板、枯燥的书面语，使讲解通俗易懂，声音响亮，节奏感强。最后，注重对时间的把握，引入和结题要简洁明了，整个视频要控制在10分钟以内。

差异化教学是因材施教的重要措施。初中数学课堂上学生差异很大，给教师教学带来一定困难。本文从差异性分析、设计趣味性的预习型微课、制定差异化教学目标以及设计层次性习题型微课等四个方面探讨微课在初中数学差异性教学中的应用。

目前班级授课制仍然是我国教育的主要组织形式。受兴趣爱好、成长环境以及学习能力等因素的影响，教师要面临的是几十个个性迥异的学生，差异性教学显得尤为重要。初中数学是初中教育阶段最重要的基础学科，关系到学生的未来的升学和发展，备受关注。近年来，随着智能手机、平板电脑等手持设备的兴起，微课教学也逐渐走进教师的视野，而数学微课是针对具体数学知识点展开的教与学活动。初中数学概念繁多、计算复杂，不同的学生学习效果差异也很大。微课为初中数学差异化教学提供了良好的途径。

（一）差异性分析，掌握学生差异性

一个班里学生众多，教师必须认识到差异性的存在并深入了解学生，分析学生的兴趣爱好、学习习惯和认知能力。只有掌握了学生之间的差异，才能更

好地有针对性地提供差异性教学。一方面，教师平时要多留意学生，了解学生的特点，掌握其差异性。另一方面，教师可以采用试卷测试了解学生对知识的掌握程度，为差异性教学提供依据。对于刚接手新初一数学的教师来说，了解学生的数学差异性是非常有必要的。首先，教师可以参考学生的入学考试数学成绩。其次，教师在刚开学的一段时间要仔细观察学生在课堂的表现，比如，有的学生反应敏捷，但正确率低，这类学生往往思维敏捷，但不注重细节，属于冲动型学生。对于这类学生，教师提供的微课要强化细节，提升思维的系统性。也有的学生反应慢，但正确率高，这类学生属于沉稳型。这类学生缺乏对数学的敏感性，教师可以多让他们做练习，并提供习题型微课，帮助他们提高思维的灵活性。当然也有学生学习习惯不好，作业马虎，从不预习，课上也不认真听讲，这类学生往往也是教师关注的重点。对于这类学生点教师要注重基础知识的传授。最后，在刚入学时，教师要组织考试，找准学生的薄弱点，从而在微课教学中有的放矢。比如，有很多学生在解题规范方面扣了很多分，教师提供的微课就要强调解题规范化。

（二）课前设计趣味性微课，吸引全员预习

课前预习是教学的重要环节，也是高效课堂成功的关键。预习使得学生可以提前了解学习内容，让学生课堂学习更具针对性。但是，很多教师会发现，预习只是一部分学习成绩好的学生才有的习惯，成绩中下的学生根本没有预习的习惯。所以，教师的微课要具有趣味性，简单明了，让没有预习习惯的学生能够主动投入到预习中。例如，几何图形预习主要目标是了解立体图形和平面图形的概念；能从具体物体中抽象出长方体、立方体、圆柱体、圆锥体、球等立体图形。首先，为了吸引学生对几何图形的兴趣，教师先做了一个微视频呈现生活中的几何图形，如著名的鸟巢建筑、美国白宫、奥运会徽等，激发学生学习几何的兴趣。然后，教师利用微课的多媒体特性，向学生展示上述立体图形，学生对各种立体图形的特征、概念有了初步的了解。教师再展示生活中常见的物品，如篮球、易拉罐、文具盒等，让学生从中抽象出具体的几何图形。初中学生很快完成，获得成就感，预习热情也提高了。对于数学能力较强的学生，教师不仅推送了上面的微课，还推送了《金字塔——棱锥体》微课，让学生自主探究，通过金字塔图片，抽象出四锥体。在预习阶段，教师要有针对性地推送微课、对于成绩差、不喜欢预习的学生来说，要推送比较有趣、简单的微课，让学生爱上微课预习，从而养成微课预习的习惯。对于成绩好的学生，教师要推送具有挑战性的微课，让学生在探究中获得更多知识，提高学生能力。

（三）差异化的微课教学目标，支持差异性数学学习

差异性教学要求教师主动关注学生的差异性，关注教学目标的层次性。教学内容分为基础知识、巩固知识和提高知识，相应地，教学目标也分为基础目标、巩固目标和提高目标。基础目标一般是指学生必须掌握的概念、公式、定理等。巩固目标是指学生在掌握基本概念、公式的同时，还会利用概念和公式解决简单的问题，进一步巩固基础知识的掌握。提高目标是指学生会分析问题、综合运用不同的概念解决高级复杂的问题，更注重学生综合分析、应用、评价判断等高级认知能力的发展。例如，一元一次方程主要基础目标是理解一元一次方程的概念，能够解一元一次方程；巩固目标是能够针对简单的问题列出方程并求解；提高目标是厘清复杂问题的数量关系，从不同角度分析问题，对同一问题能够举一反三。教学目标层次化分析之后，教师要针对不同层次的教学目标制作设计微课，然后根据学生差异化分析的结果，给不同层次的学生推送不同的微课。

（四）习题微课分层次，满足不同能力的学生

习题是巩固知识、促进迁移的重要手段，是数学教学必不可少的组成部分，受到了教师的关注。但是大部分教师是"一刀切"，让班里的学生做同样的题目。学习能力差的学生一直完不成任务，体验不到成就感，破罐破摔进而失去学习兴趣；学习能力强的学生很轻松地完成作业，感觉不到挑战性，久而久之也失去了做题的兴趣。所以，教师要根据习题的难度将习题分层，针对不同层次的学生提供不同层次的习题。基础型习题要求学生掌握基础知识，主要面向班级学习有困难的学生；巩固型习题主要考查学生对基础知识和技能的综合应用，主要针对班级大部分学生；提高型习题是比较复杂的问题，着重考查学生的综合分析应用能力、创造性解决问题能力。例如，一元一次方程单元练习时，包含 $3x+12=5x$；$3x-2[3(x-1)-2(x+2)]=3(18-x)$ 等基础习题，也包含着巩固型习题。例如，学校今年购买了280台电脑，今年购买量是去年的二倍，去年的购买量是前年的二倍，问，前年学校买了多少台电脑？基础型习题针对班级学习能力差的少数几人，而巩固型习题则是针对全班大部分学生。对于少数学有余力的学生，教师还要准备有难度和挑战的提高型习题。比如，小李和小王分别从甲乙两地出发，若同时出发，两人36分钟相遇，若小李比小王提前15分钟出发，则两人30分钟相遇，分别求小李和小王走完甲乙两地需要多长时间。除了习题，教师还要提供习题微课。教师提供的习题型微课要具有代表性，每种类型只提供一到两题，减少学生选择的迷茫，也减轻教师的负担。基础型习题微课，主要是面对学习能力差的学生，教师要按部就班地出示解题步骤。对于巩固型习题微课教师除了提供按部就班的解题步骤，还要分析每一步解题的原理，让学生掌握解题原理，能够举一反三地解决同类问题。提高型习题微课主要针对学有余力的学生，这类学生逻辑思维能力强，教师只要点拨解题原理和解题思路即可，学生可以根据微课的指点，自主探究完成习题。

学校不是工厂，也不是生产一模一样的产品。教育要因材施教，培养出个性化的人才。差异化教学是人才培养的重要手段。微课是以教学短视频为主，包含教案、导学案以及课件的电子学习包。教学短视频短小精悍，目标性极强，支持学生自定步调重复播放，能够很好地支持差异化教学。信息技术为教师和学生创造一个现代化的生存环境，用动态生存的观点看待信息技术与课堂教学，把课堂的教与学看作师生之间一段重要的生命历程，充分尊重师生每一个个体的生命活动，让师生在互动、交融、接纳、创造中提高各自生命存在的质量；并通过信息技术的应用，创新教与学的方式和评价方式，全面提高学生素质，提高教学质量。信息技术一直强调"应用为主"，不断走向科学应用，体现了信息教育的务实精神。现在数字教育正处于新的重要发展阶段，需要我们不断适应新形势，站在新起点，实现新跨越，勇攀新高峰。信息化教学摆脱了时空的限制，数据可视化应该是老师最喜欢的一项，由于信息化教学可以运用数据统计分析将学生的学习过程数据化，老师可以清晰地了解到学生哪些知识点学透了，哪些没有学会，以便有针对性地进行授课和安排后续课程。这一点在教学质量提高上有极大的作用。在教学中应用信息化技术不仅能吸引学生的注意力，活跃气氛，启发思维，而且能促进教师自身专业化的发展，提高教学质量和效率，为教学插上腾飞的翅膀，给师生带来极大的便利。

二、加大小组长的培训力度

为了提高学校的教学质量，着眼学校的长远发展，配合学校今年提出的初中三年整体备考规划，进一步推进慕课的全面实施，完善我校慕课行动之信息化小组合作教学模式，我校计划在2016年初一入学新生开始着手实施三年整体备考规划，实施规划的第一步就是要花大力气抓好初一新生的学前培训，制订的培训方案（见表6-2-1）。

表6-2-1

日期	项目			
8月24日	时间	下午3：00-4：30		
	人员	初一级班主任、级长、各级行政、教导处		
	主题	信息化小组合作教学模式		
	主讲	黄若明		
	地点	录播室		
8月25日	时间	8：30-9：20	9：30-10：20	10：30-11：30
	班别	全级	全级	全级
	主题	学校优良传统教育	学法指导	分组、选组长和班干部及班务
	负责人	林浩然副校长	邓文勇副校长	班主任
	地点	报告厅1~4 各班教室观看直播	报告厅5~8 各班教室观看直播	各班教室
8月26日	时间	8：30-11：30	8：30-10：30 10：40-11：30	
	班别	1~4班	5~14班	
	主题	团队训练	信息化小组合作教学模式	
	负责人	李志成、周军辅导团队及班主任	黄若明	
	地点	科技楼实验楼	报告厅9~12班，其他班级在教室观看直播	
8月27日	时间	8：30-11：30	8：30-10：30	10：40-11：30	8：30-11：30
	班别	5~9班	1~4班	1~4班	10~14班
	主题	团队训练	信息化小组合作教学模式	信息化小组合作学习模式实操训练及班务	
	负责人	李志成、周军辅导团队及班主任	黄若明	班主任	
	地点	科技楼实验楼	报告厅	各班教室	
8月28日	时间	8：30-11：30	8：30-11：30		
	班别	10~14班	1~9班		
	主题	团队训练	信息化小组合作学习模式实操训练、班务、分发教材等		
	负责人	李志成、周军辅导团队及班主任	班主任		
	地点	科技楼实验楼	各班教室		

开展小组合作学习要抓好小组长培训，以提升小组合作学习质量。高效课堂模式下的教学改变了传统课堂学生单一、被动的学习方式，充分发挥了学生的主体性。我们要利用课堂教学过程培养学生的团队合作及创新精神，让每一名学生既是管理者，又是被管理者。在班级里，将学生分成若干小组，是为了形成良好有序的竞争合作氛围。而每个小组的领军人物——小组长，更是起到了关键性的作用。小组长是小组活动的灵魂，只有明确了小组长的职责，开展系统有效的培训，充分发挥小组长的作用，小组合作学习才能真正产生实效。把小组长的积极性充分调动起来，培养他们的能力、责任心、威信和信心，才能帮助组员不断进取，提高组员的多方面综合素质以及学习水平。

在小组建立的初期，要选择那些个人素质较好、性格外向、有责任心、组织管理能力强的同学担任组长，经过系统培训后，若有不太好的组长，则通过学习其他组长的方法来帮扶。对于智商较高、情商较低的学生，在反复帮助后情况也没有改善时，只能更换组长。为了防止小组长经过一段时间有倦怠的情绪，可以采取给小组长加分、经常与小组长培养感情、给予物质精神上的奖励等方式来激励组长。对于优秀小组的组长及组员，及时进行表扬。

在小组长培训中，应该做到以下几点：

第一，要从明确工作职责和作用、学会管理方法方面对小组长进行培训。

（1）小组长要关心本组同学的预习，让他们先自学完成预习任务，并及时提醒、辅导，课前要对本组进行检查核实。

（2）课堂上小组长要关注本组同学的学习状况，特别是基础比较薄弱的同学，在学习过程要给他们固定任务，任务要难度适中，能调动他们的学习热情。

（3）展示时，要求不同的组员展示，实在不行可以两个同学一起展示。本组组员展示时，要集中注意力，及时指正展示中所出现的错误。当别的组进行展示时也要遵守规则，认真听，以便及时提出质疑，为本组赢得分数。听展示时，要让本组同学静下来，待展示完毕后再质疑，不要打断说展同学的思路。

（4）督促组员分层完成学习任务，C层同学做基础题，B层同学做基础题和发展题，A层同学全做，完成后再做高一级的题目。等都完成后，组内互相检查、质疑，解决不了的题目上升到组际讨论。

第二，要建立相关工作制度。

这样小组长的工作才有依据，也便于小组长在工作中随时查阅，随时修正。有制度可依，也便于小组长开展工作。小组长要带头遵守班规和组规，要管理好自己的小组，以身作则，在平时的学习中多投入，在课堂中积极参与，勇于展示，做事严谨认真。小组长自身标准要高，标准高了，才能发现小组内同学的不到位，才能及时整改。

第三，要帮助小组长树立威信。

威信来自哪里？来自小组长自身优异的成绩，来自小组长能有效地组织研讨、组织展示，来自小组长的公平、公正和无私。教师在平时要时刻关注小组长的学习成绩，帮助他们克服学习上的困难，使他们成绩更上一层楼，同时要兼顾他们的思想变化，及时进行适当的疏通，在他们觉得消极无力的时候立刻给出温暖和鼓励，在他们骄傲自满时及时说服和讲清道理，时刻掌握他们的思想动态和特点，和他们成为好朋友。教师要适时给小组长"加餐"。小组长为同学们服务，很辛苦，学有余力，必须有所回报。适时的肯定、表扬和激励更能激发小组长为其他同学服务的热情。

第四，班主任要重视与小组长培养感情，从情感上促使小组长尽力去主持组内的工作。

班主任每天都要对小组长的管理工作进行关注，抽时间与小组长进行座谈，了解他们在管理小组中的困惑，指导他们管理小组的方式、方法，帮助他们增强小组的荣辱感，教给他们如何对组内特殊同学进行帮扶，为他们的管理扫清道路。给小组长创设交流经验的平台，让他们及时将自己遇到的困惑说出来，发挥集体的优势共同想办法去解决，增加小组长的管理经验。比如，在交流时，要求小组长多对小组成员进行鼓励、夸奖，少进行批评指责，当组内同学遇到不懂的问题时，小组长应该有耐心地进行讲解，决不能因问题简单而露出不屑的神情，否则会影响组员学习的热情。同时，要加强对小组长的评价，赏罚分明的评价制度才有利于督促小组长的工作。

小组长的培训并不是依靠1～2次讲座就能完成的，只有不断培训，方能帮助小组长更好地协助教师开展课堂教学。小组长就是小组的"主任"，不但要进行学习管理，在其他的如纪律、卫生各个方面都需要对本组组员进行悉心的指导。

只有提高小组长能力，才能充分发挥小组长的带头和监督作用，创造和谐、积极、团结的课堂学习氛围，提高课堂学习效率。小组长在课堂中要积极参与，勇于展示，敢于点评，善于补充，做同学学习的榜样，带动同学去展示。榜样的力量是无穷的，有榜样的引领，我们还愁其他同学的积极性得不到提升吗？在小组学习中，只有抓好小组长的培养，才能在这只领头雁的带动作用下，培养其他学生的社会合作能力，让老师更有效地因材施教，从而提高学生的学习效率，提高他们的学习成绩。

三、完善信息化小组合作教学模式，形成一批精品示范课例，打造校本专家

20世纪初诞生于西方的研究性学习思想被引入中国后，经过教育工作者的长期理论，已被确认为施行创新教育的一条有效途径。小组合作学习作为研究性学习的一种根本形式，已被广泛应用于教学。随着教育信息化的不断深化以及课程设置与内容的不断更新，探究信息化条件下小组合作学习与新课程整合的新思路、新特点及新问题，对于有效提高研究性学习的效果具有非常重要的理论意义。

1. 语文精品案例

《基础教育课程改革纲要（试行）》中指出，要"改变课程实施过于强调接受学习、死记硬背、机械训练的现状，倡导学生主动参与、乐于探究、勤于动手，培养学生搜集和处理信息的能力、获取新知识的能力、分析和解决问题的能力，以及交流与合作的能力"。合作学习是新课程所倡导的新的学习方式之一。它是以小组学习为主要组织形式，依据一定合作程序和方法促使学生在异质小组中共同学习，从而利用合作性人际交往促成学生认知、情感的教学策略体系。合作学习的过程不仅仅是个认知过程，更是一个交往过程与审美过程。在合作学习的过程中，学生不仅可以相互间实现信息与资源的整合，不断扩展和完善自我认知，而且可以学会交往，学会参与，学会倾听，学会尊重他人。

因而，如何在教学中组织学生的合作学习，成了我们必须研究的一大课题。以下为初中语文新教材的教学实践案例片段。

案例一

《成长的烦恼》是统编版七年级下册第一单元的语文综合活动,它以写作为主,结合口语交际和综合性学习。通过这次活动,力图使学生认识自我,正确对待成长过程中出现的烦恼,采取积极的生活态度,并能帮同学或朋友解除烦恼。

步骤一:建议学生采访自己的父母或其他长辈,问他们曾经有过什么烦恼,又是怎样解决的。做好记录。

步骤二:在教室里布置一棵"烦恼树",让每个学生将自己的烦恼写下来,制作成树叶的形状,贴在烦恼树上。

步骤三:以小组为单位,去认领"烦恼叶",组内具体讨论如何解决这些烦恼,然后分工,每人针对一片"烦恼叶",以书信的形式帮助同学解决这个烦恼。

步骤四:小组内交流书信,提出修改意见,评出写得最好的书信在班上交流。

步骤五:每人根据自己书信的内容写一句名言或较精练的句子,抄在自己制作的一朵小红花上,把小红花贴在"烦恼叶"的上面。最后让学生把"烦恼树"三字换成"欢乐树"。

是啊,每一棵树的枝叶都有它的问题,但也是一棵树的全部。只要有正确的解决问题的方法,烦恼树也就变成了"欢乐树"。整个活动,通过学生与家长的合作、学生与学生的合作,最后以语文的形式——书信,解决了烦恼的问题,不仅使学生敞开心扉,互吐心声,解决了烦恼,端正了生活态度,而且使学生在合作中提高了写作能力。

案例二

作文讲评:

步骤二:小组内齐力修改佳作,使之更佳。

步骤三:每组代表宣读代表作,全班交流。

步骤四:众评委(全班同学)点评,选出前三名。

步骤五:选出最佳文采奖、构思奖、立意奖等,另根据点评情况选出最佳点评奖、最佳点子奖等。

案例中的作文讲评方式可命名为"评头论足自荐自赏式"。通过小组合作既可以使学生充分了解到此类作文容易出现的一些问题及修改的方法，又可以使学生佳作在学生中得到较大范围的展示，促进了学生写作的积极性。

反思：

在很长一段时间内，以为合作学习就是让学生分组讨论。所以，在课堂上特别是公开课上，为了体现合作学习的理念，教师动辄让学生"四人小组"讨论，讨论一两分钟后，让小组代表发表意见。通过对以上案例的分析，我认为，在组织合作学习时需注意以下几个问题：

（1）进行合理的分组

合作学习宜采用异质分组的原则，也就是将男生和女生、本学科学习较好的学生和有一定困难的、性格内向的学生和性格外向的学生分到一起。教师应充分考虑学生的不同特点，尽量使小组内的成员具有不同的特点。因为在这样的合作小组中，通过合作，可以使学生达到互补，使不同水平和具有不同特点的学生在合作中相互促进，实现所有的学生都获得充分发展的目的。每个小组4～6人为宜。每学期应该调整一次小组的划分，以便让学生有更宽的交往空间。

（2）给予学生均等的机会

全班交流中，只设中心发言人，没有小组长，而且中心发言人要轮流担任，每个人的机会是均等的。这样做的目的就是在合作学习中消除权威，体现地位平等与机会均等，培养学生平等合作的意识。

（3）注意评价的对象与方式

在合作小组中起来交流的中心发言人代表的是小组而不是个人，师生对中心发言人的评价不是对其个人的评价，而是对这个小组的评价。而以往我们在课堂上听到的大多是××怎样，而不是××组怎样，特别是一些赞赏性的评价。如果教师能把"你"改为"你们组"，那么小组的其他人员同样也会享受到成功的喜悦与自豪，这样就可极好地激发他们的合作热情。

（4）给予足够的时间

新课程改革的课堂实施中，我们会发现有些教师在开展小组合作学习时，只给学生1～2分钟的合作时间。可以试想，一个小组最起码有4人，在2分钟的时间内，是无论如何不能保证每个学生都能得到充分交流和表现的机会。有足够的时间是合作学习有效性的必要保证。

（5）精心设计问题

俗话说，"好的开端是成功的一半"，一个好的合作学习问题是合作学习得以顺利进行的首要条件，也是合作学习具有教育价值的基础。所以一个好的合作学习问题必须经过教师"精心设计"。教师要设计那些具有一定挑战性、开放性、探索性，能够引起学生的兴趣、激活学生思维的问题。例如，我在教学《羚羊木雕》一课时，提出了"造成这种局面，应该谁负责任"的问题，让持有相同观点的人成为一组进行合作讨论。结果课堂气氛异常活跃，学生分别从课文中、生活中找依据，进行辩论。一节课下来，他们都感觉意犹未尽，要求增加一节课继续讨论。其中出现了不少很有见解、富有哲理的观点。这节课，学生的收获不仅有知识技能方面的，也有方法方面的、思维过程方面的、情感态度价值方面的，真正体现了合作学习的优越性。

（6）给予独立思考的时间

独立思考是交流的前提，没有独立思考，没有形成自己的思想和认识，那么，学生在合作学习中只能是听众和观众。合作学习将流于形式，质量不高。有了准备的讨论交流，才有可能是高质量的交流。所以教师必须给一定的个别学习时间，还应该要求学生当自己的思考有了一定的结果时，整理自己的思维，从心理上做好与人交流的准备。

（7）要有适当的激励、竞争制度

适时适当的激励，可以收到事半功倍的效果。教学中教师应掌握并运用好课堂这个杠杆，营造一种可以充分发挥学生个性、各抒己见、相互交流甚至各执己见的合作学习氛围。一句真诚的表扬、一个赞许的目光……都能使学生真切地体验到合作学习的成功与快乐，从而产生进一步合作的欲望。不仅如此，引进竞争机制也能充分调动学生的学习热情。在平时的课堂教学的朗诵比赛、分角色朗读等比赛中，我都以小组为单位进行比赛，师生共同为参赛者们打分，到期末根据积分和平时的表现评选最佳合作小组，并承诺有一定的物质奖励。这样学生的积极性就全调动起来了。

总之，合作学习是在新课程理念下学生的一种重要学习方式。有效的合作学习能够唤醒学生沉睡的潜能，激活学生封存的记忆，开启学生幽闭的心智。教师在新的课程环境下，必须重新审视合作学习的价值，积极营造适合学生进行合作学习的环境，充分发挥教师的作用，时刻把握以学生发展为本这条主线，让我们的课堂教学焕发出生命活力。

2. 数学精品案例

"初中数学小组合作课堂教学"的课题研究报告

一、研究背景

随着时代的发展，社会的进步，信息化、数字化、学习化社会的到来，对公民的数学素养提出了新的要求。这一深刻的社会变革对当今基础教育的发展提出了新的挑战，对教师提出了更高的要求，数学教师必须研究新的学习方法，以适应社会发展的需要。

用素质教育的目光审视我校的数学课堂教学，发现教师满堂灌，学生听，参与少，学习呈现应付状态，有厌学情况，两极分化严重，教师教学质量不高。学生需要一个充满灵气的活动空间，需要主动探索与交流的平台。因此，教学方法和学习方式的转变迫在眉睫，初中数学小组合作课堂教学研究势在必行。

二、课题研究的过程

分三个阶段实施：

（一）准备阶段（2008年9月—2009年7月）

1. 在初一年级4个班、初二年级6个班通过实践论证这一课题在数学课堂中开展的可行性。

2. 通过网络学习先进的教育教学理念，观看相关课堂实录，将优点及时运用到具体的课堂实践中。

3. 收集资料、制订方案，做好课题研究的各项准备。

（二）研究阶段（2009年9月—2010年7月）

在教学中加以组织实施，以初一学生为主要研究对象。研究期间，要坚持写课后小记或个案分析，组织阶段性小结，不断检查教学效果并加以完善。探索出在数学课堂中开展小组合作探究学习的基本方法和手段，形成新的数学教学模式。

（三）课题的总结阶段（2010年9月—2011年7月）

在资料原始积累和每一个阶段性总结的基础上，汇总分析研究过程和结果，撰写研究报告和专题论文。

课题启动后，课题小组成员投入到紧张的研究中，按实验方案、实验计划井然有序地做了大量的研究工作。研究过程经历学习—讨论—实践—改进—验证—确定—总结七个环节，课题小组成员采用自然实验法、观察法、调查法、个案法、测量法、统计法等进行综合研究，以课堂教学为突破口，研究课堂数学教学设计，形成初中数学小组合作课堂教学模式，在数学课堂教学中实施，从而实现教育观念的转变、教学方式的转变、教学质量的提高、师生的共同发展。课题研究很顺利，收到了很好的效果。

1. 加强理论学习，更新观念

观念的转变比技能的进步更重要。教育观念的转变是实施素质教育的基础，是搞好课题研究的前提。在实验过程中采取自学、外出学习、集中学习相结合的形式，派课题组成员先后到省、市、区参加新课标、新教材、新教法培训学习，看光碟展播，请区教研室专家亲临指导。阅读《全日制义务教育数学课程标准》《全日制义务教育数学课程标准解读》，新课程师资培训资源包、杂志、先进的教育理论和教学方法，从大量的书籍中吸取营养，在学习中提高认识，转变教育观念。用课标的基本理念和数学教学的基本要求指导课题研究，把实验目标落到实处。

2. 制定研究措施，科学管理课题研究的全过程

课题组的领导和实验教师共同拟方案、聘专家、学理论，结合实验展开研讨，制定了切实可行的管理措施。领导坐镇抓课题研究，把目标管理、过程管理、结果管理有效地结合起来，力求达到科学化、程序化、规范化。

（1）研究过程科学化

实行定时研究、定时汇报、定时督查、定时指导，做到目标明确、分工明确、责任明确；每次研究活动定专题、定人员、定内容、定方案，做到有记录、有成果；对实验中的系列效果进行阶段性总结、论证、评价，加强个案分析，找出存在的共性和个性差异，探索出适合农村初中数学活动化课堂教学的模式。

（2）实验步骤程序化

实验教师先独立操作找良方，再集体研究定良策，后改进验证成定论。

（3）资料管理规范化

建立资料信息库，教师研究所写的教案设计、教学论文，学生在实践活动

中写的小论文、实验报告和亲手制作的学具等收集起来，分类保存，作为验证实验的依据。

3. 研究教材

初中数学中，我们主要研究了二、三、四册的教材内容，并对教材中的各章节的内容做了详细的分析，根据教材内容的特点把教材分为三种类型：适合学生活动的内容34节、基本适合学生活动的内容41节、不适合学生活动的内容12节。又将前两种类型的教材内容分为两种形式的教学，即课堂数学教学活动课和课外数学实践活动课。

4. 优化教学过程，构建数学活动化课堂教学模式

在研究过程中，我们用新的数学教育观、新的教育策略指导教学工作。在研究中，将课题研究、备课组活动、校本教研有机结合。变传授式教学为师生互动研讨式教学；变封闭式教学为开放式、综合型教学。课堂教学的组织形式也发生了变化：以分组活动为主，辅以班级活动和个人活动。分组活动大多采取班内分组，有时也打破班级界限进行年级分组，班内分组是主要方式。组织形式依据活动内容、活动时间、活动空间而定，在合适的情境中引导学生展开活动。活动化课堂教学的教学方法由学生思维方式和活动课程内容的知识性质决定，方法灵活多样。可结合相关教材创设形象、直观、富有趣味、贴近学生生活实际、学生熟悉的素材情境，吸引学生，激发学生兴趣。设立"看一看、做一做、拼一拼、剪一剪、画一画、议一议、想一想、猜一猜、测一测"等系列自主有序的栏目，放手让学生进行观察、实验、操作、推理、交流等活动，让学生在"做中学"。问题情境法、引导法、类比法、观察发现法、演示法、实验法、研究法、活动作业法、表演法等是活动课堂教学的主要方法，运用探索式教学，提供学习和讨论的空间，将开放式问题带进课堂。这些方法主要是引导学生自己去发现，主动去探索，让学生在"自主"中求得知识，在"探究"中发展，在"合作"中获取知识，在"实践"中应用知识。

三、研究成果

1. 教师素质得到提高。教师的教育观念转变了，教育思想、教学方法先进了，教育行为规范了，教育能力和业务水平提高了，研究水平也明显提高了。课题组6个成员在一年内，写了20篇教学论文，其中2篇发表，16篇获国家、省、市级奖，3人优质课获奖，有6人教学设计获市、区一等奖。

2. 学生的动手能力明显增强。在平时的课堂教学活动中，学生除动手操作外，还自制了很多学具，有20名同学获市、区级奖。

3. 学生的学习习惯良好，思维能力增强了。经过动手操作、猜测、观察、参加实践活动，学生善于思考，喜欢提问，能用发展的眼光看事物，解决问题考虑周密、全面，解题速度快，思维敏捷，能一题多解。经常写数学日记，并将所学的数学知识进行归纳整理，写成数学小论文达50篇，有10篇获市级奖。

4. 建立了具有生成性的数学课堂。将学习的主动权交还给学生，充分相信学生，让学生自主活动，课堂成为学生学习的乐园。边实验、边总结，找到了数学学习的方式——自主学习、自主探索、合作交流，探索出了具有较强操作性的初中数学小组合作课堂教学的一般模式。

（1）合作交流前要给予学生一定的独立思考的时间

在小组合作中，我们时常发现小组成员在参与上很不均衡，差生参与明显较少。如果我们在合作前给予学生一些独立思考的时间，让他们对合作内容有一点自己的思考，有一点自己的见解想法，再与同组合作，这样合作的质量有可能更好，学生的参与就有可能会均衡些。

（2）合作讨论前教师所提的要求要有可操作性，需要记录讨论结果

有部分教师在讨论前提出的要求，往往是一个问题，没有一个清晰的讨论步骤，学生很难把握，讨论就成了"沙龙"，说到哪儿就滑到哪儿。因此，教师必须在备课中充分考虑学生可能出现的情况，然后进行分析，最后再向学生提出明确的要求。

同时，考虑到需要讨论的问题往往是有一定难度或有多种解法或有一定规律的问题，这样就要求学生在讨论中不能只是说说而已，最好能把所得的结果或方法进行记录并整理，这有利于汇报，更有利于提高学生之间讨论的有效性。例如，武同辉老师在《直线、射线、线段》的教学中，先让学生将已知道的有关知识进行整理，并写成两类问题，一类是想考考同学的，另一类是想请教同学的。这比较符合学生的心理特点，可以帮助教师有效地开展教学。

四、完善课堂评价体系，让课堂更有效与高效

教学评价是依据教学目标对教学过程及结果进行价值判断并为教学决策服务的活动。教学评价是研究教师的教和学生的学的价值的过程。教学评价一般

包括对教学过程中教师、学生、教学内容、教学方法手段、教学环境、教学管理诸因素的评价，但主要是对学生学习效果的评价和教师教学工作过程的评价。

教学评价的两个核心环节：对教师教学工作（教学设计、组织、实施等）的评价，即教师教学评估（课堂、课外）；对学生学习效果的评价，即考试、测验、自评。

评价内容在学生层面包括学业成绩、学习方法、学习能力、学习情感、学习态度等；在教师层面包括教学观、学生观、教学成就、课堂流程、教学方法、教学态度、职业道德、学生表现等。

评价的方法主要有量化评价和质性评价。

而高效课堂的教学评价，依照"以学评教"原则，主张把"教学目标"转化成"学习目标"，把"教学过程"转化成"学习过程"，通过学生的"学情"来进行评价。

教学质量是学校教学能力和教学水平的根本标志，建立课堂教学质量评价体系，制定相应的课堂教学质量标准，是实现教学过程全面质量管理，保证教育教学质量的重要措施之一。建立科学合理的课堂教学评价指标体系是完善教学质量评价制度的前提，要在一定原则指导下，以新的教育理论为依据，以多主体评价为特征，做到评价指标体系科学，使教学质量评价客观公正。

评价是为了改善。有效发挥教学评价的激励、导向、发展作用离不开教师较高的课堂教学评价能力。作为一线教师，更要在教学实践中不断学习相关的教学评价理论知识，拓展自己的专业知识，完善自己的专业结构，从而进一步提高自身的专业素养和专业能力，以更好地推动新课程的改革。只有更好地认识教学评价的价值，促进教学评价的改革，才能推动实现课堂的有效教学，特别是在新一轮课程改革酝酿的大背景下，广大一线教师更要关注、学习、反思。应从以下方面促进教学评价更加全面客观：

第一，形成性评价与结果性评价相结合。形成性评价是指在教学过程中对学生的行为、能力、学习态度、参与过程与合作精神等进行的持续性评价，是对预习、课堂学习、课后复习三位一体的过程性评价，它既关注结果又重视过程。

第二，有效开展多样化、多元化评价。要有效地开展多样化、多元化的教学评价，建立和完善公平、公正、科学、合理的有效教学评价机制，激发学生的主体意识，提高课堂教学的有效性。要做到三点：一是关注教学评价动态化，包括上课教师自我评价、学生评价、听课教师评价、学生家长评价等；二是关注形成性评价的过程，培养学生创新精神；三是重视社会活动性评价，社会实践活动有助于增进学生与社会的紧密联系，增强学生的社会责任感和公民意识，有利于培养学生的人际交往能力、协作能力，提升学生的团队合作精神、精神境界和道德意识。

第三，有效引导学生进行自我评价。自我评价是指学生作为评价主体，在教师的指导下，对自己的发展状况，学习行为、结果及个性特征进行判断和评估。在教学过程中，学生自我评价有助于学生主动改进学习状况、提高学习的积极性。自我评价主要是自评与他评相结合、过程性评价与定期评价相结合、定性评价和定量评价相结合。只有让学生参与到评价中来，才能真正了解学生这个主体对课堂教学的真实感受，才可能发现并具体分析教学中的不足之处，从而促进课堂有效教学。

第四，有效命制各种学业评价试题。有效命制各种学业评价试题是教师的基本功，它有利于推动素质教育，有利于调动学生的学习积极性，促使他们克服形式主义，避免死记硬背带来的弊端，提升课堂教学的有效性。在试题命制过程中必须坚持理论联系实际、难度适中、强化能力等原则；教师要关注中考的新动向，关注高频考点，要认真研究考试说明中每个考点的深度，以及新增考点和变化考点；要研究历年中考试卷中高频率考点的出题方式和角度，并同时关注低频率考点；要研究各地交流试卷，敏锐捕捉最新的高考信息和资料；要分析研究中考的要求和未来发展的趋势；还要研究题型的变化、答案的呈现方式、试卷的评分要求和标准，把命题评价作为提升有效教学的一个重要推手。

总之，教学评价要做到全面客观，促使广大教师和学生正确找出自己的问题，促进有效教学的达成，推动广大师生的共同全面发展。

五、信息化小组合作的教学评价

信息化小组合作的教学评价实现了两个转变：变传统的终结性评价为主为过程性评价为主，变传统的评价教师的教为主为评价学生的学为主。具体内容如下：

（一）教师的讲及学生的学

教师方面：课堂上是否坚持了以学生发展为中心，是否依据课程标准实施教学，教学是否体现了人文性、综合性和实践性。此外，还要评价教师的备课情况，是否按照上述标准备课。

学生方面：学生在课堂学习中自主的程度、合作的效度和探究的深度。

具体的操作是"三看"：一看学生在课堂上参与的人数，是100%参与，还是小于100%；二看学生参与的质量，语言表达是否通顺，态度是否积极认真，情感是否投入，板演书写是否整齐工整，词、句、符号、公式是否正确，等等；三看学生的预习笔记。

（二）学生对文本的挖掘

① 学生对文本的理解是否深刻：有自己的认识、观点，能够分析，结合事例表述、板演、绘图、感受感悟，艺术形式表达、写作、制作、实验、多媒体、录音、辩论等。

③ 寻求方法，发现规律，总结特征，概括重点。

③ 举一反三，拓展演绎，深化提升，形成自己的人生观、价值观。

（三）课堂形式

① 合作学习、兵教兵、兵练兵、兵正兵，弱生是否参与表现；气氛浓厚，人人踊跃。

② 个体展示、分析、表达精辟，语言通达流畅，语言洪亮，无语病，尽可能到板前或聚焦处锻炼同学们的演讲、说理、辨析、自信的能力。声情并茂，动人。

③ 板面设计精彩、美观、规范、横平竖直、作图科学、重点突出、图文并茂。

④ 点评恰当，突出要点，重在本质规律，被点评的同学要有表示。或口述或板演，要当即纠正其差错。

⑤ 每节要有总结、反思、测评。

（四）课堂结构

① 预习交流，确定目标；②分配任务、立体教学；③完成任务，合作探究；④展现拔高，师生互动；⑤穿插巩固，全面掌握；⑥达标测评，检查验收。

注：一节课不可能完全体现学习的自主性、合作性和探究性，但只要有一点体现得好，就是一节好课。

六、实现慕课教学的本土化、校本化

慕课课程教学方法成熟，适合结构化体系教学，给学习者提供了丰富的资源和宽阔的视野。我校尝试将慕课教学与传统教学相结合，大力进行教学改革，做出多方面的努力，促使教学达到更好的效果。慕课从虚拟的网络空间落实到实际的教育教学，本土化实施策略显得尤其重要。

1. 慕课课程引入应建立在学生原有知识结构的基础上

现今，慕课课程一般由慕课平台联合知名学者、优秀教师开发制作，针对学生的学习特点，相应地对教学方法和教学策略作出修改。大多课程都体现了斯金纳的程序教学理论，依据教学内容分割视频节点，分周次顺序发布以控制学习步骤，采用的教学方法主要是传统课堂"讲授式"和课后作业"反馈式"，它延续了传统课程教学的优点，知识传播效率更高，学生通过理解和记忆，同化和顺应知识的架构。引入网络课一定程度上解决了师资紧张的难题，但在教学改革的过程中有些问题是必须要面对的。不同学校不同学生的原有知识结构都会存在差异，如不同学校学生层次不同，教学的难易程度肯定会有所区别，教师在教学初期需要对学生进行诊断性评价。传统的课堂教学中，教师可以通过课堂交流及时得到反馈，从而调整课程难易程度以及教学方法，而慕课课程是事先制作好的，并不会针对某个学校某个群体来变化，所以学校在引入课程初期应多方面考量其是否适用于本校学生。

2. 运用翻转课堂模式培养学生自主学习的能力，发挥其主观能动性

作为学习的主体，学生的身心发展水平、学习风格以及课前所做的准备都直接影响学习效果。慕课教学和传统课堂教学最大的区别在于慕课课程的交互性停留在学生与教学内容之间，在构建情境化教学环境方面不尽如人意，课程讲授过程中缺乏师生互动，只通过学生提交教学视频后的课后练习系统得到自动反馈，这是基于典型的行为主义学习理论。慕课教堂无教师监督管理，主要依靠学生发挥自身的主观能动性，培养他们自主学习的能力，使他们根据自己原有知识结构在学习前做好充分的课前准备，在学习过程中进行探究学习、个性化学习和协作学习。实行网络课，初期学生不适应网络教学，尚未养成自发性学习的良好习惯，有时到期中统计甚至有半数同学还未开始课程学习，需要教务部门加以督促，最后测试完成效果仍不尽人意。原因有以下两点：一方

面，学生的自主学习能力有待提高；另一方面，学习过程缺乏师生交互，学习效果难以得到保障。自主学习要求学生具有高度的自主性和自律性。借助课堂互动环节和考试环节可以有效提高学生的自主性和自律性，进而保证学生的学习效果与质量。

3. 改善反馈机制和评价体系，提高教学效果

常见的慕课评价体系是系统自动量化学生视频观看率、作业完成率、参与讨论数，再结合考试分数。表面上看，整个评价体系包含了形成性评价和总结性评价，但是形成性评价中的视频观看率并不能确保学生认真看完学习内容，作业成绩上虽然会在一定程度上反映学生学习效果，但是还远远不够。数据显示，相对课堂教学，慕课学习中参与讨论的学生寥寥无几，每次提交课后练习系统自动评分，但是给出的只有对与错，并没有充分合理的解释反馈给学生。要提高教学效果，就应该在反馈机制上作出相应的改变，如每个月的学习之后，校内教师组织一次教室教学，学生可以统一准备好学习难点，以便课堂上教师解答，或者教师提出一个案例让学生开放性地讨论，这样师生间能得到相应的反馈信息。

第三节　课堂教学改革的理论指导与实践探索

为提高数学课堂教学效益，切实使学生打好数学基础，培养学生自学能力，发展学生数学思维，数学教师要以目标教学为中心，以优化课堂教学结构为突破口，以全面提高学生素质为目的，积极剖析数学课堂教学改革，力求既减轻学生负担又大面积提高教学质量。

一、如何转变数学课堂教学观念

（一）从"偏爱优等生"转为"重视学困生"

以前教师往往倾向少数"优等生"，而对"学困生"则较冷淡，致使学困生面不断扩大，造成严重两极分化。我们应改变对学困生的态度，增加对学困生的感情投入，使他们感受到老师的温心、爱心与诚心。心灵沟通会使学生产生对数学课的兴趣，使学困生由厌学转化为愿学、爱学、乐学，改变数学课沉闷的气氛。

（二）从"先教后学"转为"先学后教"

"先教后学"，是教师教一教，学生跟着学一学，然后练一练，教师主要是"示范""教学"，学生则"学习"或者"模仿"教师如何解决问题。教学活动中，教师是教育活动中心，是教学活动领跑者。教师在课堂独霸讲坛，滔滔不绝，满堂灌，使学生昏昏欲睡，信息吸收率低，新知学得糊里糊涂，得不到及时巩固，这时教师却要求学生课后去看书，使学生处于被动学习的地位，学习效率低下，效果极差。

"先学后教"，是生本教育思想重要方法论，"学"是学生带着教师布置的任务、有既定目标地自学，是一堂课的起点。一般教师不先讲，先让学生自学，在教师指导下自学；然后教师根据学生自学情况进行点拨、解惑、纠错。

这是新课标指导下形成一种高效课堂教学模式，打破了以往学生被动接受教育的传统教学模式，构建以学生为主体的、剖析性的、积极主动的学习模式，老师不再是教育活动的绝对权威，而是成为学生学习的"合作者"。

（三）从"大量作业，机械训练"转为"注重检测，及时矫正"

过去学生要应付题海战术，浪费了大量时间，效果并不理想。新思路是，教师在教学中应重视信息反馈，采用精心选择典型习题，压缩题量，课课检测，节节验收，章章测试的方法，充分发挥"练"的效益，以求教学质量大幅提高。

（四）从"课外作业"转为"当堂作业"

这样，教师能够真实察觉学生学习中存在的问题，能够准确及时地矫正，避免无效重复。同时，可以有效地纠正教学中出现的偏差与失误，真正做到课课清、节节清、章章清。

（五）从"教学生学会"转为"教学生会学"

只注重教师教，而忽视学生学的现象，是差生大量出现、教学质量不高的原因。要提高教学质量，实施素质教育，让所有学生都能学好数学，教师应更新教学思想，改进教学方法，优化教学过程，在教学中由"教书"转向"教人"。不仅让每个学生都学会，更重要的是让每个学生都会学，实现教育教学优质、高效。让学生懂得"为什么要学"（明确学习目，端正学习态度），学会"怎样学"（掌握科学学习方法，形成良好学习习惯），明确"学什么"，真正做到"既教书，又育人"。

二、科学创设教学情境，营造活跃互动课堂

在教学过程中，教师应尊重学生人格，关注个体差异，满足学生不同需要，创设能引导学生主动参与的教学情境，激发学生学习积极性，培养学生掌握与运用知识的态度与能力，使每个学生都得到充分发展。教师与学生都是教学过程主体，在教学过程中，强调师生间、学生间动态信息交流，这种信息包括知识、情感、态度、需要、兴趣、价值观以及生活经验、行为规范等。通过这种广泛的信息交流，实现师生互动，使师生相互沟通，相互影响，相互补充。传统意义上的教师教与学生学，将不断让位于师生互教互学，使师生形成一个真正"学习共同体"。要构建旨在培养创新精神与实践能力的学习方式与

教学方式，要注重培养学生的科学思维品质，鼓励学生对书本质疑、对教师超越，赞赏学生富有个性化的理解与表达。要积极引导学生从事实验活动与实践活动，培养学生乐于动手、勤于实践的意识与习惯。

三、优化课堂教学结构，提高课堂教学效益

我们要克服传统教学的结构弊端，努力优化课堂教学结构：第一，体现学生学习主体性，有利于发挥学生学习主体作用，有利于以学生自主学习为中心，给学生较多思考、剖析发现、想象创新的时间与空间，使其能在教师启发下，独立完成学习任务，培养良好学习习惯，掌握科学学习方法。第二，根据学生认识发展规律性，确定课堂教学结构。可尝试数学课堂教学按以下五个环节进行，即：复习引入→出示目标→达标导学→达标练习→达标检测。

（1）复习引入。通过复习旧知识，引出与其密切联系的新知识。

（2）出示目标。教师应对目标做简要说明或解释，并强调知识基础目标与能力培养目标，以引起学生注意。

（3）达标导学。"先学后教"，让学生先根据思考题自学，然后教师提问检查，质疑问难，并让学生讨论解决一些问题。教师则启发诱导，精讲重点、难点及信息反馈中的共性问题，从而达到分层落实目标效果。

（4）达标练习。教师解难答疑完成后应让学生及时进行巩固练习。其中精选习题尤为重要，而且题量安排要适中，题型要有一定典型性与代表性，方便学生举一反三，触类旁通。

（5）达标检测。根据教学目标精心设计检测题，当堂检测，并记下典型错题，课后及时进行反馈矫正，力求使绝大多数学生能真正达到教学目标要求。检测对于师生双方都起着反馈信息的作用，对教师来讲可以把课堂上反馈出的问题及时总结、及时矫正，进而及时改进自己教学。检测也是学生了解本人学习成果、自觉弥补学习漏洞的重要手段。教学目标力求课内过关，减轻学生课业负担，努力做到单元过关、章章过关，使绝大多数学生都能达到教学目标要求，全面提高学生数学素养。

积极进行数学课堂教学改革，注重培养学生学习能力，发挥学生主体性，提高学生学习积极性、使学生养成良好学习习惯、让学生主动收集与处理学习内容，学会思考、学会创新，以提高课堂教学效果。

第四节　信息化小组合作学习教学的展望

我们将传统的小组合作学习的课堂升级为数字化合作课堂，以缓解繁重的课堂教学任务与课堂有限空间和难以控制的课堂用时之间的矛盾，进一步提升合作课堂的容量和效率；利用教学一体机、平板电脑等现代教学终端，搭建服务器和局域网，在教室内架设起新一层级的教学互动环境，使合作学习的教学环境和手段等都得到了优化。我们将充分利用现代教育技术，使数字化合作课堂在发展学生认知水平、提高学生信息素养和创造力方面有突破性的进展。

一、数字化合作课堂的创新实践

我们在数字化合作课堂实施过程中，通过对教学过程和教学资源的设计、开发和利用，使合作课堂教学模式改革的教学设计理念、教学模式与手段等都得到了较为充分的体现。教学实践上的创新意义主要体现在以下几个方面：

1. 教学设计观念的变革

合作课堂在教学设计上解决了"学生为主体、教师为主导"的问题，数字化则使我们的课堂容量更大、密度更高，更能适应课改多维教学目标的需要。使教学情境的设计更加多元、立体而充满趣味，真正实现了课程的校本化、班本化、人性化、个性化；数学课上经常使用的几何画板，不管是在教学交互机，还是在老师操控机、学生学习展示机上，都可以随意应用、展示。数字化的教学设备还使我们的教学更加开放，不再限于小黑板和实物投影仪对"实物"的刚性要求。比如，有了无线网络的即时搜索功能，我们随时可以在课堂上查询所需要的资料，甚至通过网络视频演示一些危险的实验等。不管是学生还是老师，都可以从网上调取有关的资料，观看自然实验的演示过程。另外，我们自己设计的动漫、影像或实验也有一定的局限性，如果把这些任务"开放"给各个学习小组，让学生自己上网搜索、自行设计，就会呈现完全不同的效果。

2. 教学过程的高效

合作学习课堂打破了传统的课堂教学模式，采用小组学习的方式，便于学生自主、合作、探究；课堂上教师的精讲时间控制在10～13分钟，把课堂真正交给了学生，给了学生更多的时间去合作学习，既活跃了课堂气氛，又锻炼了学生的综合能力。实行数字化合作课堂教学改革以后，学生更加积极主动地参与到课堂学习中来，学习的过程更加投入而高效。数字化合作课堂的实施，解决了三大问题：一是实现了课堂容量与效率的提升；二是使课堂的跨度得到延伸；三是优化了课堂管理，使课堂更加高效。在数字化合作课堂中，学生的学习状态、精神面貌、班级凝聚力等都在向好的方向转变。

数字化合作课堂与传统的合作课堂相比，有三个显著的变化：

一是小黑板变成了学生小组学习活动平板。小黑板在展示小组学习成果时存在耗时、不清晰和不便于修正等弊端，也不便于展示；而小组平板电脑在书写、展示和修改方面都更为简单、快捷。各小组将本组的学习过程和结果写在平板电脑上进行展示，使得展示更加细微、直观，教师借此可以看到学生的思维过程，这让我们的合作课堂更加深入教学的细节，充分体现了课堂教学的动态发展，使得课堂教学的过程更加真实和高效。而经由小组补充、质疑和点评后，学生对学习任务的修正，也可以让师生一目了然，便于教师真实掌握学生的学习状态，进行有针对性的教学。

二是教师在操控平板时，不但可以在教室的任何一个地方控制教室的交互式平板，也可以控制学生的平板，这就节约了教师在课堂上走动的时间；教师的精彩点拨和纠正，通过教师控制板传达到学生的学习机也更加方便、快捷。

三是无线网络的引入和即时搜索功能的开通，使数字化合作课堂更加开放。量贩式的信息和生活化的趣味，给数字化合作课堂带来了更为乐观的前景。节约时间，增加信息量，提高准确度，这些便是数字化给合作课堂带来的最大便利。

3. 课堂互动方式的变革

数字化合作课堂的"三板一网"不但高效地实现了组内交流、组间交流和生生交流、师生交流，还为人机交流、人网交流疏通了渠道。

数字化合作课堂在实践中探索了如何运用现代教育技术构建互动课堂的教学模式，使得我们在现代教育思想和理论的指导下，有效转变了教师观念，使教师和学生在教学过程中更加积极、主动地参与教学活动，相互促进、相互激励、相互影响。它使学生在轻松自如的学习情境中，通过内互动、外互动、认知互动、情感互动等多种互动方式获取知识、培养能力、发展智力、陶冶情操，这也为培养创新型人才提供了保障。

二、数字化合作课堂的未来展望

1. 更为人性的数字化合作课堂

数字化合作课堂的主体是在课堂中进行教与学活动的人，所以未来的数字化合作课堂设计应更多地体现对教与学双方的关注，在技术设计与应用上更多地体现以人为本的教育理念。例如，在数字化教室的资源和教学环节设计方面，应考虑绿色环保和无障碍设计，智能无障碍课堂尤其可以满足特殊群体的学习需求。

2. 更为现代的数字化合作课堂

在以人为本教育理念的基础上，在未来的数字化合作课堂中，每一个班级都可以根据活动的需要来灵活选用教室，甚至可以通过现代信息技术营造跨地域互动的合作课堂教室，使学习无边界成为现实。在这种无边界的合作课堂中，学生人手一台笔记本电脑，既可以跟本校的师生交流，也可以和远端的友好合作学校的师生交流，进而使交互式学习、探究性学习、体验式学习等学习方式的变革理念得到更为充分的体现。

3. 更为开放的数字化合作课堂

未来的数字化合作课堂的开放性不仅体现在教学组织形式的开放，更体现在教学资源的开放。在未来的数字化合作课堂中，桌椅等设备可以灵活调整，如可采用便于移动的多边形桌子，拼接成不同的形状，以满足不同教学活动的需要。在教学资源方面，教和学双方都可以运用现代化的信息技术进行课堂内外学习资源的共享。

4. 更为生态的数字化合作课堂

从教育生态学的角度来看，未来的数字化合作课堂需要遵循教育生态学的最适度原则、教育生态链法则等。这就要求未来的数字化合作课堂既关注环境，又发挥合作课堂的生态系统效应，以培养"完整的人"为目标，打破以前学生学习的孤立状况，将课堂内个体的学习和群体的学习、人性化的学习与现代化学习工具的使用等有机结合，使教育的各因素相互依存、相互促进、协调合作、和谐发展，形成一个完整的教学生态体。

总之，无论是现代教育理念的深入推广，还是现代教育教学技术的运用，数字化合作课堂的最终目标都是以提高教学效率、实现高效教学、培养创新型人才为落脚点。数字化合作课堂提高了课堂效率，增加了课堂容量，优化了课堂效果，构建了新的教学生态体。

（1）充分运用信息化技术，开创新的教育与学习环境来完善数学导学模式，信息化教学已成为现代教育发展的必然趋势。在这种新的环境中，学习过程本身就是个能动的过程，利于充分挖掘学生的学习潜力，培养学生的能动精神，激发学生的创新意识。学生在可能的场合采用随手可得的信息和知识自主进行学习，随时获知、获能，学生成了教学过程中的认知主体，教师可以对学生起引导作用，学生的学习可以是灵活、多样、开放的。这充分体现了导学模式中强调学生自主学习的行为，变教师的"包办"为"主导"，变学生的"被动"为"主动"的思想。

（2）信息化教学具备强大的交互功能，更方便教与学双方实时和非实时交互的实现。网络技术的网络辅导教学则更有独到的功能，在培养学生创新精神和实践能力过程中有着独特的作用：计算机网络可以完全实现学习过程的个性化，有利于建构有效的个体知识结构；计算机网络所具有的多种功能在训练创新思维（如形象思维、整合思维、决策思维、批判思维等）中有其独特的优势；计算机网络有利于激发创新动机，有利于刺激求知欲和独立精神，有利于培养合作精神，在发展良好的具有创新精神的个性品质过程中有着特有的功效。

（3）利用信息化教学具有许多优势：能为学生提供多方位、开放性的获取知识的途径，利于学生对学习的主动参与、自主控制，使学生不一味地依赖课堂、书本来获取知识，而是根据自身学习情况制定学习进程。

①利用多媒体进行课堂演示。

教师把传统教学过程中通过黑板、教具模型等展示的各种信息，由计算机加工成文字、图形、影像等资料，并进行一些必要的处理（如制作成动画等）。课堂教学时，将计算机与大屏幕投影连接起来（也可在微机室进行）。

利用这种模式进行课堂教学，能使学生在较短的时间内，多种感官并用，提高对信息的吸收率，加深对知识的理解，大大提高课堂利用率。例如：对于三角形"三线合一"的教学，传统教学因较难展现其发现过程，从而造成学生对其不好理解。利用计算机及软件功能，可以在屏幕上作出任意三角形ABC及其角A的平分线、BC边上的垂线和中线，之后在屏幕上随意拖动A点，此时三角形ABC和"三线"在保持依存关系的前提下随之发生变化。在移动的过程中，学生会直观地发现存在这样的点A，使得角平分线、中线和垂线三线重合。进而发现此三角形为等腰三角形。

但应注意，多媒体的演示只能帮助学生思考，而不能代替学生的思考。教师应当恰当地给予提示，结合计算机的演示帮助学生完成思考过程，形成对概念的理解。

②利用多媒体进行小组合作学习。

在信息技术广泛应用的环境下，传统的教育思想也应当发生转变。应发展以学生为中心进行合作学习的思想，以问题共同解决为中心的思想，以培养能力为中心、强调终身学习的思想。计算机强大的处理能力为数学的发现学习提供了可能，它的动态情境可以为学生"做"数学提供必要的工具与手段，使学生可以自主地在"问题空间"里进行探索，教师可以将更多的探索、分析、思考的任务交给学生去完成。

在具体操作时，可以把学生分成3～4人一个小组，每组使用一台计算机。教师提供问题，学生利用计算机提供的环境，积极思考、讨论，动手演算，解答问题。过程中教师要深入每一个小组中参加讨论，观察其进程，了解他们遇到的问题并及时解答，对有共性的问题组织全班讨论或讲解，努力创设一种探索研究的学习气氛。

例如，《几何画板》提供了一个十分理想的让学生积极探索问题的"做数学"的环境。学生完全可以利用它来做数学实验。并在问题的解决过程中理解和掌握抽象的数学概念，获得真正的数学经验，而不仅仅是一些抽象的数学结论。比如，课例"求圆内接三角形面积的最大值"，就是让学生利用几何画板，自己在动态变化中观察静态图形的变化规律，对图形进行定量的研究，通过交流、讨论，最终得到问题的解答。

在小组合作的过程中，教师注重的应该是如何引导学生，如何提一些探究性的问题，如何使学生与有关的资源联系起来，以便学生建构知识。教师不可能也不应该期望学生完全掌握与某个主题有关的所有内容。

③利用多媒体复习、作业。

在课后，教师可以利用一些数学辅导课件来帮助学生巩固和熟练某些已经学过的知识和技能。课件中教学内容的组织多是按章节划分知识点模块，学生可以根据需要选取进度，系统深入地学习，复习已经学过的知识内容。

利用计算机信息容量大的特点，教师可以和学生一起做一些智能题库。学生可以充分自主地选择教学内容进行练习，并能及时得到指导。

信息化教学可以使教师与学生进行多方位的交流与反馈，学生与学生之间进行全天候的交互协作，而不只限于课堂上。为学生提供对同一问题用多种观点进行观察比较和综合分析的机会，有利于学生对学习中的问题进行共同讨论，取长补短，最终实现全面而正确的认识。多媒体技术和网络技术的应用减少了教师的无效劳动时间，增加了单位时间教学信息的传播、师生之间的沟通及教学信息的反馈，开阔了学生的视野，激发了学生的学习热情与自主参与精神，从而大大提高了教学效率。

信息化小组合作学习教学取得的获奖论文或课题成果汇编

基于平板电脑的翻转课堂教学实践

——以《实际问题与二元一次方程组》一节课为例

东莞市麻涌镇古梅第一中学 黄若明

一、问题的提出

在以大数据、云计算为代表的信息技术时代，翻转课堂、微视频、平板电脑等信息技术不断影响着传统课堂教学。未来课堂教学，无论是在教育观念上，还是在教学结构上，都将落实"以学定教"的思想理念。笔者作为一名一线教育工作者，一直在思考：这些信息技术真的有利于课程的呈现吗？这样的教学形式真的有利于学生知识的掌握和能力的培养吗？如何更好地利用信息技术辅助我们的课堂教学？这些问题值得我们每一位教育工作者思考。

为此，探索并采用有效的教学策略和教学方法，形成实用高效的课堂教学模式，已成为中学数学教学研究和改革的重要内容。笔者借鉴一些教学模式的成功经验，充分整合软硬件资源，架构数字化平台，开发、使用微课等教学资源，将信息技术与课堂教学深度融合，积极探索适用于我校数学学科的教学模式。

二、基于平板电脑的翻转课堂教学

"翻转课堂"源于美国的"Flipped Classroom"，是指重新调整课堂内和课堂外的教学模式。传统教学模式是课堂上教师讲授，课后学生通过练习消化；而翻转课堂则翻转过来，以学生为主体，其模式是课前学生自主学习，课堂上教师引导学生内化知识。（附图1）

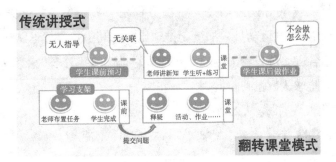

附图1

（一）课前准备

1. 学生用8分钟左右的时间观看微课

与传统课比较，微课具有以下特点：

（1）授课内容上，微课的设计和制作都是围绕某个目标而展开的，具有主题明确、教学目标单一、教学内容精简、知识点针对性强的特点。

（2）授课方式上，微课以教学视频、音频等为载体，学生可根据需要反复观看，而传统课是面对面的，无法重现知识。

（3）微课的授课时长为10分钟以内，在学生注意力时限内，符合学生的认知特点，能提高学习的效率。其课容量小，学生可以用手机、平板等移动设备流畅地观看，没有时空和时间的限制，更有利于移动学习和个性化学习。（附图2）

附图2

2. 看完微课后学生再用15分钟左右的时间做导学案

新课前一天晚修时在观看了微课后，借助导学案引发学生的自主学习，以促使学生进行主动的知识建构，学生在完成导学案后交给老师检查，老师通过检查学生的导学案了解学生课前自主学习情况及存在的问题。根据学生的自学情况进行二次备课，"以学定教"。

例如，课例《实际问题与二元一次方程组》教学中，导学案可以这样编制：有48支队伍520名运动员参加篮、排球比赛，其中每支篮球队10人，每支排球队12人，每名运动员只参加一项比赛。篮、排球队各有多少支参赛？

分析：①篮球队数量+排球队数量=48

② 篮球队人数+排球队人数=520

解：设篮球队有x支参赛，排球队有y支参赛，依题意得：

解得：

答：_____

（二）上课流程

① 学情分析：用平板电脑推送客观题给学生做并自动批改，及时了解学生课前学习情况，为课堂活动的开展指明方向。

例如，课例《实际问题与二元一次方程组》教学中学情分析的题目：20名同学在植树节这天共种了52棵树苗，其中男生每人种3棵，女生每人种2棵。设男生有x人，女生有y人。根据题意，列方程组正确的是（　　　　）。

A. $\begin{cases} x+y=52 \\ 3x+2y=20 \end{cases}$　　　B. $\begin{cases} x+y=52 \\ 2x+3y=20 \end{cases}$　　　C. $\begin{cases} x+y=20 \\ 2x+3y=52 \end{cases}$　　　D. $\begin{cases} x+y=20 \\ 3x+2y=52 \end{cases}$

② 小组讨论：各小组在小组长的带领下对导学案的内容进行讨论，时间大概15分钟，老师根据各学习小组的讨论给予评价。

组长全权负责，成员各司其职。4人小组中设立一个组长，实行组长负责制，其他成员要明确分工，各司其职。原则上，组内每个人都要担任不同角色，如组长、记录员、协调员、检查员等。同时采用角色定期互换的办法，使每个学生都能在不同位置上得到体验和锻炼，共同提高。

③ 板书展示与平板检测：安排几个小组派成员板书答案，其余的同学在平板电脑上做老师推送的题目，利用互改功能，实时了解知识点的掌握情况。

例如，课例《实际问题与二元一次方程组》教学中，推送的题目及答案如附图3所示。

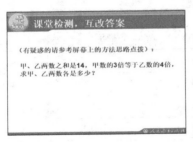

附图3

④ 点评展示：各小组自愿派同学上来点评，介绍解题方法和思路，并对同学做的答案进行批改。本环节提高了学生的数学语言表达能力，对学生综合素质的提升起了重要作用。老师及时对同学们的展示及点评作出评价。

⑤ 小结：由老师小结本节课的主要内容，介绍重点与难点。

例如，课例《实际问题与二元一次方程组》教学中，教师通过思维导图的形式进行小结。（附图4）

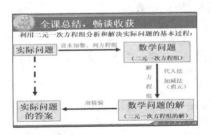

附图4

三、总结与反思

通过基于翻转课堂的小组合作教学，同学们加深了对数学思想方法的理解，提高了学习兴趣。在微课导学和学案导学阶段，同学们可以自主学习，提升学习的自觉性及自学能力；在小组讨论阶段，教师始终为学生创造一种合作探究的环境，课堂气氛轻松，学生讨论热烈，教师及时融入讨论，予以合理指导，学生学习热情一直处于高涨状态；在成果展示阶段，每名同学都希望代表自己所在的小组展示学习成果，提高了集体合作意识，也锻炼了能力；在点评阶段，同学们可以大胆地阐述自己的解题思路和方法，提高了数学语言表达能力，提高了自信（教改实验结果见附表1）。

附表1

		校平均分	市平均分	差距
2013至2014学年（教改前）	第一学期	65.88	70.9	-5.02
	第二学期	74.14	83.6	-9.46
2014至2015学年（教改后）	第一学期	74.49	71.71	+2.78
	第二学期	81.27	76.62	+4.65

　　基于翻转课堂的小组合作教学，有利于基础知识、基础技能的掌握和学生的创新能力的培养，能最大限度地使教学面向全体学生，充分照顾不同层次的学生，使教学设计的思路符合新课程倡导的理念。尽管最初的教学设计能体现一些新的理念，但经过课堂实践后，我们仍感到有些不足，如对学生的鼓励和及时评价，还要进一步提高。

参考文献：

［1］黄燕青.翻转课堂中微课程教学设计模式研究［J］.软件导刊，2013（6）：157-159.

［2］张金磊，王颖，张宝辉.翻转课堂教学模式研究［J］.远程教育杂志，2012（4）：46-51.

［3］胡小勇，李丽娟，郑晓丹.在线环境下学习者协作解决问题的策略研究［J］.中国电化教育，2015（1）：44-50.

初中数学"二导一讨三动"教学模式导学案设计研究

东莞市麻涌镇古梅第一中学　　陈家畅

　　新课标强调"要逐步实现学生的学习方式、教师的教学方式和师生互动方式的变革"。近几年，我校以数学科为试点开展了初中数学"二导一讨三动"

教学模式的研究与实践。其中"二导"分别是微课导学和导学案导学。导学案编写的优劣直接影响"二导一讨三动"教学模式每个环节的实施，更关系到教师对教学的全盘指导和掌控。

一、价值和意义

1. 体现学生的主体地位

导学案教学的实施，能够改变以往学生被动地接受知识的模式，引导学生自主探索、获取知识，充分体现学生在学习中的主体地位。

2. 实现因材施教

教师可以根据学情，重新整合教材，对导学案进行分层设计，使不同层次的学生都得到锻炼与提升；在课堂的讨论环节中，优生以教代练，后进生得到一对一的辅导，优生得到能力的提升，后进生巩固了基础。

3. 培养问题意识，提高自学能力

在传统的教学模式下，学生都是被教师"牵着鼻子走"；而在"二导一讨三动"教学模式中，导学案成了学生的"导航仪"。它引领着学生主动去探索，发现问题、解决问题，从而在潜移默化中培养了学生的问题意识，使学生养成自主学习的习惯，提升自主学习的能力。

二、导学案与教案的区别

教案和导学案都是教师在钻研教材的基础上，为实施教学任务而编写的。但是，教案与导学案的思考的角度和侧重点各不相同。教案的编写主要从教师的角度思考，侧重考虑"教什么""如何教"等问题。导学案的编写主要从学生的角度思考，如何引导学生自主学习，侧重考虑"学什么""怎么学""学到什么程度"等。教案只适合教师使用，不适合学生使用，但是导学案可以师生共用。

三、"导学案"主要包括七个部分

1. 学习目标

学习目标的内容应明确具体，分阶段，可检测。表述时应使用学生易懂的语言，如"能记住""会使用""能找出"等。例如：8.3实际问题与二元一次

方程组（1）中的学习目标为：①能找出实际问题中的已知量；②能找出未知的量，设为未知数；③能找出2个等量关系；④根据等量关系，能列出2个方程，组成方程组；⑤能解方程组，得到实际问题的答案；⑥会把实际问题转化为数学模型。

2. 预习案

预习案的主要作用是和微课互相呼应，引导学生跟着微课循序渐进地进行探索。预习案的编写可以把基础知识问题化。这类问题应忠于教材，根据学生的实际水平，以整合知识点，初步建立知识结构为目的。例如：8.3实际问题与二元一次方程组（1）中的预习案为：

看一看：

阅读课本99页探究1。

想一想：

问题1：问题中有哪些量？哪些是已知量，哪些是未知量？

已知量：_____ 、_____ 、_____ 、_____ 、_____ 、_____ ；

未知量：_____ 、_____ 。

问题2：如何设未知数？

设每只大牛和每只小牛1天各约用饲料为_____ kg和_____ kg。

问题3：问题中有几种情况？分别是什么？

（1） _____ ；

（2） _____ 。

问题4：每种情况对应的等量关系分别是什么？

（1） _____ ；

（2） _____ 。

问题5：根据上面找出的相等关系，你能列方程组吗？

$$\begin{cases} \underline{\qquad\qquad} & （1） \\ \underline{\qquad\qquad} & （2） \end{cases}$$

3. 预习检测

预习检测即课前小测。该环节的作用是：及时反馈学生观看微课和自主预习的效果，并根据平板电脑得出的结果调整后面的环节。预习检测应以基础题

为主，时间控制在3分钟以内。例如：8.3实际问题与二元一次方程组（1）中的
预习检测如下：

相信自己，你一定行！

① 植树节这天有20名同学共种了52棵树苗，其中男生每人种树3棵，女
生每人种树2棵。设男生有x人，女生有y人，根据题意，下列方程组正确的是
（   ）。

A. $\begin{cases} x+y=52 \\ 3x+2y=20 \end{cases}$ B. $\begin{cases} x+y=52 \\ 2x+3y=20 \end{cases}$ C. $\begin{cases} x+y=20 \\ 2x+3y=52 \end{cases}$ D. $\begin{cases} x+y=20 \\ 3x+2y=52 \end{cases}$

② 鸡兔同笼，共有12个头，36只腿，设笼中有x只鸡，y只兔，则根据题意
可列出方程组（   ）。

A. $\begin{cases} x+y=12 \\ 2x+4y=36 \end{cases}$ B. $\begin{cases} 2x+4y=12 \\ x+y=36 \end{cases}$ C. $\begin{cases} 4x+2y=12 \\ x+y=36 \end{cases}$ D. $\begin{cases} x+y=36 \\ 2x+4y=12 \end{cases}$

4. 合作探究案

合作探究案是分组讨论、小组展示的主要内容。它是突破知识的重点和难
点、解决知识性问题、培养知识迁移能力的关键。它的内容应该具有传承性，
在知识上是预习案的延续和深化。素材的选取必须联系实际，尽量引用实际生
活中的实例。知识的深化可以通过设置具有适当挑战性的问题来实现，以引导
学生登上预设好的台阶，步步登高，层层深入。例如：8.3实际问题与二元一次
方程组（1）中的合作探究案如下：

做一做，你最棒！

① 篮球联赛中，每场比赛都要分出胜负，每队胜1场得2分，负1场得1分。
某队为了争取较好名次，想在全部22场比赛中得到40分，那么这个队胜负场数
应分别是多少?

解：设这个队胜x场，负y场，依题意得：

$\begin{cases} x+y=22 \\ 2x+y=40 \end{cases}$

解得：$\begin{cases} x=18 \\ y=4 \end{cases}$

答：这个队胜18场，负4场。

② 有48支队520名运动员参加篮、排球比赛，其中每支篮球队10人，每支

排球队12人，每名运动员只参加一项比赛。篮、排球队各有多少支参赛？

③ 小王花了26元买了0.6元、0.8元的邮票共40张。问0.6元、0.8元的邮票各买了多少张？

④ 我国古代数学著作《孙子算经》中有"鸡兔同笼"问题："今有鸡兔同笼，上有三十五头，下有九十四足，问鸡兔各几何？"

⑤ 加工某种产品需要经两道工序，第一道工序每人每天可完成900件，第二道工序每人每天可完成1200件。现有7位工人参加这两道工序，应怎样安排人力，才能使每天第一、第二道工序所完成的件数相等？

⑥ 某校初三（2）班40名同学为"希望工程"捐款，共捐款100元。捐款情况见附表2。

附表2

捐款（元）	1	2	3	4
人数	6			7

表格中捐款2元和3元的人数不小心被墨水污染已看不清楚，求：捐款2元和3元的同学人数分别是多少？

5. 学习小结

学习小结能引领学生透过现象看本质，找到知识的精华所在。它有利于学生准确把握重点，在理解感悟中突破难点，从而构建知识结构网络。编写学习小结时可以使用问题的形式引导学生自主地发现规律，总结规律。例如：8.3实际问题与二元一次方程组（1）中的学习小结如下：

学习小结：

① 我的收获是：_____。

② 我的疑惑是：_____。

6. 达标检测

达标检测是对本节课的教学效果的及时反馈。它是提高课堂教学效益的重要手段和途径。达标检测的编写应紧扣本节课的重点、难点和考点，具有针对性和典型性；难度要适中，题型要灵活多样，题量要适中，尽量控制在5分钟以内。例如：8.3实际问题与二元一次方程组（1）中的达标检测如下：

比一比，谁做得又快又好！

　　① 买一个笔记本和一支钢笔共需10元，买三个笔记本和一支钢笔共需14元，问：一个笔记本和一支钢笔的售价分别是多少？设买一个笔记本需x元，买一支钢笔需y元，则根据题意可列出方程组得：_____。

　　② 买一个足球和一个篮球共需100元，买4个足球和一个篮球共需340元，问：一个足球和一个篮球的售价分别是多少？设买一个足球需x元，买一个篮球需y元，则根据题意可列出方程组得：_____。

　　③ 明明到邮局买0.8元与2元的邮票共13枚，共花去20元钱，问明明两种邮票各买了多少枚？设买0.8元邮票x枚，买2元的邮票y枚，则根据题意可列出方程组：_____。

7. 课后作业

课后作业的编写应采用分层设计，有针对性，避免重复，严格控制时间。

例如：做一做，你一定能过关！

A组：

① 某单位买了35张戏票共用了250元，其中甲种票每张8元，乙种票每张6元，设购买了甲种票x张，购买乙种票y张，则根据题意可列出方程组（　　　）。

A. $\begin{cases} x+y=8 \\ 8x+6y=250 \end{cases}$　　B. $\begin{cases} x+y=8 \\ 6x+8y=250 \end{cases}$　　C. $\begin{cases} x+y=250 \\ 8x+6y=8 \end{cases}$　　D. $\begin{cases} x+y=250 \\ 6x+8y=8 \end{cases}$

② 摩托车的速度是自行车速度的3倍，它们的速度和是40千米/时，设摩托车的速度为x千米/时，自行车的速度为y千米/时，则根据题意可列出方程组得：_____。

B组：

③ 今年哥哥的年龄是妹妹的2倍，2年前哥哥的年龄是妹妹的3倍，求：2年前哥哥和妹妹的年龄。设2年前哥哥x岁，妹妹y岁，依题意，得到的方程组是（　　　）。

A. $\begin{cases} x+2=3(y+2) \\ x=2y \end{cases}$　　　　　　B. $\begin{cases} x-2=3(y-2) \\ x=2y \end{cases}$

C. $\begin{cases} x+2=2(y+2) \\ x=3y \end{cases}$　　　　　　D. $\begin{cases} x-2=3(y-2) \\ x=3y \end{cases}$

④ 有大小两种货车，2辆大车与3辆小车一次可以运货15.5吨，5辆大车与6辆小车一次可以运货35吨，求：3辆大车与5辆小车一次可以运货多少吨？

C组：

⑤ 甲乙二人相距6km，二人同时出发相向而行，1小时相遇；同时出发同向而行，甲3小时可追上乙。二人的平均速度各是多少？

四、应注意的问题

（1）不同课型对导学案的要求会截然不同，因此教师应根据不同的课型编制不同的导学案，如新授课预习性导学案、复习课中的检测性导学案、专题性导学案等。

（2）编写导学案前应充分分析学情，根据学生的基础和接受能力，做到"低起点、小台阶"，既能使学生轻松应对，又能增强学生学习的成就感，从而培养学生学习数学的兴趣.

（3）由于导学案是为学生自主学习服务的，因此必须站在学生的角度来创作。编写时可根据学习内容的需要适当设置"温馨提示""友情链接"等。同时，应多用激励性的语言。如"相信自己，你一定行！""做一做，你最棒！"等。

（4）导学案在每次印刷前，应该根据本届学生的学情进行修改；使用后也要根据教师和学生的反馈再一次修改，不断完善导学案，只有这样才能使导学案既体现教师的想法，又能更好地引导学生自主学习。

（5）编写流程：首先由教师个人根据学情，忠于教材，依据课标，深入钻研，创作导学案的初稿；然后通过教研组、校集体研讨，对导学案的目标、难度、层次和容量等进行修改，形成导学案终稿。

（6）容量要求：根据学情、教学内容，以"二导一讨三动"教学模式的各个环节的时间安排来设计容量，一般一课时的内容不得超过A4纸正反面。

参考文献：

［1］张天宝.主体性教育［M］.北京：教育科学出版社，2001.

［2］王坦.合作学习的原理与策略［M］.北京：学苑出版社，2001.

［3］李志宏.主体性教育的理论与实践［M］.长沙：湖南教育出版社，1998.

［4］沈正洲.浅谈数学导学案的编制与运用［J］.数学大世界（教师适用），2010（3）.

将小组合作学习渗入初中音乐课堂中的思考

东莞市麻涌镇古梅第一中学　钟仙华

　　随着新的音乐课程标准的颁布与推行，音乐课的授课形式与教师在课堂上的地位与作用都必须随着教学目标与内容的变化而改进，学生期待更加活泼生动的授课形式，教师则必须在坚持开放、自由的教学氛围基础上做到有实效性地教学。小组合作，即小组合作学习，于20世纪70年代率先兴起于美国，并且已被广泛应用于中小学教学实践。它的产生主要是出于克服传统教学存在的弊端，以及改革课堂教学、提高教学效率的需要。它将社会心理学的合作原理纳入教学之中，强调人际交往对于认知发展的促进作用。基本做法是将全班学生依其学业水平、能力倾向、个性特征、性别等方面的差异组成若干个异质学习小组（每组3~6人）。它以小组活动为主要组织形式，每个学生都在小组中承担一份责任，接受一项任务，都有机会发表自己的观点和想法，每个学生都可以意识到他是受尊重的，是小组的核心。教师充当引导者与倾听者的角色。小组成员之间实现合作，小组与教师实现合作。

　　笔者认为，将这种学习模式引进音乐课堂，除了活跃了班级学习氛围，更重要的是让学生学会团队合作，在交流中提升个人的社交能力，在讨论中获得创新，实现每个组员的自我展现。经过对部分班级的试用，现将个人观点分析与心得进行整理如下：

一、学习小组合作模式在音乐课堂的运用

1. 将全班同学根据差异进行科学分组

　　小组的组建影响着整个小组学生学习音乐的效果，科学组建合作小组，有利于学生之间的合作学习，以及提高小组合作学习音乐的效率。小组组建的成败就在于学生对音乐的有效合作学习，教师需要了解每个学生的爱好、能力、

性格、特长等，合理搭配不同层次的学生，以4~5人为一组，根据学生多方面的情况每一组都分出1号、2号、3号、4号和5号，由1号担任组长，负责本组组员的纪律、讨论，课堂自我展现环节，并配合教师记录好每节课的课堂评价。需注意的是，在分组时尽量缩小小组之间的差距，保证竞争的公平性，让每个学生都能勇于表现自己。

2. 教师对课堂中需要开展小组合作的内容进行合理选择

科学合理地选择合作学习的内容，有利于学生之间合作学习的深化。合作学习是需要整个学习小组共同来完成的。因此，选择的内容要稍微难一点，这样才能激发学生的兴趣，便于学生进行激烈的讨论，充分发挥合作学习的作用。例如在《如歌的行板》的首听之后，老师提出问题："同学们聆听完这首音乐作品之后的感受是什么？想象到了怎样的画面？"可以由学习小组的组长带领整个学习小组进行讨论，再由老师选择每一组同一号的同学进行回答，并根据每一组的组员回答情况进行课堂评分。又如，歌曲《友谊地久天长》演唱教学中，可以将歌谱旋律分为若干句，分给每一个小组，组长带领小组自主学习需要本组解决的乐句，再让组长推选一名组员进行范唱，教师根据每组组员的表现进行评价……通过这些讨论过程，学生得到了充分的发展，在讨论中提升了团队合作能力，并从传统教学模式转为自主、主动学习状态，思维变得更开阔，每个组员都能获得自我展示的机会。

3. 制定和完善学习小组合作的评比制度

合理有效的评价制度有利于激发学生的主人翁精神，让学生积极主动参与到学习、讨论中展现自我。小组合作学习评价制度有以下几大依据：第一，实施职责轮换制度：小组中设立组长、副组长。组长为常任制（任期半学期，根据评价优劣委任），副组长为轮换制（每天轮换一次），副组长由上一轮评选的优秀学生担任，以便学生更好地培养良好的习惯，内化相关规则。第二，课堂学习规范制度：自我探索阶段，要独立学习，不能打扰别人；交流阶段，轮流发言，其他的成员要注意倾听、记录，相互补充要等别人说完，要学会大胆、礼让；展示阶段，不能推诿，轮流展示，一人展示完，其他人补充完善，要学会倾听。

二、初中音乐课堂教学中合作学习存在的问题

小组合作学习作为一种新的教学方式，目前在音乐教学中得到了广泛的应用，

但是这种广泛的运用一定程度上造成了小组合作学习的滥用和混乱。老师无视教学任务、内容是否合适而一律采用小组合作学习的方法，反而造成了教学的低效率。为了合作而合作并不能发挥小组合作学习的真正效果，反而会造成以下一些问题：

1. 合作学习观念淡薄，学生合作意识不强

在初中音乐课堂教学中，学生感受不到音乐学习合作的氛围，音乐课堂教学的秩序混乱。由于音乐教师合作学习观念淡薄，没有传达给学生合作学习观念，而合作学习作为一种新的教学模式，学生很难适应，造成学生在音乐课堂上没有合作的意识。所以，学生完全听从教师安排，而实际上并不理解合作的意义，很被动地在课堂上接受音乐知识。

2. 不合理的合作学习内容，使学生合作的积极主动性不高

初中音乐教师在音乐教学的过程中，将一些简单的问题交给学生讨论、研究，还把这些内容当成合作学习的内容，而这些问题本来就可以直接找出答案。因此，讨论研究的问题根本就没有一点意义，并且会降低学生合作的积极主动性，使学生失去学习音乐的兴趣。而兴趣是最好的老师，学生若对音乐感兴趣的话，会去主动、轻松、快乐地探究，对音乐不感兴趣的话，就会产生厌烦感。不合理的合作学习内容，会影响音乐教学的质量。

3. 混乱的学生分组，合作形式不科学

初中音乐教师在进行教学时，没有考虑学生的爱好、能力、性格等方面因素，就对学生随意分组，分组没有科学性，组与组之间严重不平衡。如此，在合作的过程中，讨论问题时，就会有的组过于安静，有的组过于活跃，这些现象不利于音乐教学质量的提高。

4. 教师不重视引导，合作学习缺乏方向性

初中音乐教师在课堂上没有引导学生的合作学习，教师认为学生之间合作学习是学生的事，因此不参与学生发现问题、讨论问题和解决问题的过程，只在讲台上观看。教师如果不正确组织、引导、协调学生合作学习音乐知识，学生合作学习音乐的内容就会偏离中心，这样不仅在课堂上浪费了合作学习的时间，也收不到很好的教学效果。

三、初中音乐课堂学习小组合作的运用建议

要真正发挥学习小组合作的优点，老师必须重新定位自己的角色，充分理

解和掌握合作学习的内涵，在教学互动中不断强化学生的参与意识，并且在此基础上对学生做出合理而正确的评价。

1. 打破传统思维，充分掌握合作学习的内涵

要认真学习理解合作学习的理论，因为只有充分掌握学习小组合作的内涵才能够在实践中有效地运用。打破已有的心理定式，真正去理解合作学习的内涵，才能指导教学实践。教学目标是合作学习的主要导向，其动力基于学生和老师之间的互动，这种互动是一种课上课下的动态互动。合作学习主要分为三种类型，分别是同伴互助、小组合作以及全员合作，一般最常见的类型是小组合作。掌握这些基本的合作学习的理论，才能将其准确地运用于教学的各个阶段。可以这么说，合作既是一种教学方法，也是一种生活态度，更是一种资源共享，因而教师在实际教学过程中不仅要合理运用合作学习的方法，更要注重培养学生的团队意识，从而促进音乐教学目标的实现。实践经验说明，每个小组6人或者是8人是比较理想的规模。

2. 提高组织能力，不断强化学生的参与意识

教师的课堂组织能力很重要，要不断提高生生合作和师生合作的教学组织能力。激发学生的参与意识能够促进学生的学习热情。合作学习本质上是一种资源共享的过程，这个过程必须依靠全体成员的参与。当我们看待组内成员的时候应该从合作的角度来看待。如何增强学生的参与意识是一个重要的问题，解决这个问题有两种路径：一是对学生的要求，学生要学会倾听他人的意见与观点，并在此基础上参与小组讨论。相互的倾听能够使表达效果更好，促使双方达成有效合作。二是学生要学会相互帮助和支持，尤其是具有一定音乐天赋，且学习能力较强的学生要积极帮助学习困难的学生。从心理学角度研究合作小组学习动机，激发和加强学生以合作小组形式参与学习的兴趣。实践证明，同伴之间相互的帮助和鼓励，能够给予学生极大的精神支持，极大地促进学生学习的自信心。

3. 创新评价方式，探索科学合理的考评体系

除了学生方面的工作，教师方面的工作也是学习小组合作成功与否的重要因素。只有当教师能够对学生做出科学合理的评价时，才能对学生的学习能力、发展水平以及学业状况有一个良好的认识；同时学生提供的反馈信息能够促进教师对自身教学方法进行反思和改进，从而促进教学质量的提高。初中音乐教学评价要注重全面性、系统性以及合理性，要有利于促进学生个体的发展，突出形成性评价以及自我评价的作用。

普通学校的音乐教育，它的价值是让更多的孩子学习音乐、体验音乐、热爱音乐，它与专业院校的选拔式的音乐教育存在着本质的差异。合作学习是以学生为核心，鼓励学生互相配合完成学习任务，达到共同进步的学习理念。在音乐课堂运用合作学习，可以改变过去"一人唱戏、众人观"的局面，让更多的学生参与到音乐活动中，这也是在音乐课堂实施合作学习最重要的价值体现之一。在初中音乐教学中实施合作学习具有重要的意义，它还能够促进学生主体性的发展，帮助学生形成良好的情感和价值观念，还有利于学生自然地习得音乐语言。在实际教学过程中，教师要善于把握其中的策略和运用技巧，充分领悟合作学习的内涵，不断强化学生的参与意识，同时对学生音乐学习的成果进行合理评价，不断激发学生的学习兴趣，促进初中音乐教学的蓬勃发展。

参考文献：

[1] 周琴.谈合作学习在初中音乐课堂中的应用［J］.中国校外教育，2013（13）：164.

[2] 芮永红.浅析初中音乐教学中的合作学习［J］.音乐时空，2011（12）：67.

[3] 陆波.合作学习在初中音乐教学中的运用［J］.成功（教育），2011（2）：126.

从心理学的角度增强学生小组合作教学中的参与意识

东莞市麻涌镇古梅第一中学　余琼芳

小组合作教学模式是一种新的学习方式，它打破了以往以课堂为中心，以教材为中心，以教师为中心的教学模式，代之以让学生自主探索、发现问题、解决问题的以学生为主体的学习模式。目前小组合作模式已基本被广大教师认同，但教师们实施起来却效果不一，有些表面是小组合作教学，但本质上还是以教师为主的传统的教学模式，课堂上学生的参与意识不强。笔者认为，能否调动学生课堂参与的积极性，是小组合作教学的魂之所在。增强学生的参与意识，可以从心理学的角度入手，利用学生的兴趣、认知等心理特点充分调动学生的参与意识，从而提高小组合作教学的效果。下面围绕一节成功的"分子和原子"的公开课，谈谈笔者如何从心理学的角度增强学生小组合作教学中参与意识的认识。

一、结合心理兴趣，做好课堂设计，吸引学生参与

兴趣是指一个人积极探究某种事物及爱好某种活动的心理倾向。它是人的认识需要的情绪表现，反映了人对客观事物的选择性态度。一个人对某种事物感兴趣，就会产生接近这种事物的倾向，并积极参与有关活动，表现出乐此不疲的极大热情。所以在课堂设计的各环节，教师必须紧扣激发学习兴趣这一情感主线。

心理学认为，通向大脑有7个主要信息通道：视觉、听觉、味觉、触觉、嗅觉、动觉和内视（内省、反思）。我们平时学习，如果7个主要的通道都调动起来，效率会增加数倍。尤其用图像和声音强化学习效果更好，这样就会大大调动右脑的积极性，发挥右脑对图像和声音韵律的加工功能，因而会学得更好。

例如，本节"分子和原子"的公开课就很好地利用了这一点，老师制作了一个3分钟的微课进行导入。该微课短小精悍，将看不见的物质的微观世界直观形象地展示给学生，充分激发了学生的好奇心，激起学生探究的兴趣。像这样利用先进的信息化教学手段（如微课教学），可以化抽象为形象，降低了学习的门槛，一下子就能把学生深深吸引住。本节公开课采用微课导入的形式，有利于充分调动学生的多种感官，为接下来课堂的高效作了最重要的铺垫。

心理学表明，来源于生活的事物更能引起人的兴趣。本节公开课恰好能紧扣学生的生活。比如，对红墨水在冷水和热水中的扩散速度进行对比，对推压装有空气和水的注射器进行对比等学生实验，均取材于学生的生活，为激发学生的兴趣、吸引学生参与加入一把催化剂。

所以说，教师结合心理兴趣，精心进行课堂设计，就能吸引学生参与到课

堂中，以提高小组合作教学的效率。

二、利用认知规律，做好导学案的设计，可让学生尝到学习"甜头"，进一步吸引学生参与

小组合作教学，提倡的是先学后教，重点培养学生的自学能力、合作能力和探究能力。在这个过程里，导学案起着非常关键的作用。有些老师设计的导学案只是把很多习题堆砌在一起，满满的一大页，只会把学生吓得"望题而止"。所以，导学案的设计必须精练，起点要低，要有梯度，拓展题要让学生跳一跳能摘到果子。让学生不断尝到学习的"甜头"，才能让学生不断获得成就感，增强自信心，才能不断提高学生的参与性。

例如，本课的导学案的设计就符合上述特点，大概包括四个部分：①本节课要掌握的重难点。②课前预习部分。这部分的内容主要是学生在前一天晚上通过微课和课本预习就能完成的简单题或者是课本中的一些概念题，比较基础，该部分的最后一题进行适度提高，是一道小组讨论题，这样的设计有利于提前创设讨论环境，既能为课堂上的小组讨论提前预热，又能为组织小组成员进行讨论提供锻炼的平台，还能提高小组长的威信，培养组员讨论的意识，增强组员的参与意识，起到"一石多鸟"的作用。③课堂导学部分。这部分内容是整节课的核心部分，首先是整节课的流程，一目了然，然后是小组讨论、小组展示以及生生评价的主体内容。这样设计，符合学生从感性到理性的认知规律。④挑战自我部分。这部分内容是综合性、拔高性的，内容不多，主要给学生挑战加分。学生在这部分为了小组的荣誉会十分积极。

纵观这份导学案的设计，由浅入深，富有梯度，题量适中，能同时考虑到各个层次的学生，符合学生的认知规律，能诱导学生预习，吸引学生讨论交流，让学生在学习的各环节中产生成就感，充分尝到学习的"甜头"，因此学生也就乐于参与到课堂的学习当中。

三、利用学习金字塔原理，组织讨论环节，让学生参与其中而浑然不觉

美国学者埃德加·戴尔（Edgar Dale）1946年提出了"学习金字塔"（Cone of Learning）（附图5）的理论。以语言学习为例，在初次学习两个星期后：

阅读能够记住学习内容的10%；聆听能够记住学习内容的20%；看图能够记住30%；看影像、看展览、看演示、现场观摩能够记住50%；参与讨论、发言能够记住70%；做报告、给别人讲、亲身体验、动手做能够记住90%（注：前四种学习方式是被动学习，后三种方式是主动学习）。

学习金字塔

附图5

由图可见，主动学习的效率最高，尤其是"教授他人"的学习方式保持率是最高的，这也是小组合作教学高效的主要理论依据。

本节课共成功进行了三次小组合作讨论学习，其中最成功的是"分子的概念"这个难点的突破。本节课通过小组合作学习，生生互动，很轻松地突破了这个难点。首先是展示"水的蒸发"和"水的电解"的微观示意图，让学生在组长的带领下进行组内讨论比较。然后，根据老师在导学案上细化的问题，学生很快就能找出物理变化和化学变化在微观上的本质区别——分子本身有没有变化，从而导出分子的概念：由分子构成的物质，分子是保持其化学性质的最小粒子。还可以进一步讨论得知：同种物质，分子相同，不同种物质，分子不同；分子由原子构成；等等。然后，上课的老师给每组发了几个彩色的磁铁，让学生拼出混合物、纯净物、单质、化合物的图案。聪慧的组长很快通过自己的双手拼出了第一个分子模型，然后其余组员在组长的带领下很快也摆出了各类物质的微观图（附图6和附图7），组内的学习气氛进一步高涨起来，抽象的分子和原子变成了直观的模型，学生对分子结构的理解变得容易了。通过生生互动，本节课轻松突破了难点。

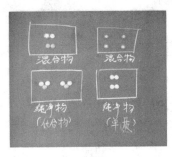
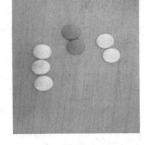

附图6   附图7

教师通过运用学习金字塔原理，创设合作讨论的环节，使学生的思维变得更灵活了，方法也更多了，学生的动手能力、表达能力、合作能力和思维能力都得到了提高。尤其是组长，在辅导3、4号学生的过程中，各个知识点在其心中留下了深刻的印象。而对于其他组员，在平等交流讨论的氛围中比对着威严的老师而战战兢兢来得更轻松、更愉快，学生很自然地参与到了课堂之中而浑然不觉。

四、利用角色转换，搭建展示平台，让学生充分享受成就感而喜欢参与其中

人的自我意识的形成和发展离不开别人的评价和态度。一个人若经常得到别人的肯定和鼓励，就会充满自信，反之，则会丧失信心，悲观失望。教师要善于发现学生的优点，搭建平台，要尽可能多地为学生提供体验成功的机会，给学生自我表达的机会，改变其听众角色。初中学生的心智发育还未成熟，一方面渴望得到成人般的对待；另一方面又很希望得到别人的认可。所以教师要信任学生，大胆放手，转换课堂角色，将教师传统的演员角色转变为导演，将学生的听众角色转变为演员，方能真正将课堂还回给学生，发挥学生学习的主体作用。

例如本节课，在"分子分开成原子、原子重新组合成新分子"这个知识点上，上课的老师大胆创设平台，让学生上台讲解他的理解，并邀请小组成员上台扮演原子，模拟水通电生成氢气和氧气的微观过程。另外，他还让5位学生上台讲解题目。因为教师长期大胆放手的训练，台上讲解的同学条理清晰、口齿伶俐，表演的同学落落大方、演示到位。学生在教师精心搭建的平台上参与表

演，享受到成就感。对他们来说，上课就像玩游戏，自然是喜欢参与其中。

五、利用评价机制，激发学习动机，让学生"融"于其中

学习动机是促使学生去学习以达到学习目的的内在动力。学习动机可以加强并促进学习活动，学习活动又可激发、增强甚至巩固学习动机，而内部动机是学生学习的持久性和根本性动力。所以在实际教学中，教师应激发学生的学习动机，使他们那种潜在的学习愿望变成实际的主动学习的行为。这在小组合作教学中显得尤为重要。笔者认为，建立良好的评价机制，给学生的个人成功及时的信息反馈，帮助他们树立自信，从而产生源源不断的内动力，让他们"融"于其中。

例如本节课中，这位老师的加分标准令在场所有的老师都为之叹服。小组活动的各个环节中，视组员的整体表现给予整体分，讨论积极加分，回答积极加分，提问题有新意加分，纪律性强加分，这些加分条例已很明确地给予学生指引。另外，学生随时可以为小组争取加分，如在导学案中的第4题：下图形象地表示了在加热和催化剂的条件下，某化学反应前后反应物与生成物分子及其数目的变化。回答下列问题：

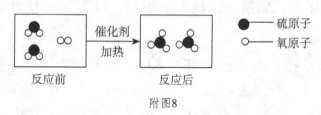

附图8

上述反应前后，共有_____种分子，属于化合物的是____（写化学式）。

（2）写出该反应的化学方程式_____。这道题经小组合作交流讨论后，进入展示环节，这个环节可以争取加分，按规定，每组由1号同学（一般按成绩高低分为1～4号）展示并正确的加1分，2号展示并正确加2分，以此类推。小组长为了加更多的分，自然很卖力地教会第3、4号同学，然后由第3、4号同学进行展示。为了避免学生背答案，该老师让展示的同学拿一张新的导学案进行讲解或板书。为了能让小组加更多的分，为了不负组员的期望，第3、4号学起来也是很起劲的。而1号和2号同学教会别人的同时也是内化自身知识的过程。

由此可见，良好的评价机制能激发学生的学习动力，调动学生的学习积极性，能够让学生"融"于其中。

德国著名的教育家第斯多惠（F.A.W.Diesterweg）说，"教学的艺术不在于传授本领，而在于激励、唤醒和鼓舞"。教师要不断改变教学观念，充分利用学生的心理特点，优化小组合作教学的各个环节，就可以增强学生的参与意识，让学生享受学习过程。

参考文献：

[1] 卢秀安.现代心理学纲要［M］.广州：广州出版社，1994
[2] 孟万金.优质高效——因材施教的教育追求［M］.上海：华东师范大学出版社，2004

初中思想品德信息化小组合作学习的探索与反思

东莞市麻涌镇古梅第一中学　谢金炉

当今世界是一个信息化的世界，我们每时每刻都在自觉或不自觉地获取信息、处理信息和发出信息。在现代信息社会中，关注和利用信息是解决问题不可或缺的因素。信息技术的飞速发展给社会发展带来了深刻的影响，以信息化带动教育现代化，实现基础教育的新发展已经成为我国基础教育改革发展的一项基本策略。

作为一名战斗在教育教学第一线的教师，我希望在我的课堂不仅仅是向学生教授一些考试实用的知识，还应该获得比知识更重要的，是学生未来的发展不可或缺的能力——搜集和处理信息的能力、自主合作学习的能力。东莞市从2013年开始，在全市中小学大力推进教育信息化建设，我校也于2015年开展了信息化小组合作学习的教学改革和探索。多年来，结合道德与法治学科的特点，对于如何展开信息化小组合作学习，如何构建学生进行信息化小组合作学习的课堂有效运作平台和评价指标体系，我进行了初步的思考和探索，也开展了许多有益的教学尝试，现将我的有关思想和做法进行一个有序的梳理和简单的总结。

一、我们所面临的教学困境

我国基础教育阶段的学校教育，学生成绩的提高，主要是靠拼时间和精力，学生学得苦，老师也教得累，十二年的基础教育，已经基本耗尽了学生的学习热情和动力，却忽略了对学生自主学习和主动学习能力的培养，许多学生处于被动学习状态，甚至多少存在一定的厌学情绪。不信你看看今天大学校园里的大学生学习的情形和氛围，再看看中小学校园里学生学习的情形，形成了多么大的反差呀？本应该边玩边学或者在玩中学的中小学生，却把玩的时间都用在了学习上，本应该勤奋努力学习的大学生却比不上我们的中小学生，这不正好说明以知识为中心的"教"与"学"对学生来说不具备可持续性吗？这与21世纪对人才的要求又是极不相称的。这对学生的成长成才都是极为不利的。人生不是短暂的马拉松赛跑，考取了大学就像是我们拿到了进军奥运会的资格，只能更加勤奋拼搏进取，岂可有船到码头车到站的想法呢？珍妮特·沃斯在《学习的革命》一书中提到："我们怎么学比我们学什么要重要得多。"我们老师要牢牢记住：一定要让我们的学生在获取知识的同时，学会主动学习，学会深度学习，学会收集信息，处理信息。

二、我的反思

如何改变学生的被动学习状态，医治好学生的厌学情绪，调动学生学习的积极性、主动性，构建学生终身学习的能力，帮助学生树立终身学习的观念，一直是我在苦苦思索的问题，但是一直没有找到有效的突破口。从2015年9月又一个新学年开始，我们学校将数学科组开展的小组合作学习的教学改革，经过前期的软硬件配套建设的投入，为每一位老师和学生都配备了一台平板电脑，也建好了校园局域网后，向全校所有学科全面推开，经过学校几轮的培训学习，从教已经有三十三年的我，也开始按照学校制定的思想品德信息化小组合作学习模式，进行思想品德的课堂教学改革，但是由于缺乏自己的思考，又没有结合道德与法治学科的特点，改革进行的不是很顺利，效果反而不及传统课堂教学，我陷入了深深的痛苦和进退两难的境地。问题到底出在哪里呢？我不断地在内心追问我自己。

三、踏上探索之路

白天忙于教学，夜深人静之时，我常常开始追问我自己，信息化小组合作学习最终要达到什么目的，难道仅仅是为了学生那一点点可怜的分数吗？如果不是，那又是什么？通过一轮又一轮教师网络培训学习，以及通过互联网大量阅读有关教育改革方面的文章，我似乎找到了自己所需要的答案。那就是我们现在所进行的信息化小组合作学习，是以改变老师的教学方式和学生的学习方式为指导思想，是以培养学生自主学习和合作学习能力为目标，为学生树立终身学习的观念奠定坚实基础为目的的教学改革。终身学习既是个人可持续发展的要求，也是社会发展的必然要求。

四、构建思想品德信息化小组合作学习的独有模式

心中的疑惑解开之后，我就开始思考原有的教学模式能否实现上述目标，如果不行，又可以进行哪些内容的补充和完善。经过反复的摸索，我决定以道德与法治导学案的设计为突破口，运用教师的智慧，把信息化小组合作学习的目标与道德与法治教学内容进行有机的融合，对学生进行"润物细无声"式的自主学习与合作学习能力的训练和培养。下面以《道德与法治》八年级下册《终身受益的权利》导学案设计的部分内容为案例，进行简要说明。

《终身受益的权利》导学案

一、学生自主阅读教材58～66页，完成下列任务：

（一）基本概念（课外完成）

1. 什么是教育？

2. 何为义务教育？

3. 何为受教育权？

（二）小组合作学习，整理如下知识点（课堂完成）：

1. 教育的重要性。（1～5组完成）

2. 义务教育有何重要特点？（全体）

3. 我们如何珍惜自己的学习机会？（6～10组完成）

二、小组合作学习，共同完成思维导图。

1. 本课的关键词是什么？

2. 围绕着关键词我们可以进行哪些思维的追问？

3. 围绕第一层次的追问所得出的关键词语再进行思维追问，以此类推。

4. 小组合作完成本课的思维导图。老师注意下班辅导。

三、学生展示自己的学习成果。

由上面这个导学案可以看出：学生无论是在课外还是课内，不再是学习的被动接受者，而是学习的主人，必须进行主动学习，并且要与小组其他同学进行合作。如果长久坚持下去，学生的主人翁意识就会慢慢形成，自主学习与合作学习的能力也会慢慢养成，一旦绝大多数学生形成了这样的习惯，也就说明我们的改革预期目标实现了。

同时，导学案体现了道德与法治学科的特点，贯穿了道德与法治学科思维特色。基本概念模块侧重于培养学生自主学习能力的训练，暗含德法学科的第一个思维层次：是什么？

整理知识要点模块侧重于对学生团结协作的合作精神的培养，暗含了思想品德学科的第二、第三个思维层次：为什么？怎么办？

四、教师展示学生学习的总成果——本课的思维导图。（附图9）

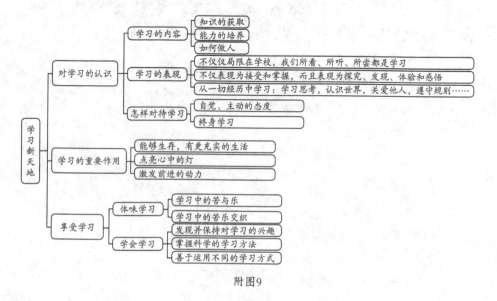

附图9

思维导图模块侧重于进一步强化学生的合作意识和复杂综合思维的训练与引领，而这正是教师把学生由简单学习引向深度学习的重要环节。这一环节教师的主体性和引导者的角色一定要凸显出来，它更能体现一位教师对教材的深透理解，以及思维深刻性与广阔性，否则，教师自己的思维都是模糊的或者混乱不清，怎能起到思维引领的作用呢？

五、信息化合作学习的途径

教师充分利用学校的智恒云通软件和校园局域网这个封闭的系统，把自己编辑的导学案的电子文本上传到班级的电脑上，让学生下载到他们的平板上，保存在思想品德电子课本里；把科组成员合作整理的知识提纲也同样上传到电子课本里；把学生合作完成的各课的思维导图，用思维导图软件制作成电子版的思维导图，同样也上传到电子课本里，学生也可以把自己手绘的思维导图通过平板电脑的相机拍成照片，保存到电子课本里。这样就可以不断丰富电子课本的内容，以供学生学习使用。

结合教材内容，让学生利用平板电脑上网搜集相关信息。如《世界文化之旅》，我就是让学生利用课外时间，分组搜集有关世界各国不同文化习俗的文字和图片，然后自己动手制作成PPT供课堂上展示。

充分利用社会公共网络这个开放的平台系统，向学生发送周末作业和随堂测试等练习给学生，如利用问卷星、钉钉这些平台就可以向学生发送周末作业和随堂测试。利用QQ进行有针对性地一对一实时网上交流和辅导。

六、构建信息化小组合作学习的评价体系

要培养学生自主学习和合作学习的习惯，不是一节课两节课就可以做到的，学生的自主学习能力与合作学习能力也不是一天两天就可以形成的，教师驾驭信息化小组合作学习课堂的能力也不是一天两天就可以锻炼起来的，方法也不是一成不变的，这些都是漫长的探索修改完善的过程。如何诊断老师和学生在改革过程中存在的问题，又如何激励老师和学生不断克服困难，继续前进？我们需要构建一个全新的评价体系。

如何构建一个科学、合理的评价体系？学校所设计的学生小组合作学习评价表，是面向所有学科的，我个人认为，内容过于模糊笼统，缺乏具体有效

的操作手段，而且只是针对学生的。但是，教学是师生的双边活动。从某种意义上来说，信息化小组合作学习，教师相当于总编和总导演，而学生则相当于演员。没有一个好的剧本，没有一个好的驾驭剧本能力的"导演"，没有一个个勤奋努力"演员"的配合，信息化小组合作学习也难以取得我们预期的效果。我们老师也应该根据自己的定位，给自己设立一个评价指标。同时要有一个评价学生学习成果的指标体系，这个指标体系应该包含对学生的学习过程和学习成绩的评价。我经过反复思考，制定了不同的评价表，通过对比与借鉴其他学科和他人的评价指标设置，最终形成了自己的信息化小组合作学习评价体系：《信息化小组合作学习学生评价表》（附表3），《信息化小组合作学习学生学习成果评价表》（附表4），《信息化小组合作学习教师评价表》（附表5）。

附表3

	评价内容			自评	互评	师评
学生	自主学习	1.准备到位，动作迅速	2分			
		2.积极动手动脑，按时完成自主学习的内容	4分			
		3.自主思考，敢于质疑，善于质疑	4分			
	发言	1.参与面大，发言踊跃	3分			
		2.敢于开口，不怕错误	4分			
		3.声音洪亮，简洁流畅	3分			
	合作	1.乐于参与活动，能在小组中与其他同学积极配合	5分			
		2.遇到困难能大胆求助，勇于克服困难	5分			
		3.交流、倾听、争论、归纳等习惯良好	5分			
	展示	1.能在展示中注意并理解他人的情感	4分			
		2.组间展示竞争充分，规范有序	4分			
		3.在展示中有信心，乐于表现自己	4分			
		4.点评准确，评价恰当	3分			

附表4

评价内容		分值	自评	师评	互评	综合
学习成果	课堂学习的表现	15分				
	完成课后作业的情况	15分				
	平时测验的成绩	20分				
	期中考试的成绩	25分				
	期末考试的成绩	25分				
总评						

附表5

评价对象	评价内容		分值	自评	生评	他评
教师	学习目标	1.学习目标全面、具体、准确	3分			
		2.导学恰当具体	2分			
	问题设置	1.目标有效分解，将知识任务化	2分			
		2.导学案将知识问题层次化	2分			
		3.合作学习的问题设置具体明确恰当	2分			
	教学流程	1.自学合作交流展示测评环节清晰	3分			
		2.课堂结构符合学科特点	2分			
		3.方法有机整合，交流充分	2分			
	组织调控	1.及时掌握学情收集问题，难点释疑启发点拨到位	3分			
		2.活动时间分配合理，讲解时间总和不超过20分钟	2分			
		3.合作方式选用合理	2分			
		4.展示突出重点，形式恰当，兼顾公平	3分			
		5.评价、追问、反馈、矫正、拓展及时有效	2分			
总计得分						

七、改革的反思

思想品德学科信息化小组合作学习实施2年来，确实存在许多不足，主要体现在以下几个方面：

（1）对教育改革的艰难和复杂性估计不足，对实施过程中可能出现的困难估计不足，把过程想得过于简单，把结果估计得太理想、太乐观，导致在改革课堂教学时，出现了无法按时完成既定教学任务的情况，担心这样下去，有可能无法完成原定的教学任务。课堂是放开了，可是一些教师对于如何做到收放自如，感到明显的不适应，遇到困难就想走回自己的老路，甚至有一点心灰意冷，缺乏教育改革的坚韧性。

（2）教育改革一定要有明确的目标指向性，首先要明白我们的教学中到底存在什么非改不可的问题；其次要明白改革要达成什么目标，有哪些路径可走，哪一条路径可以从根本上解决师生存在的本质问题。这样就解决了为什么要改和怎样改的问题，以及改革最终所要达成的目标。若实施教学改革的方向、目的明确了，又有科学正确的方法做指导，教学改革成功的可能性就大一些。

（3）围绕着信息化小组合作学习，一定要构建新的评价指标体系，而不能沿用老一套唯分数论的评价机制，否则就有穿新鞋走老路之感，也就难以从根本上调动学生的积极性。只有这样老师才能清晰地知道学生自主学习能力和合作学习能力的发展水平哪一个强，哪一个弱，为下一步的教学指明努力的方向。如此，学生才能知道自己是自主学习能力强还是合作学习能力强，才能知道自己下一步的努力方向。

八、结束语

在这个市场经济大潮时代，每个人都在追求自己利益的最大化，从而造成了我们这个社会的浮躁。然而什么都可以浮躁，唯独教育不可以。因为教育是社会良心的底线，是人类灵魂的净土，是立国之本，是强国之基。因为如此，教育才需要改革，这是无须怀疑，也不必怀疑的——自古以来强大的民族都是重视教育的民族。

我们需要摈弃仅仅以博取别人的眼球、捞取个人名利为目的的功利主义改革观，以锲而不舍的韧劲，以功成不必在我的胸襟，以教育要面向未来的战略眼光，努力去解决教学改革中出现的各种各样的问题，为学生未来的发展，为国家和民族的富强，为实现美丽的两个"一百年"的中国梦，贡献我们一份微薄的力量。

初中化学信息化小组合作学习中教师
专业发展的实践研究

东莞市麻涌镇古梅第一中学　朱婕

首先我们来解读什么是教师专业发展。教师专业发展，是指教师在整个专业活动中，通过终身专业训练，习得教育技能，实施专业自主，体现专业道德，逐步提高从教素质，成为教育专业工作者的专业成长过程，即从一个"普通人"变成"教育者"的专业发展的过程。教师专业发展的结果就是教师专业素质的优化。教师的专业素质结构包括四个方面：

（1）教育理念，包含教育观、教师观、学生观、教育活动观。

（2）教育知识，包含学科教学法知识、一般教学法知识、课程理论知识、教学情境知识、学习者和学习的知识、教育技术知识、教育科研知识。

（3）教育能力，包含学科教学能力、管理与评价能力、教学监控能力、教育科研能力、教学反思能力、教育信息能力。

（4）教育情意，包含职业理想、敬业精神、教育情感、健康人格。

教师是课程建设的主体。理解教师专业发展的内涵后，就信息化小组合作学习的变化，我觉得应该从以下方面进行改进。

一、组织管理能力

教师在教育过程中起领导作用，对学生来说是组织管理者，因此教师必须具有相应的组织管理能力。教师在教学过程中既要建立良好的教学秩序，使学生遵循课堂常规，又要创建生动活泼的学习氛围，使学生处于不沉闷的思维状态，还要处理好一些突发事件，保证教学的顺利进行。教师对教学的知识内容掌握得再好，教学设计再科学，如果缺少组织管理能力，课堂秩序不好，学生学习积极性不高，甚至相互干扰，也不可能取得好的教学效果。所以教师在小组分组的时候不同学科要根据学生实际情况优良差结合，给学生提出富有鼓舞作用的小组奋斗目标，发挥每个人的长处，进行适当委任，把全组同学组织起来，形成集体的核心，树立正确舆论，培养优良小组讨论的学风，充分发挥集体的自我教育作用，寓教于管，使学生在团结友爱、积极上进的集体中健康成长。教师如果缺乏组织管理能力，往往费时很多，学生小组合作学风没有形成，教育难以顺利进行。

附图10为4人小组的坐法：1号优生坐在右下角，4号较弱的学生坐1号前面。

附图10

二、运用现代教育技术手段的能力

随科学技术的发展，现代教育技术手段不断进步，由传统教育采用模型、标本、图表、画片等辅助教学发展为采用幻灯、录音、录像、电影、微课、计算机辅助教学，这对教师运用教育手段的能力必然提出许多新的要求。在信息化小组合作学习课堂中，教师要懂得先进技术手段的基本原理与方法，掌握有关本专业的知识，并有制作教学软件的能力，如熟练使用平板电脑中的各种功能，编制录音、录像、微课，乃至进行教学用的计算机程序设计。

附图11为老师发送给学生的计时训练，可马上检验效果，这就要求教师熟练掌握平板各种功能。

附图11

三、语言表达及与学生交往的能力

语言是教师传播知识与学生交流的主要工具，从事教育工作必须具有较强的语言表达能力。首先，表达的内容能被学生顺利接受。其次，要用词准确，语句完整，准确传达思想内容，既保证科学性又通俗易懂，为学生所理解。再次，要系统连贯，逻辑性强，善于运用独自式语言，讲述知识或说明问题层次清楚，重点突出，结论明确。最后，要富于启发性，有感染力，掌握对话的语言艺术，在对话中善于鼓励学生动脑思考，勇于发表个人意见，进而形成生动、幽默的语言风格，在交流中引起学生在情感上的共鸣。这些就要求教师课前必须把课中主要知识点提炼出来。为增强语言表达的效果，教师还应善于利用非语言的交流手段，使其同语言表达相配合，如微笑等各种表情、手势、姿态，与学生的距离、讲话方向等，这些处理恰当能增强表达效果。尤其在小组合作后的评价阶段，教师的语言及表情、手势等可以传递很多鼓励的信息，从而激发学生的积极性。

与学生有效地交往是进行有效教育的前提，教育教学活动都必须从学生实际出发，贯彻因材施教的原则，促进学生的个性发展，这些都要求教师深入了解学生。教师对于小组合作评价中不同层次的学生所表现的能力要给予不同的评价，所以教师要对学生的思想行为、智力活动、情感表现有灵敏的观察能力。这是在教育过程中发现问题、捕捉教育时机的重要条件。善于观察学生的教师能及时发现问题，主动去解决问题，可以收到良好教育效果。反之，问题没有被及时发现，耽搁很长时间，到了较为严重程度再去解决，教师就很被动。现代教育要求学生在生动活泼的教育过程中得到发展，因此教师必须善于和学生交往，在较短的时间内成为学生信任的人。

四、教育科学研究能力

教育是富有创造性的工作，对于现代教育教学活动的规律，我们需要不断地研究与探索。信息化小组合作学习过程中会出现很多常规备课之外的知识点与问题，所以教师在完成每天的工作任务外要不断总结经验，写下反思，在下节课解决相关的问题。小组学习任务的布置是信息化小组合作学习效果的重要环节，要针对不同层次的学生布置不同层次的内容，这就要求教师科学安排，所以教师要多参加教育科学研究，将其与工作实践相结合，从实际工作中提出课题，结合教育教学改革任务进行实验研究，通过对实际情况的观察，积累第一手资料，从中进行分析探索，求得对教育教学规律的认识。信息化小组合作学习要求教师在完成教育教学任务中发挥创造性，进行一定的改革试验，定期提出研究报告或论文，因而教师必须懂得教育科研方法，具有教育科研能力。

五、拥有自己的专业思想

教师能通过各种教育体验，产生先进的教育理念；通过多样的教育总结，形成科学的教育思想。具体地说，主要包括以下两个方面：一是在学科教学中，你以什么样的教育理念来组织教学活动，你以什么样的教育思想来活跃课堂教学。二是在教育活动中，你以什么样的教育理念来开展教育活动，你以什么样的教育思想来从事教育工作。由于教育专业思想不是静止不变的，而是动态发展的，不是固定不变的，而是不断演变的。所以，每个教师都必须产生自己的教育专业理念，形成自己的教育专业思想，而且必须不断更新自己的教育专业理念，发展自己的教育专业思想，进而使自己的教育专业思想不断向前发展，永远走在时代的前列。例如，很多老师常用的一种教育学生学习的方法——错题集。大部分老师只知道这是错题集，但是钟进均老师就能把数学错题集变为他自己的专业思想——"说数学"。所以如果每个老师能用心地把一个普通的方法研究拓展就可能将其变为一个可推广的专业思想。信息化小组合作学习模式下的课堂容量大，想要真正达到高效率就必须有自己的专业思想，进而脱颖而出。

教师专业发展与教师的基本素质彼此联系，相互制约，相互促进，在一名合格教师身上构成统一的整体，教师专业素质是影响教育教学效果的决定因素。而教师专业能力与信息化小组合作学习模式中的学习效果有较大的关系。

参考文献：

［1］唐凤华."互联网+"背景下小组合作学习模式研究［J］.雪莲，2015
　　（26）：68-69.

［2］肖波.新课程改革背景下教师的能力结构［J］.时代教育，2013（6）：123.

［3］杨春梅，何春钢.网络课堂中的协作学习探讨［J］.才智，2012
　　（26）：306.

［4］钟进均.高中"说数学"案例研究［M］.广州：广东经济出版社；2017.

［5］李翠泉.教师的职业幸福感与教师的专业发展［J］.徐州教育学院学
　　报，2008（1）：25-27.

在美术教学中进行小组合作模式的几点思考

东莞市麻涌镇古梅第一中学　张金华

近几年，全国各个学校都进行各科的小组合作学习，我们学校也不例外，特别是在美术教学过程当中，尤其重视，我想很多教师都有小组合作的体会。不过怎么样才能把小组合作的方式在教学中发挥得淋漓尽致，收到最佳的教学效果？在此，本人根据自己多年的教学经验，就小组合作的利弊关系，谈谈自己几点的粗浅看法。

一、小组合作的必要性

（一）美术基础水平的不统一

俗话说"十个手指有长短"。在学生的人群当中，很多学生在某一学科是比较擅长的，但有些学科是不那么擅长的，全部学科都很擅长的学生，毕竟是少之又少。大部分学生，总有一些科目或者在同一科目里面有些知识还是存在欠缺的。这一点在美术学科方面显得相当的突出，加上初中阶段美术学科不用考试，这样往往会让一些老师或者一些学生忽视了这方面的学习紧迫感，从而会导致没有美术兴趣的学生的美术水平被越落越远。从这一点来说，小组合作的教学方式是非常有必要的。

（二）美术课程本身的需要

美术课程分为四大领域，分别是"欣赏与评述""造型与表现""设计与应用""综合与探索"。其中"欣赏与评述""设计与应用""综合与探索"这三个学习领域课程都可以采用小组合作教学，特别是"设计与应用""综合与探索"这两个学习领域更显现出小组合作教学的必要性。

总之，在美术学科中推行小组合作的教学方式，既是学生个体的需要，也是美术课程本身提出的要求，更符合当代推行素质教育的潮流。

二、在美术教学中如何进行小组合作

（一）精准选择，不可千篇一律

（1）精选课程内容。在美术学科的学习领域当中，虽然有三个学习领域都可以进行小组合作教学，但是如果教师对三个领域当中的教学内容过多进行小组合作教学的话，课堂会变得平淡死板，没有新意，学生的学习兴趣会受到影响，这样就会严重影响小组合作的教学效果。我们作为美术教师必须精选一些比较有代表性的内容进行小组合作教学，这样既可以激发学生的学习兴趣，使课堂产生新鲜感，又可以营造良好的教学氛围，形成多变生动的"智慧课堂"的教学方式。

（2）挑选班级。在每一个年级当中，不是每个班的纪律都是一样的，总有一些班的纪律差点的，甚至出现比较差的班级，如果老师在纪律比较差的班级中进行小组合作教学的话，不但收不到良好的教学效果，还更助长那些懒惰的学生的惰性，甚至可能出现教学课堂混乱，教师无法掌控课堂的局面，而且还会出现"一个和尚挑水吃，两个和尚扛水吃，三个和尚没水吃"的教学效果，更重要的是会影响个别学生的学习积极性。所以我们在选择进行小组合作教学的班级时，一定要选择自觉性比较高的班级，或者是美术基础比较好的班级。这样更有利于小组合作教学的顺利进行。

（二）做到既分工又合作

当教师选定了可以进行小组合作的教学内容以后，并不是让学生放羊式合作，而是让学生进行有组织、有计划、有预定目标的小组合作。因此必须做好如下几点：

1. 考虑学生个体差异性进行小组合作教学

在任何一个班级在进行小组合作的时候，大多数同学都会选择跟自己关系比较好的人或者自己比较喜欢的人来合作。这样的话，就会出现一些美术能力较差的或者性格比较孤僻的同学会没人选，就没有达到小组合作的目的。我曾经在初二年级的《传情达意的环保贺卡》这一课采用了小组合作的教学方式。一开始我叫学生自由组合，人数限制在5个人以内。结果让他们组合完成以后就出现了五六个孤苦伶仃的没人要的学生，我看到这几个学生当中有的很沮丧，甚至流着眼泪，他们就像是流浪在大街上乞讨的孤儿，当时我心里很震撼，如果在教学当中忽视了这些学生，对于一个教育工作者来说是严重的失职，也是小组合作教学的失败。所以我第一时间就去了解这几个学生的情况：其中有两个学生对小组合作兴趣不浓，并且比较懒惰，什么作业都不想做的；还有两个是美术基础比较差的；剩下两个是性格比较内向的。根据这种情况，我动员了其他小组的学生主动去邀请这几个学生加入他们的团队。这几个学生最后也很愿意加入他们的小组。这样一来，马上就营造了一个智慧课堂中和谐的学习氛围。

2. 学生个体人员搭配尽量合理

在整个班的全体人员都融入小组合作的教学中后，接下来，老师就要逐组询问该组人员的搭配情况。因为有的学生动手能力强一点，有的学生则是绘画基础好一点，有的学生是创作能力强一些，有的学生字写得比较漂亮，有的学生比较喜欢进行排版设计。如果出现人才拥挤或者短缺的情况，那么老师就要建议该组人员进行适当的调配，尽量做到人员搭配比较合理。这样更有利于小组合作教学的顺利进行。

3. 制订计划，明确分工

人员分配好以后，就要选一个人来担任小组长，由小组长牵头商量制订该小组合作的计划。例如：哪位同学负责写字，哪位同学负责画画，哪位同学负责排版设计，哪位同学负责找资料，哪位同学负责买什么工具，等等。这些都要有详细的安排，这些工作都要由学生本人自己去完成，使他们的组织能力、团结合作能力得到了锻炼和提高。

4. 八仙过海，各显神通

这里的"八仙过海，各显神通"是在合作的基础上进行的，所以在进行小组合作的过程当中，尽量让每个学生的才华得到充分的展现。就拿我当初在上初二年级《传情达意的环保贺卡》这一课来说，我在分组后向学生提了几个建议。第一，让学生确定主题——是节日卡还是生日卡，是感恩卡还是尊师卡等；第二，要让负责贺卡形式及版面设计的同学拿出几种设计方案，让本组所有成员进行比较并选出最佳设计方案；第三，采用的图片，文字的大小、颜色、字体，还有花边的款式以及用什么材料来制作等，都要经过本组所有成员的协商与讨论，最后才能实施。最大限度地做到构思巧妙，主题突出，版面设计合理，颜色搭配恰当，整体效果良好。当然这些具体的工作都要学生自主积极地实行。老师只充当导演角色，学生才是真正的演员，把这个舞台让给学生去表演，使他们的各种能力以及正能量得到充分展现。除了让每个学生的优点尽量发挥出来以外，还要让学生尽力帮扶本组的其他同学，使他们的团结合作能力以及协调能力在作业当中得到锻炼，使学生的情商得到提高。

5. 做好课堂反馈工作

在初二年级《传情达意的环保贺卡》这一课中，我采用这样的方法：选择了两个基础差不多的班级，其中一个班级利用小组合作教学，另一个班级就是单独完成作业。比较下来，发现前者课堂气氛明显活跃，贺卡的质量明显上升了很多，学生的描绘能力、审美能力、创作能力、动手能力、排版设计能力以及组织能力、团结合作能力，都有了明显的提高，即使比较差的学生看到自己小组的作品以后，脸上都洋溢着笑容，感受到成功的喜悦。更重要的在班上涌现出一股凝聚力和扶助力，这是非常难得的。作为一个老师，我感到非常高兴。

当然，小组合作方式也存在一些缺点。主要就是在学生在学习的过程当中，课堂纪律难以掌控，另外极少部分学生会浑水摸鱼，或者滥竽充数，不太积极参与合作的活动。作为一个美术教育工作者来说，能够把一种教学方式最大限度地发挥其作用，使学生学到更多的东西以及在各方面得到更好的锻炼和提高，我的目的已经达到。

参考文献：

［1］费凡.初中美术教学中合作学习的探究［D］.南京：南京师范大学，2005.

［2］李曼丽.设计基础教学中学生创新意识的培养［J］.当代教育论坛

（教学研究），2010（8）：42-43.

［3］任幸妮. 浅析初中美术手工课对学生动手能力和创造力的培养［D］.

武汉：华中师范大学，2013.

从无到有，从有到强，播撒创客的种子

——以古梅一中创客工作坊成长为例

东莞市麻涌镇古梅第一中学 熊建琼

一、认识创客与STEAM

近年来，有关创客教育涌现很多新名词，其中创客教育和STEAM教育就是其中最耀眼的新名词。这两者，有什么区别，又有什么联系呢？

创客教育，基于以解决实际问题为核心，创客精神是动手、实践、创新创造，让学生在成为创客过程中，使自己的动手能力、思维能力得以发展，将自己想法实现，是以结果为导向。例如，我需要改装一个物理滑轮结构，目标是减少对力量的使用，材料用到滑轮，工具用到杠杆，方法是考虑力臂，将以上几者结合后，解决掉一个物理运输过程的问题。创客是需要解决问题的结果出现。STEAM教育，以科学、技术、工程、艺术、数学等五大方向为核心，以跨学科融合为主题内容。STEAM主张跨学科，主张在学习过程中将学科融合，做到学科互补。其中重中之重，可以说是融合学习的过程，因此，STEAM教育，是使用新方法学习知识的过程。

当然，以上两者也有共同点，都是创新教育的新方法，两者都支持创新、实践、尝试，都体现出教育目标三要素中第二环的过程与方法，是以提升学生综合实践能力为目的的教育方法。这个过程，牵扯出机器人学科。机器人学科，涉及模型设计、力学构造、建模打印、数理逻辑编程、外观制作艺术等多方面内容，其中，以机器人竞赛为核心，主要以完成任务为目标，"更快、更高、更强"地完成项目，是机器人竞赛的目标。这时需要我们想方设法，让自己的机器人更优秀地完成任务。完成任务后，我们会发现，我们作为一名创客，完成指定目标了。换一个角度看，这个过程我们结合了基本上所有的学科知识在里面，这不就是STEAM的奥义吗？

所以，如果硬是要区分开STEAM、创客、机器人这几者的教育问题，我们大可先抛开一边不做讨论，因为我们在教学中发现，无论是学习的过程中，还是完成学习的结果，都可以保证我们有所收获、有所成长，这已经是开展这一类学习的最重要的收获了。

那么一个学校，如果需要开展以创客教育为主题的创新教育，应该怎样开展，做哪些准备，分几个步骤，怎样实现呢？我们接下来以实践案例，分析一个学校如何从无到有实现创客教育的发展。

二、从社团爱好者到全级参与

其实所有实践都是在摸着石头过河，我们在自己校园创客发展教育过程中，经历了以下三个阶段，在这三个阶段后，我们才成为"全民皆兵"的创客校园！

首先，建设创客社团。开展创新学科，首先要确定学生是否感兴趣，如果连我们最直接的受众学生对于这一门课外学科都不感兴趣的话，那基本上就是没有开课的意义。我们在2017年10月的一次校园活动点燃起创客之火。校园组织了一次创客游园活动，邀请临近的中山大学新华学院"FabLab创新中心"的老师团队前来协助开展创客校园活动。回顾第一次活动，同学们来到多媒体教室，看到各类的创作设备、作品、可体验项目。我作为该活动项目的负责人，被同学们的热情所感染，参加活动的同学对作品非常好奇，活动中有电子焊接、有3D打印、有编程制作，可以说，到现在这些项目已经不算是新颖的了，而那时候学生们眼中那团火，那团渴望尝试学习的火，让人印象深刻。在如此高效的活动中，创客教育正式进入学校，我们组织起创客学生社团以及导师团队，开始创客教育的新实践；尽管是条新的道路，但相信我们可以做的来。至于原因，就是作为一名老师，看到学生眼中的那团火，就值得我为他们去做了。

其次，建设创客空间。开展学生社团后，需要一个活动场所，需要有一个专属的空间。因此，我们经过多方联系，寻找有经验的团队请教，寻找适合的资源引进建设空间方案。在确定建设专属校园创客空间后，得到校方的大力支持，历时2个月，一个属于我们的创客空间——古梅一中创客坊正式建成！成功建设实验室后，立刻投入使用：竞赛备战以及社团课程开展。回顾日历，那时候是2018年的3月，我们当时利用新建成的空间，为参与东莞市中小学电脑制作活动大赛的同学提供场地资源，让大家更加高效地训练。训练是艰辛的，但收获也是开心的。

最后，全面开展创客课程。在通过竞赛积累了一批社团学生后，我们发现课程是创客教育的关键，教育要有成系统的课程。同年9月，我校开设全年级的创客主题课程，目标就是让全年级的同学都能够成为创客，都能享受实验室资源，都能在实验室学习，都能切实体验关于创客的氛围。创客主题课程，面向全年级700名学生，按照班级排布，一个班跟着一个班。当创客主题课程成为我们新一任的第一课堂内容，校园创客，已经从只能一个班参与，到全年级都可以参与。这样的突破，就是我们这三个学期的成果。

从一次活动，点燃一个创客社团；从一年竞赛，积累一片成果江山；从一个年级，激活全校创新氛围。我们就是这样走过来的。

三、关于开展创客教育道路的思考

经过一年的创客教育的实践活动，在实践的过程中，我们也认真思考在这其中我们遇到的困难和困惑，总结出了以下的经验：

（1）解决师资问题。创客文化在校园内开展，难度最大的是什么？没错，是对我们老师的考验。我们是如何处理这个问题的呢？

我们知道，创客不是一门单一的学科，从数字化制作，到木工手工，各类学科知识都有所涉及，以我们古梅创客工作坊为例，其核心的开源硬件编程以及3D建模设计学习，可以说是信息老师、物理老师、数学老师所不能够单一支持的内容。我们回顾教学大纲，在新的高中教育教学大纲中，引入了人工智能、大数据、物联网等新型概念，这些内容放到单一学科都已经是一个独霸一角的难题，更何况将其融入创客教育，这靠一个人是不够的。因此，我们需要一个团队，一个自内向外，能够有多方面学科知识资源，能够协助我们持续成长沉淀的团队。我们利用临近中山大学便利的条件找到中山大学新华学院"FabLab创新中心"导师团队。他们有全广东省首个全球认证的微观装配实验室，当时已投入运营使用5年，成功带出1000余名从学生到社会的社会性实用性创客，我们两方合作，通过我们作为中小学教育第一线的导师，结合现代社会第一线科技前沿知识及设备技术应用能力，将创客教育从大学发展到我们中小学，而这样的模式经过实践证明是可行的！

（2）解决空间问题。为什么要解决空间问题？不是建设好了一个创客空间就可以了吗？

第一个问题，那就是设备的使用问题；我们举个例子，一个班最少有50人，要想一个班的人能够一起来用实验室，那么我们有激光雕刻机、有3D打印机、有刻字机、有其他五金工具，在这样的实验室上课，安全问题，是第一重点。那么我们如何解决呢？我们采取了实质性的做法：培养学生成为创客导师。学生兴趣是不统一的，有人喜欢建模，有人喜欢编程，我们支持这样的不统一，我们将这些不统一的兴趣，列举出来，通过课余时间，挑选出部分学生，经过一段时间的特训，这些学生将在自己的兴趣领域，成为一个具有特长的人，而这些学生将能够在日后的课程中，在我所需要的针对性项目中，作为特定的小导师，为其他同学排忧解难。同样，通过这样的小组式学习教学，使学生实现自我监督，小组监督，将整体的安全隐患化解为部分，再通过加强安全教育，实现最大问题的化整为零。

（3）解决合理利用空间问题。怎样才算是用好一个创客空间？一个创客空间，需要经常有人来用，才能证明是一个好的创客空间，而这个用，并不是说走马观花过来看看，而是进来实验室，用里面的设备、耗材，制作属于自己的作品，这样才能够说得上是一个好的实验室；而在创客教育的同行里，我们知道，有很多的学校建设了高大上的创客空间，里面摆放满了各类航模、车模、各类无人机、机器人，然而，这些耗材及成品，成本太高了，学生都只能够过来看，而不能够过来玩。创客空间利用得好本质之一，就是能够动手实践，动手创作。而如果一个学校的空间，建设成本太高，那么，学生动起手来怕弄坏，老师用起材料缩手缩脚，这样的话，空间运营情况想必不会太好。这是空间配置方面应该尽量以平民化配置的实质性建议。

四、对创客教育未来的憧憬

目前我校已经在全级普及创客教育，做到人人可做创客，可以说在孩子们心目中已播下一颗创客的种子。那么如何让这颗种子生根发芽开花呢？我觉得可以从下面几个方面去努力：

（1）积累成果。成果，是检验成效的最有效标准，无论我们是否认可以奖项论成就的说法。当然，竞赛种类那么多，我们并不是所有的竞赛都参加，这样的话再多的心力都不足够。那么，我们最直接的方案就是挑选，挑选适合的竞赛作为我们的炼金石，作为我们积累成果的重要比赛。以目前东莞市各大中学所认可的特长生为案例，其中的全国青少年科技创新大赛、全国中小学生电脑制作活动大赛，这些项目具有代表性、认可性。学生参加获奖，无论是获奖学生获得特长生考核加分，还是参与过程有所收获，对学生来说都是实在的帮助。未来的第一步，选择参加比赛，积累奖项成果。

（2）激励师生。激励，并不是发什么奖状发什么奖金，创客是需要认可的，无论是学生还是老师。开展创客教育不只是针对学生教育，还要对老师负责。在校园内设定激励师生的制度，支持师生进行项目创新、教学创新、成果创新，还需要设定特定的支持，为师生进行创作提供所需要的物料支持。因为很多作为创客的老师都有同样的感受，参加活动，为校争光，不仅要付出时间精力，有时还要付出金钱，这样一来对师生的积极性打击是非常大的，所以，一定要有合理的激励政策！

（3）积累沉淀。积累，对每一所实验室发展而言都是必要的。积累的方法很多，我校从学业成果，再到竞赛项目，通过每学期、每月、每周的主题创作，积累一群创客爱好粉丝，让大家围起来一起创作，亦支持个性化创作。通过这样的累积，实现大批量的作品成果，而这些作品成果，又可以应用于参加各类创客创新大赛，通过以上的良性循环，在2～3个学期内，每一个校园创客空间，都将会多出一群忠实的创客粉丝，以及一批优秀的创客作品。

五、结束语

每一个校园的创客文化以及发展方向各不相同，但相信本质都是一样的。通过创新教育可以实现让更多的学生参与，让学生通过参与创客学习成为一名更优秀的人。那么在顺应现今科技发展的潮流以及创客文化主张的创新实践结合下，让更多的学生参与，让更多的学生可以动起手来，使自己所学的理论得以实践，使自己能力得以提升，这些都是我们一直所追求的目标。作为一名教育人，我们经历过自己孩童时代学习的物资缺乏，经历过近年来自己作为教育人所感受到的素质教育带来的精神提升，那么在现在各类科技技术成熟的情况下，我更希望我们的教育，能够让学生找到自己的人生理想，并为理想而付出。

参考文献：

［1］杨现民，李冀红.创客教育的价值潜能及其争议［J］.现代远程教育研究，2015（2）：23-24.

［2］杨风.创客教育：我国创新教育发展的新路径［J］.中国电化教育.2016（3）：8-13，20.

［3］吴俊杰，周群.进一步推进中小学创客教育的几点建议［J］.发明与创新（教育信息化），2015（3）：46-48.

［4］谢作如.温州中学创新教育理念下的创客空间［J］.浙江教育技术，2015（4）：14-18.

推进信息化小组合作学习教学改革的策略研究

东莞市麻涌镇古梅第一中学　曾杜清

长期以来，我们语文学科组传统的教学模式都是教师在台上讲，学生在台下听。这样，我们的语文课堂上学生经常缺少主人翁的精神，这是不利于培养他们的合作意识和创新能力的。在我校新一轮的信息化课程改革中，改变这种学习方式显得尤为重要。在这种背景下，结合我校这些年的信息化小组合作学习教学改革情况，我们语文学科把小组合作教学模式引入我们的初中语文课堂，并进行了不断的探索、不断的实践，取得了令我们比较满意的教学效果。

一、科组现状分析

语文教研组现有28位在职一线教师，成员的平均年龄在四十岁以上，是一支不再年轻化的教研队伍，这样年龄的一支队伍，显然会给我们的课程改革带来阻力。但教研组老师们凭借丰富的教学经验，和求真务实、敢于创新的精神，把信息化小组合作教学模式引入我们的初中语文课堂，并进行了不断的探索、不断的实践。在工作中，大家相互协作，共同进步，把学校的语文教学和教研工作推向一个新的台阶。

二、科组师资培训措施

信息化教学的最终实施，需要科组成员的全员配合、共同提高。我们通过定期的校内培训，不定期的校外交流，及时掌握信息化教学技能，通过相互交流，我们认真总结经验，反复思考得失，认真寻找自己和别人的差距，在课堂上认真落实。在我校全体语文教师的共同努力下，我们都具备了适应信息化小组合作学习教学改革需要的能力。

三、制订计划

为适应信息化小组合作学习教学改革的需要，我们科组提出了总的目标和要求："一年适应，三年成熟，五年教人。"一年内尽快适应信息化小组合作学习教学改革环境，做好角色转换，全身心投入教育教学工作；三年后积累信息化小组合作学习教学改革的教育教学经验，能胜任学校布置的教育教学任务；五年能在信息化小组合作学习教学改革教学工作中挑大梁，成为扎根教坛、充满活力的优秀教师。

因此，围绕这一培养目标，我们要求语文科组的每个老师都制订好自己的发展计划，让计划领导科组的老师们有自己的目标定位。这样一来，我们对能不能上好这样的课，就会更有信心了，而这也能更好地适应信息化小组合作学习教学改革的需要。

（一）"请进来"

为进一步促进信息化小组合作学习教学改革，我们定期邀请专家来给老师们进行平板电脑的使用等培训工作，让老师们尽快熟练平板的使用。另外，还经常邀请市内市外专家做相关的专题讲座。例如，邀请了深圳市名师、深圳市宝安区教育科学研究培训中心教研员倪岗老师、市教育局刘巍老师，水乡片片长杨碧楚校长、市进修学校谭老师、各镇语文科组长、各校骨干教师代表等来我们学校，给老师们做相关的专题讲座，以共同提高。

（二）"走出去"

为更好地适应信息化小组合作学习教学改革的需要，我校语文科组还经常组织科组教师参加相关名师课堂观摩活动，分期分批地派教师外出到上海、杭州、深圳等地学习。老师们学习归来，不做要求一定要写心得体会，这样一来大家也愿意"走出去"。通过走出去的办法，既扩大了我们语文老师的教学视野，又提升了我们语文人的整体素质和教育教学水平，为信息化小组合作学习保驾护航。

四、科组集体备课措施和课堂效率的提升手段

信息化小组合作学习教学，这是一个全新的领域。改革之初，我们困难重重，但是经过以下几点进行小组合作教学模式改革尝试后，我们还是很欣喜地看到科组师生的成长的。

（一）制定语文学科课堂教学模式

语文课堂"教无定法"，但是为了适应我们学校学生的实际情况，我们语文学科组更多的时候，只能尝试"不以规矩，不能成方圆"，在改革之初，我们先制定本学科的小组合作教学课堂教学模式，并根据这一模式来展开我们的课堂教学。

课前：

第一步：观看微课（5~10分钟）

第二步：完成导学案（课余、晚修时间）

课堂：

第一步：明确微课导入（5分钟）

第二步：进行小组讨论（10分钟）

此环节主要是学生根据微课完成导学案相关内容并进行小组讨论。

第三步：展示合作成果（10分钟）

这一环节主要是学生自行展示自己小组合作交流的成果，教师根据课堂实际情况，进行适时点拨、引导。

第四步：完成课堂反馈（10分钟）

学生根据微课、小组讨论成果，完成导学案上的课堂反馈。

第五步：师生点评小结（5分钟）

这个环节，我们主要运用在新课的传授上，制定目的是为了让学生有模可依，这样，学生就知道自己在课堂上每一步需要做什么、怎么做了。

（二）引导学生合理组建小组

制定课堂教学模式后，我们就根据学生的学习基础、学习能力等对每一位学生进行综合评定，把全班学生分成若干学习小组。我们一般把四人分为一个学习小组，由一名组织能力强、学习基础好的学生来担任小组长，每一个组都由1号、2号、3号、4号组成。组建成小组之后，再给小组长统一进行培训。

我们把小组合作学习模式的过程大致分为以下四个环节：明确这节课要学习的任务—学生们进行合作探究—课堂上小组合作交流学习—学生展示学习结果。

（1）明确学习任务。上课前，语文教师首先会向学生展示本节课学习的主要内容和目标，并向1号和2号学生传达本节课的任务。

（2）合作探究。小组4位成员之间进行分工，通过合作交流，探究出结果。这个时间，教师就在教室巡视，哪个小组提出问题，就对哪个小组进行及时引导。

（3）交流学习。小组成员通过合作探究后，在全班同学面前汇报自己小组交流的最终结果。由1号小组成员汇报可得1分，由2号小组成员汇报得2分，3号成员汇报得3分，4号成员汇报则得4分。这样一来，我们的课堂就经常出现1号和2号组员帮助3号和4号组员的情况，目的是为了给本组成员拿到更高的分数。我们发现，通过这一改变，我们的课堂气氛明显好转。特别是以前不爱学不主动学习的4号组员变化最大——变得主动问主动回答问题主动学了。老师们是看在眼里喜在心里。

（4）展示结果。通过课堂上四位小组成员的共同努力，每一个学生都很愿意把本组交流学习的结果进行展示。这个环节，我们教师的责任就主要是指导学生把结论流畅地表达出来，并对各小组和组内成员的表现给予评价肯定，尤其是3号和4号组员。

（三）强化集体备课

在我们的信息化条件下小组合作教学模式的开展中，集体备课是一大亮点，大家坐在一起，共同备课，共同磨课，共同评课，提出不同的意见和建议，一节课不再是老师个人的。这对于上课老师来说，从接到任务的孤独失落和无助，到团队合作和合作中良好的人际氛围，使他们感受到了我们语文学科教师之间的团结互助、心理相容。科组成员之间互相支持和理解，不再是单打独斗，这样一来备课的热情自然也就提高了。

正如科组内老师说："教导处、备课组成员老师们对我的课堂构思、教学感言还有教学过程的得与失的充分的交流。让我的目标更明确、思路更加的清晰了，我不再是我，而是我们，这跟我以前上课不一样。"

（四）加强自制微课和导学案制作

微课是近年来比较新的事物，我们提倡学科组内每一位老师，都要学会自行制作微课，因为制作微课的过程，本身就是学习的过程，而学习是从来都不会让人倦怠的。例如，组内老教师梁桂英老师，她本身年龄比较大，刚开始不会制作微课，我们提倡学科组内每一位老师都要自行制作微课后，她很发愁，担心自己拖备课组的后腿。后来，组内会制作的老师自发教她，并利用周末回来教她录制微课，梁老师很感动，便很认真地去学，学会后，常常自己制作微课，并放给所教班的学生听，在这一过程中，她切实感受到学习给自己注入了新鲜血液，有了新鲜的血液，她的教学热情更高了。

导学案的制作，也是我们的重点，这是我们语文学科信息化条件下小组合作教学模式中最大的亮点，也是最大的难点，教师在上课前制作好导学案并下发，学生利用导学案的导学功能，通过课前自学，让我们的课堂学习效率大大提高。

而这些，也给我们语文学科小组合作教学模式的开展铺好了路。

在这一过程中，我们把研究的内容、重点和难点放在以下几个方面：

（1）课内：教师充分利用微课和导学案，激发学生自主学习兴趣，课堂上让学生通过小组合作学习参与到学习中来，让学生充分享受成功的乐趣，使学生得法于课内。

（2）课外：教师以"问题解决"为中心，指导学生对微课、组内交流进行深入思考，开拓性地解决有一定难度的问题，让学生活用于课外。

五、科组信息化教学所取得的成效

通过以上"小组合作教学"模式的探究，我们发现，课堂上，我们的学生进行小组合作学习，学习的积极性更高了。看到学生们在课堂上的表现，作为老师的我们，由衷感到高兴。良好的课堂教学效果，是每一位老师追求的，看学生天天在成长，从没有知识变成有知识，如同一颗种子萌发而生枝叶，看它开花，看它成熟，这里有极大的快乐感和满足感。

近年来，我们语文学科在信息化条件下，对于开展的小组合作教学模式，采取了积极的教学策略,认清了追求与发展是教师职业生活的内核,合作是学生学习的动力。相信在这一氛围下,我校语文科组所有成员一定会更加努力去提高自己,为自己的心灵撒上和煦的阳光!一位哲学家曾说过,教育本身就是"一棵树摇动另一棵树,一朵云推动另一朵云,一个灵魂唤醒另一个灵魂"。教师的生命与学生的生命都应是灵动的,如此才能使教师焕发活力,才能使课堂焕发活力。希望我校语文学科组,信息化小组合作学习教改革之路能够走得更好更远。

参考文献:

[1] 黑尔,斯蒂.学生为中心的课堂讨论 [M].刘雅,译.北京:中国轻工业出版社,2009.

[2] 郭初阳.言说抵抗沉默:郭初阳课堂实录 [M].上海:华东师范大学出版社,2006.

[3] 陈海滨,徐丽华.有效教学66个经典案例录 [M].上海:华东师范大学出版社,2011.

浅谈中学英语信息化小组合作教学

东莞市麻涌镇古梅第一中学　徐玉珍

随着教学改革的不断发展,信息化教学的必然趋势、新时期国家人才的需要,以及教学质量的不断提升,要求教育的形式、教育的方法的不断更新。如今,教育领域全面深入地运用现代信息技术来促进教育的改革与发展。小组合作学习教学,加上数字化、网络化、智能化、多媒体化作为辅助,使教学改革质量得以保障与攀升,于是一场教学质量保障体系建设的改革与实践在我们镇领导和学校领导的酝酿下以及全校教职工的参与下,悄然拉开了帷幕。

一、信息化小组合作教学改革的背景

（一）国际教育形势所趋

随着信息技术的迅猛发展，学生的课堂教育模式也在发生着相应的变化，教学模式逐步实行教学信息化，这种以信息与网络技术为主体的现代教育技术正推动着教学的手段、方法、内容、模式以至体制、理念等诸多方面的变革。现在的课堂教学已经不仅仅限于一块黑板、一支粉笔能完成，许多知识是教师通过运用现代教育手段传授给学生。因为多媒体辅助教学能使学生更加清晰、直观地理解并掌握教师授课内容，大大优化课堂教学，提高教学效率和教学质量。所以信息化辅助教学是新时期迫切需要的教学手段。

（二）我校的教学问题严峻

1. 教学质量差

我校英语科教学质量大幅度下滑，连续两年初一初二期末自查与市平均分差距达到18分之多。初三级的中考平均分与市相差10.6分。

2. 教师职业倦怠和学生厌学严重

英语教师的职业倦怠感比较严重（平均年龄43岁），传统的教学模式（讲授式和填鸭式）基本上是满堂灌，课堂效益非常低！老师们的思想观念、教学方式方法等各自存在很大差距。而且，长期从事教学工作的老师不可避免地产生一种疲惫困乏乃至厌倦的心理，在日常的教学中只能依仗着一种"惯性"来工作，完全没有主动性、创造性可言。而这一时期的学生正是处于思想转型期，更容易受到外界因素的影响，这样会严重影响教学质量。更重要的是，这种教学模式会直接导致学生产生严重的厌学现象。

3. 学生自信心不足

2014年，我校代表队获得中国汉字大赛特等奖，代表广东省到北京中央电视台参加全国大赛，学生台上的表现让我们进行了总结与反思！我校学生参加英语口语大赛从来没有获得什么奖项。我们的孩子基础不错但严重缺乏自信，表现得没有底气！综合素质与其他学校孩子差距大！

4. 解决我们英语教学上的三个问题

①解决课堂气氛沉闷，学生不敢开口说英语，出现哑巴英语的问题；②解决我们的教师如何从演员到导演，学生如何从观众变成演员问题；③解决学生

死记英语而不会应用，从而产出有困难的问题。

综上情况，我觉得我校的英语教学出现了严重的教与学瓶颈，到了非改不可的地步！而信息化小组合作教学模式恰恰完美地满足了我们教改的要求。

二、信息化小组合作教学质量保障体系的构建措施

（一）自上而下的保障体系

1. 组织保障

首先确定学校教育信息化小组合作学习教学模式项目推进工作领导小组和工作小组，由我校校长作为组长，主管教学的副校长为副组长，成员有教导处主任、英语科组长、英语备课组长等，任务落实到人，具体负责对项目推进各项工作的安排、指导、支持与协调。

2. 制度保障

①学校制定各项激励措施，每学年英语科举行多次小组合作学习教学模式先进教师的评比活动，每学年开展多项教育信息化专题活动的竞赛，对活动中的优秀教师进行表彰和奖励，颁发荣誉证书。②精心组织好教导处每周的工作，充分发挥我们英语科组长的示范引领作用。在每周召开的教导处、科组会议上，督导各学科信息化小组合作教学教改的进展情况。同时，教导处成员与英语科组长在平时还积极巡堂，与师生谈心，在新型师生关系、合作探究能力、平板电脑使用技术及备课资源整合等方面，都对英语科组长们提出了指导性思想、方法指导，以此对学校的信息化小组合作教学教改工作起到积极作用。③专业引领，聘请名师和专家来校为老师们作报告、讲座，传递正能量，传授教学新模式。

3. 经费保障

上级领导全面关怀，镇政府全力支持。2015年、2016年间，投入约1000多万为全校师生购置平板电脑，让小组合作学习教学模式融入信息化元素，大大提升课堂效率，达到课堂教学的高效和实效，同时大大激发学生学习的积极性，从而使小组合作学习与信息化相融合，实现教育信息化，为全校铺开信息化小组合作教学插上了有力的翅膀。

（二）自下而上的保障体系

第一阶段：前期阶段

（1）英语科组长带着几位年轻的教师，尝试以不同的班级、不同的课型作

为试点，开展信息化小组合作教学，效果显著。

（2）以初一级英语科为试点对小组合作学习教学进行探索。（2015.9—2016.7）

（3）对初二级文化科进行小组合作学习教学模式前期的准备工作。（集体与部分各种培训，与全校老师一起做导学案、微课等）（2016.9—2017.7）

（4）专业培训，2015年9月初一级英语科进行"小组合作学习"教学模式尝试。首先，聘请英语科小组合作学习教学模式骨干教师对初二级师生进行小组合作学习教学模式的培训。其次，聘请市级微课制作专家对全体英语老师进行培训。再次，由英语科组长组织科组内教师互相帮助学做微课和配套的导学稿。最后，三个年级都进行小组合作学习教学模式课堂教学。

（5）尝试对初三毕业班进行小组合作学习教学模式的试点与准备工作。（个案、导学案、微课等）（2017.6—2017.9）

（6）校内交流，英语科组长牵头，小组合作教学骨干对初三毕业班老师进行小组合作学习教学模式和微课制作培训，为初二升初三学生做好充分准备。同时在新生开学前利用一周时间培训初一级新生熟悉小组合作学习教学模式。

第二阶段：推进阶段

（1）全校进行小组合作学习教学模式的研究与探索。（2016.9—2017.6）

2016年10月，初三级也全面铺开小组合作学习教学模式。至此从初一级新生到初三级学生全部进行小组合作学习教学。英语科相配套的导学稿都全面完成，小组合作学习教学模式以及课堂评价体系也全部建成，英语微课也制作完善。

（2）改良小组合作学习教学模式，形成自己特色的教学模式。（2017.9—2017.12）

在英语科组建模定型后，允许各英语老师根据自身特点进行调整小组合作学习教学模式，形成具有本学科特色的小组合作学习教学模式。英语学科再在课堂建模细化与平板功能运用上进行了高效探索。

（三）他山之石可以攻玉

我们转变办学观念，想方设法，通过小组合作教学发展学生的个性，训练学生的表达能力、实践操作能力、合作协调能力、沟通交流能力，促进学生心理健康、促进学生终身发展。

（1）请进来：我校与省市学科名师工作室主持人和全国课改知名专家签订

协议，定期开展业务专题培训，实行青蓝工程，帮助教师更新观念，提升业务水平和专业能力。

（2）走出去：选派英语骨干教师出外研修提升。选派英语教师到全国教改先进省市的名校，如山东省昌乐二中、杜郎口中学、江苏省洋思中学、东庐中学等跟岗学习培训一周。另外，积极参加市内外兄弟学校的教研活动。

（四）确立课堂模式：信息化小组合作教学课堂基本模式

课前导学

第一步：观看微课（6~8分钟）——白板/平板

完成导学稿（晚修时间）

课堂合学

第二步：课堂导入（3~5分钟）——平板

第三步：小组讨论（10分钟）

第四步：小组展示（10分钟）——平板

第五步：师生点评（10分钟）——平板

第六步：师生小结（3~5分钟）

新旧教学模式对比，如附图12所示。

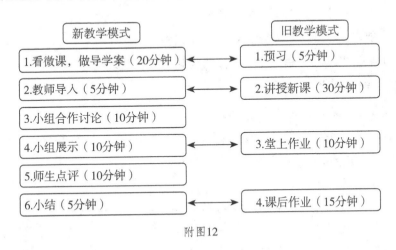

附图12

三、信息化教学成果评价手段的多样性

（一）收集老师们的资源

（1）通过制作微课竞赛，目前初一初二级教师都已经学会制作微课。我们

的目的是让老师们对微课有一个较充分的认识。

（2）得到市教研室大力支持，选用市优质微课和优课资源。

（3）导学案：所有学科都完善了导学案，下一步进行优化组合，最重要的是配套微课导学。

（4）在线课堂：充分利用平板在课前导学部分导入在线名师课堂。

（5）双师教学：与镇内民办学校——新港学校开展双师教学，实现资源共享。

（6）量身度造：按实际需要购入优质微课和教学平台。

（二）发掘老师潜能

（1）建立了英语学科信息化小组合作教学课堂模式和评价体系。

（2）编辑了初中七、八、九年级校本教材同步导学并投入使用。

（3）录制了100多个初中七、八年级同步微课。

（4）收集了典型的初中信息化小组合作教学模式优质教学课例资源。

（5）制定了完善的课堂评价机制和小组评价机制。

（6）英语科组内部合作，建立了英语科校本题库。

（三）加大评价力度

（1）加大班中学生小组长培训力度。

（2）要求三个年级导学案与微课配套完善。

（3）平板电脑在英语课堂上使用最大化与多样化。

（四）制定师生评价模式

1. 英语科组制课堂评价表

共同讨论—根据教导处制课堂评价初表—英语科组长修改制订评价表（附表6）—指导英语老师上课

附表6

课堂环节	课堂活动内容	评价标准	赋分值	得分
一 Input	课前个体自学环节	1.课前有观看微课及做导学案，导学案问题设计合理。（5分） 2.学生能在课前完成导学案相关内容。（5分） （适合读写课型和练习课型。听说课在书本上有个体自学的听、读、圈、画、问）	10	

续 表

课堂环节	课堂活动内容	评价标准	赋分值	得分
二 Effect	老师效果导入环节	1.批改导学案或平板推送预测练习。（2分） 2.能根据预测的效果选择错题率高的知识点进行激情导课。（2分） 3.导入简明扼要，突出学生还没掌握的重点、难点进行攻关。（2分） 4.导入口语流利清晰，有启发性。（2分） 5..时间在5分钟内。（2分）	10	
三 Learning 双学环节	组内互助合学	1.讨论环节设计合理；组内分工明确，各组员合作能力强。（4分） 2.讨论气氛热烈，参与面广，第1、2号组员能充分发挥讲解作用，第3、4号组员也能大胆讨论，效果显著。（4分） 3.老师能密切注意观察学生讨论情况，能在座位间巡视解答问题。（4分） 4.讨论内容或习题时能有效使用平板电脑。（4分） 5.讨论时间不少于10分钟。（4分）	20	
	班级互助展学	1.学生积极踊跃发言，敢于发表展示自己的学习成果；学生展示清晰大方，正确率高。（5分） 2.座位上的学生能认真聆听，能提出问题、做出补充，能文明配合展示的同学。（5分） 3.老师能及时做出评价，有加分等鼓励，能让学生充分享受到学习的成就感。（5分） 4.时间不少于10分钟。（5分）	20	
	师助点评	1.老师针对普遍存在问题精讲。（2分） 2.学生已掌握的问题不讲。（2分） 3.老师对学生反复出错的地方点评分析到位。（2分） 4.讲解有拓展性，能加深拓宽学生已掌握的知识。（2分） 5.时间在10分钟内。（2分）	10	
	平板电脑使用	师生能熟练有效地使用平板电脑。学生能借助平板电脑高效学习。	10	
四 Test	考核促学环节	1.目标检测的练习题紧扣本节课重点内容，难易度适中，让学生体会学习的乐趣。（5分） 2.时间约5分钟。（5分）	10	
五 Summary	总结提升环节	1.老师或学生进行总结，知识脉络清晰。（5分） 2.回顾重难点。（5分）	10	
总得分			100	
评价或建议		评课人：		

2. 要求各科都制定英语科组的学生加分表和学生评分表

英语科组信息化小组合作教学模式学生加分标准

一、课堂加分

1. 小组讨论热烈的可加小组分2分。

2. 小组回答问题或展示按1~4号同学顺序，答对分别加1~4分，梯度加分。

3. 补充回答统一加2~3分。

4. 抢答按1~4号同学，答对分别加1~4分，梯度加分。

5. 如果4号脱稿回答正确的酌情加多2分。

6. 每节课定时公布或展示加分情况。

二、作业加分

小组作业完成优秀的加小组分1~4分.

三、测验

小组周测优秀的加小组分2分，小组月考优秀的加小组分3分。

评分表见附表7、附表8。

附表7

初三（　　）班英语科学习小组评分表					
组别	英语学号	姓名	第　周	总计	小组排序
第一组	1				
	2				
	3				
	4				
第二组	1				
	2				
	3				
	4				

3. 研制学生评分表

附表8

初一（　　）班合作学习标兵组（上学期）

组别	姓名	9月份							10月份							11月份							12月份							1月份							学期总评
		语文	数学	英语	政治	历史	生物	地理	语文	数学	英语	政治	历史	生物	地理	语文	数学	英语	政治	历史	生物	地理	语文	数学	英语	政治	历史	生物	地理	语文	数学	英语	政治	历史	生物	地理	
第一组	①																																				
	②																																				
	②																																				
	④																																				
	⑤																																				
	总计:																																				
第二组	①																																				
	②																																				
	②																																				
	②																																				
	⑤																																				
	总计:																																				
第三组	①																																				
	②																																				
	③																																				
	③																																				
	⑤																																				
	总计:																																				

四、英语科信息化教学改革前后质量分析

（1）初一、初二级英语期末自查与市平均分比较从-18.3分到-4.7分。初三英语中考成绩平均分与市比较从-10.6分到-0.28分。

（2）老师的教学热情、教学能力大大提升。全体英语老师针对信息化小组合作教学进行集体备课，开展每周"推门科"、每月精品课。推选本科组骨干教师召开经验分析会。

（3）老师成长迅速，活动效果显著。针对新的微课制作软件，我们英语参赛教师团队克服种种困难，团结一致。2020年在东莞市教育局义务教育"慧教育慧资源慧应用"微课程大赛评比中，我校微课程喜获佳绩，共荣获一等奖4项，二等奖3项，三等奖1项。

（4）学生自信、阳光和激情，斩获硕果。

①课堂，学生小组合作，积极思考，自信参与，从容作答。

②英语听说成绩年年上升，达到市的中上水平。

③在东莞市第11届英语口语大赛中，我校初二年级莫韵思同学一路过关斩将，经过近三个月的海选、市初赛和市决赛，最终在2019年11月24日的总决赛中斩获"金奖"，排名初中组第一，并包揽所有单项奖，以大满贯姿态登上市英语口语大赛的最高领奖台！

我们英语科开展的信息化小组合作教学要把"课堂"还给学生，使学生达成高阶能力。我们不忘育人初衷。我们的"信息化+小组合作"教学改革正在路上，老师们给学生一个平台和舞台，学生的未来发展是我们的唯一动力。务必解放老师，解放学生，实现教育信息化。当然，平板电脑只是一个辅助教学的工具，今天互联网信息技术给人们提供了无限的可能，我们必须让学生成为学习的主人、课堂的演员，让我们的教育成为学生快乐的源泉。让我们的学生健康成长在信息时代的大潮中……

参考文献：

[1]吕立新.浅谈"小组合作探究教学"中教师角色的定位[J].当代教研论丛，2020（1）：95.

[2]曾晓燕.对新课改下小组合作学习的探究[J].课程教育研究，2020

（6）：100-101.

[3] 张晓妍，乜勇.教育信息化2.0背景下网络教育的现状及对策思考——以陕西省为例［J］.中国医学教育技术，2020，34（2）：180-183.

[4] 张伟平，陈梦婷，赵晓娜等.教育信息化2.0时代课堂教学新生态的构建［J］.苏州大学学报（教育科学版），2020，8（1）：9-17.

[5] 凌倩雯.教育信息化背景下教师角色转型探析［J］.中国教师，2020（3）：72-74.

[6] 刘珊珊.信息技术在高校英语教学中的应用——评《高校英语信息化教学改革与微课教学模式探究》［J］.中国高校科技，2020（5）：110.

[7] 常海燕.浅谈"互联网+"时代初中英语信息化教学的利弊［J］.海外英语，2020（9）：83-84.

探索信息化小组合作课堂学习模式，
构建初中道法智慧课堂

东莞市麻涌镇古梅第一中学　　钟金兰

　　小组合作学习模式已经被广泛实践很多年，也给我们的课堂带来了勃勃生机和无限活力。近年来，信息技术在教学领域中的应用，让这一学习模式又有了新的探索内容。我们学校充分利用信息技术，在原有的小组合作学习的基础上，形成了信息化小组合作课堂学习模式，收到了良好的效果。我们道德与法治科组也在教学中充分利用现有的信息化教学平台和教学资源，积极实践和探索着信息化小组合作课堂学习模式，着力构建道德与法治的智慧课堂。本文结合人教版新教材内容，通过课堂实例，总结和反思我们一直在实践和探索的这一信息化小组合作课堂模式。

一、对"信息化""小组合作"和"智慧课堂"的认识

我们把信息化定义为"一项技术",指在开展小组合作学习过程中,充分利用现代的信息技术丰富教学资源、优化教学过程、营造合作探究的学习环境,从而达到提高教学效率和效果的目的。我们把"小组合作"定义为:在学科教学中,以学习小组(通常是3~5人)为单位,以学生的合作探究、互帮互助为主体,以提高学生学习成绩和促进学生全面发展为目的,以小组整体成绩作为评价和奖励依据的一种教学组织形式。"智慧课堂",是我们东莞市当前着力打造的教育工程。我们对智慧课堂的理解是利用大数据、云计算、物联网和移动互联网等新一代信息技术打造的,实现课前、课中、课后全过程应用的智能、高效的课堂。其实质是,基于动态学习数据分析和"云、网、端"的运用,实现教学决策数据化、评价反馈即时化、交流互动立体化、资源推送智能化,创设有利于协作交流和意义建构、富有智慧的学习环境,通过智慧的教与学,促进全体学生实现符合个性化成长规律的智慧发展。

二、开展信息化小组合作课堂学习所使用的主要软硬件技术支持

我们开展信息化小组合作课堂学习模式,构建智慧课堂,使用的主要硬件软件技术支持主要如下:

(一)教室硬件配置

学校的每个教室都匹配了开展信息化小组合作课堂学习所需要的全套硬件设备(附图13)。

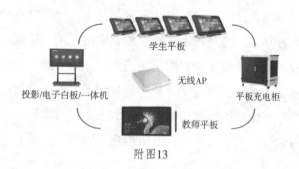

附图13

教室硬件主要有:电脑、投影仪、电子白板、一体机、无线网络覆盖、无线AP、学生平板电脑、教师平板电脑、平板充电柜。

（二）教学软件——智恒云通

我们开展"信息化小组合作"课堂学习模式最主要的软件就是——智恒云通（附图14）。这个教学软件下有很多和开展小组合作学习有关的功能，能方便、快捷地实现课堂师生之间的互动、生生之间的互动，为打造更高效的智慧课堂提供技术支持。例如：分组管理功能，可以对全班同学进行分组管理（附图15）；小组计分和排名功能，可以自动统计各小组成员的得分和小组总分，还能显示排名情况（附图16）；教师端对每个学生端的控制，可以实现学生端的分享，学生端之间的对比（附图17）；自动统计各题答题情况和正确率（附图18）。还有很多其他课堂学习中会使用到的功能，在下面介绍具体环节和流程的时候还会提到。

附图14

附图15

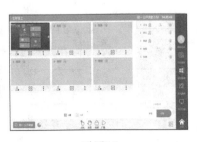

附图16

附图17

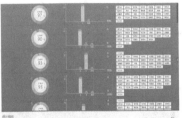

附图18

三、基于"智恒云通"教学平台的，初中道德与法治信息化小组合作课堂学习模式总流程图（附图19）

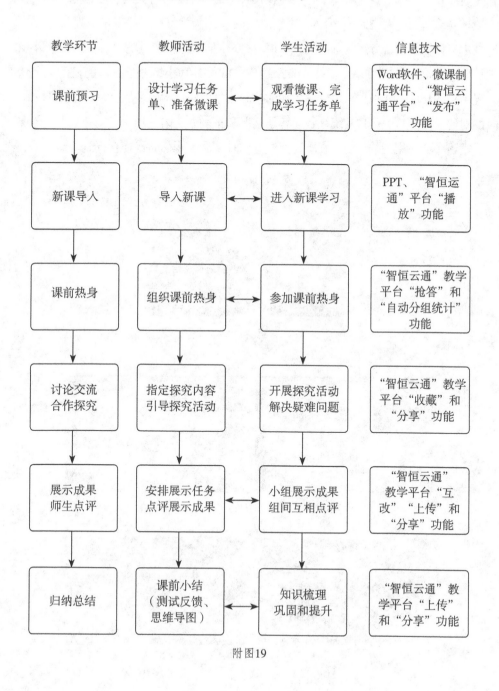

附图19

四、信息化小组合作课堂学习模式的具体环节和流程

（一）课前观看微课，自主完成学习任务单

"微课"和"学习任务单"是我们信息化小组合作学习的重要资源，也是引导学生开展小组合作学习，完成学习任务，达成学习目标的载体和桥梁。在上课前，教师要根据课文内容和学生学习的需要准备好微课，设计好学习任务单。微课主要围绕本节课的重难点进行解读。学习任务单一般包括：学习主题、学习目标、课前预习、课堂探究、课后练习、课后反馈等几个部分。

在课前自主学习阶段，我们通过"智恒云通"教学平台，把微课发送到学生的平板电脑上（附图20），学生把微课保存在相应的学科文件夹中，各小组自主安排时间观看，也可以由老师统一安排时间观看。学习任务单可以是纸质的，也可以通过教学平台发送到学生端，学生在自己的平板上完成。要求学生在观看微课或者阅读课文后自主完成。老师在上课前要检查学生课前学习任务单的完成情况，及时发现学生在自主学习中存在的问题，以为课堂小组合作学习的开展提供更有效的指导。

附图20

（二）情境导入新课，开启课堂合作学习之旅

学生在课前已经对课文进行了自主学习，但在开启课堂合作学习前，我们仍然沿用了传统课堂中"新课导入"这一环节，并运用信息技术的可视化效果，较多地采用了"视频情境"导入的方式。例如，在《造福人民的经济制度》这一课中，我们选用了《越来越好》这首歌的MV作为新课导入的视频。

房子大了电话小了，感觉越来越好

假期多了收入高了，工作越来越好

商品精了价格活了，心情越来越好

天更蓝了水更清了，环境越来越好

……

幸福的笑容天天挂眉梢

导入新课的形式可以是多样的，如传统课堂一样，或能激发学生兴趣或能引导学生思考或能激发学生求知的欲望。借助信息技术和丰富的网络资源，我们可以创设更多生动形象又切合课题内容的情境导入视频。本环节时间约3~5分钟。

（三）基础知识抢答热身赛，检验小组自主学习成果

小组合作学习，在学习中有合作也有竞争。有竞争的学习才更有生机和活力，更能激发学生学习的积极性和自发性。小组合作学习模式下各个小组内部是合作互助的关系，各小组之间则是竞争比拼的关系。小组成员在合作学习中的各种表现都会纳入小组的评价中，每个小组都希望能在竞争中处于领先地位。所以，我们设计了这个"抢答比赛"的环节。

这是课堂小组合作学习的第一次展示环节，我们这一学习环节的主要任务是各小组以"抢答"的形式，以本课学习任务单中要求完成的基础知识题进行"热身赛"。在上课前，学生根据学习任务单的要求，已经自主完成了对课文的预习，课本上的基本观点和基础知识，通过阅读课文就可以了解到，对于这部分内容我们在课堂上不再进行学习，就通过这个"热身赛"简单梳理一遍。例如，在学习《造福人民的经济制度》时，我们"热身赛"的基础知识题都来自本课学习任务单中的"课前预习"部分的填空题。

"智恒云通"教学平台提供了"抢答"功能以及小组得分自动统计功能，能很方便快捷地实现各小组的"抢答"和比分统计。

根据我们教学的经验，"抢答"是很受学生欢迎的一种学习形式，而且本环节中抢答的内容属于基础知识题，难度很低，学生的参与面和参与积极性都会很高。为了更好地到达分层教学的目的，我们通常会规定由每个小组3、4号的同学来抢答，这样既完成了本课知识中"认知"层面的学习要求，也为中下层学生提供了一次展示自我的机会，充分调动他们参与课堂的积极性。本环节约5分钟。

（四）学习小组讨论交流，合作探究重点疑难问题

在完成了简单的基础知识的梳理后，课堂小组合作学习进入另一重要环节，这就是分组交流讨论本课的重要知识或疑难问题。这个环节要求教师在课前根据学习内容设计好供学生讨论的问题，这是整个小组合作学习有效开展的关键。设计的问题要有讨论的价值，是具有开放性和探究性的问题。这些问题也是呈现在学习任务单中的，老师可以根据需要让学生在预习的时候先独立自主完成部分内容。这样，学生在课堂讨论的这个环节就可以更充分地实现意见的交流和问题的探讨。例如，在《造福人民的经济制度》这一课中，我们根据本课的插图，设计了四个问题，让学生在独立思考的基础上，开展小组交流讨论。

在课堂上合作探究的问题不宜太多，一般是两个或三个问题。在安排小组讨论任务的时候，既可以是每个小组逐个讨论每个问题，也可以把不同的问题分配给不同的小组。如果要解决的问题比较多，我们可以采取第二种方法，实现小组内和小组之间的分工合作，如1~5小组讨论第一个问题，6~11小组讨论第二个问题。

在小组讨论交流的这个环节，我们要求每个小组的同学都要站起来，拿着学习任务单或者其他学习资料大声地讨论。各小组的讨论一般是由3、4号同学先发表自己的意见，然后由1、2号的同学进行补充。如果遇到有不同意见的问题，每个小组成员都可以各自发表意见。根据小组评价的规则，每个小组在讨论问题时，都要力争让本组3、4号的同学能理解和掌握这些问题，以便在小组展示的环节争取到更理想的分数。教师要巡视各小组的讨论情况，发现学生在讨论中遇到的问题，并给予及时的指导，特别要鼓励小组3、4号的同学积极大胆地发表自己的意见。本环节时间约10分钟。

（五）学习小组展示合作学习成果，师生共同点评

这个展示和点评的环节，在学生还没有平板电脑，没实现信息化的教学之前，我们一般让学生口头发言或到前后黑板上板书展示，然后由其他小组成员口头点评或到黑板上批改。有了信息技术的支持，我们可以轻松、方便地实现各小组学习成果的展示。各小组可以把讨论的结果拍照上传，在"智恒云通"教学平台上，教师可以实现各小组之间成果的任意共享。就是说，如果某个小

组要展示自己小组的成果，老师可以把该小组的成果共享给全班同学，大家都可以在自己的平板电脑上看到。展示学习成果的同学还可以利用电子笔，在自己的平板电脑上对展示的学习成果进行即时演示，点评的同学也可以在自己的平板电脑上对其他小组的学习成果进行点评。这些不同界面之间的切换，老师都可以通过"智恒云通"教学平台的"广播"功能方便地实现（附图21）。所以，在这个展示和点评的环节，信息技术元素的加入使小组合作学习的课堂效率大大提高。

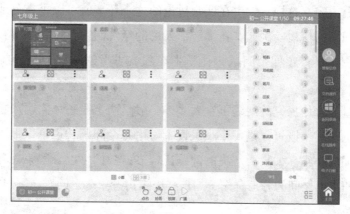

附图21

各小组的展示和点评都需要进行评价的，这是显示小组实力的重要环节。评价的基本原则是，1号同学发言得1分；2号同学发言得2分；3号同学发言得3分；4号同学发言得4分。这个评价规则的制定，是为了更好地促进小组合作学习的有效性，特别是鼓励各小组通力合作，力求让每个成员都掌握了讨论的问题。本环节时间约20分钟。

（六）归纳小结本课内容，完成课堂合作学习任务

课堂小组合作学习的最后一个环节：小结。这个环节可以有多种形式，有时我们会让小组代表说说本节课学习的主要内容、学习的收获和仍存在的疑难问题；有时我们会安排学生快速绘制一个本节课的简单的思维导图，作为对本节课内容的梳理归纳和小结；也可以做几道选择题作为对本课内容掌握情况的检测和反馈。（本环节约5分钟）

构建初中数学信息化智慧课堂的策略

东莞市麻涌镇古梅第一中学　谭宇玲

教育部在《基础教育课程改革纲要（试行）》中提出"大力推进信息技术在教学过程中的普遍应用，促进信息技术与学科课程的整合，逐步实现教学内容的呈现方式，学生的学习方式，教师的教学方式和师生互动方式的变革"。现代信息技术已在我们的教学中被广泛地应用，将信息技术应用到智慧课堂中，将带来巨大助力。因此，发挥信息技术的优势，提高课堂质量，打造高效课堂，是我们教育教学的追求。

下面，通过课例《24.4.2扇形面积》，展示信息化合作下的智慧课堂模式在实际教学中的运用策略。

一、课前环节

（一）教材、学情分析

运用"智恒云通"平台，布置课前练习，学生在平台中完成作业，教师利用平台统计分析功能，精确地掌握来自学生的学习情况，结合教材分析，确定学习目标。

（二）确定学习目标

1. 知识技能

（1）了解扇形的概念。

（2）理解扇形面积的计算公式。

（3）会运用公式求扇形面积。

2. 过程方法

（1）培养学生探索新知识的能力。

（2）锻炼学生运用新知识的能力。

3. 情感态度

（1）经历探索扇形面积计算公式，体验数学学习的灵活性。

（2）通过用扇形面积公式解决实际问题，感受数学与生活息息相关。

（三）推送预习内容

学生利用晚修自主学习时间观看微课，完成预习检测内容。微课可有效帮助学生进行预习。在课前对知识有所了解，让学生能够对知识有更深入的认识和理解。看完微课后完成预习检测内容，能帮助学生及时了解自己的学习情况，并做出适当的补充学习。课前观看微课，还能明显提高课堂知识容量，让我们的课堂更能深化学生对知识的理解和应用。

二、课堂学习

（一）新课导入

（1）扇形定义：由组成圆心角的两条半径和圆心角所对的弧围成的图形叫做扇形。

练习：下列各图中，哪些是扇形？（独立完成检测并利用平板电脑上传答案）

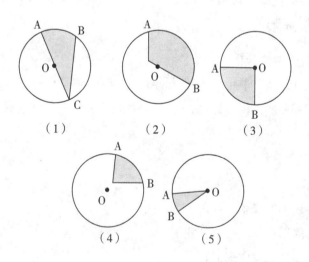

（1）　　　　（2）　　　　（3）

（4）　　　　（5）

本练习为5道判断题，借助"智恒运通"平台，将5道判断题发送到学生手中的平板，学生利用手中平板进行选择判断并提交结果，老师利用教师端收题，并给出答案，利用平板的批改统计功能，得到如附图22所示的结果，统计学生个人完成情况及整体掌握情况。

利用平台提供的成绩分析，精确掌握学生预习情况，可大大提高课堂效率，体现智慧课堂的个性化。

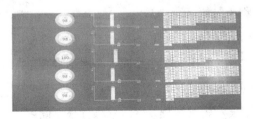

附图22

（2）欣赏视频，感受生活中处处有数学，充分感悟数学与生活的联系，体验数学模型在生活中的运用。

（二）合作探究扇形面积公式

圆心角为180° 的扇形面积占整个圆面积的几分之几？$\frac{180}{360}$，它的面积是 $\frac{180}{360} \times \pi R^2$。圆心角为60° 的扇形面积占整个圆面积的几分之几？$\frac{60}{360}$，它的面积是 $\frac{60}{360} \times \pi R^2$。圆心角为1° 的扇形面积占整个圆面积的几分之几？$\frac{1}{360}$，它的面积是 $\frac{1}{360} \times \pi R^2$。圆心角为$n$° 的扇形面积占整个圆面积的几分之几？$\frac{n}{360}$，它的面积是 $\frac{n}{360} \times \pi R^2$。

合作交流、探索发现，求扇形面积问题就转化为求圆面积的一部分的问题了。

通过学生的合作探究得到扇形面积公式和弧长公式之间的联系：$S_{扇形}= \frac{n \pi R^2}{360} = \frac{1}{2} lR$。

教师作为学生学习活动的组织者、引导者、合作者，通过设计良好的问题，组织开放的课堂活动，启发学生共同探索、合作交流，一起探索发现新知识。在探究过程中，学生通过教师的启发诱导，借助自己已有的知识、方法和经验，获取新的知识。这种探究学习注重学生的主体意识，它能更有效地促进学生思考解决问题，培养学生的科学精神和创新精神。

（三）小组合作突破难点

水平放置的圆柱形排水管道的截面半径是0.6m，其中水面高为0.3m，求截面上有水部分的面积（结果保留小数点后2位）。

教师进行题意分析，分析解题思路和方法，再由学生以小组合作的形式完成解题过程（附图23），由其中一个小组成员来展示解题过程，并做适当分析；再由各小组提出自己的异议和想法。合作交流、探索发现自己的不足之处，培养了学生自主学习能力；展示解题过程，发散思维分享不同解法，体会创造之乐，发展学生思维能力。各小组展示也是一个暴露问题、发现问题和解决问题的重要过程。对有争议的困难问题，通过科学提示，让学生们通过分析、对比，综合思考来解决问题。依据知识建构的需要，采取小组协商讨论、合作探究的学习方式能够帮助有相同学习兴趣的学生形成学习共同体，有利于学生对知识的深入理解。

附图23

（四）实时测评和反馈

变式训练：如图，水平放置的圆柱形排水管道的截面半径是0.6m，其中水

面高为0.9m，求截面上有水部分的面积。（结果保留小数点后2位）

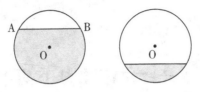

学生独立思考完成变式训练，运用平板电脑拍照上传解题过程，同学之间进行互改，统计互改情况，该题总分5分，平均得分4.77分，其中两名同学得3分，六名同学得4分，36名同学得5分。（附图24）

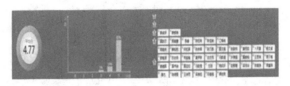

附图24

教师根据测评反馈结果对薄弱环节和易错点进行补充分析讲解，针对学生存在的共性问题，围绕重点、难点、易错点，精选具有思维价值的问题引导学生进一步思考和交流，适时点拨，保证课堂有效性。

（五）小组总结发言

教师引导学生对所学内容进行小结升华，归纳所用到的思想方法。课后总结是对学习过程的归纳反思，是从总体上对知识的把握。课堂总结也是学生进行自我反思的有效途径，能更好地帮助学生内化知识。

综上所述，在实际的课堂教学中，我们应该根据时代的变化、学生的不同积极开展创新，以信息技术为依托，为学生的学习创造智慧的学习环境，用大数据构建高效课堂，提高课堂容量及教学效率。通过智慧课堂有效开展，能够充分促进学生更好地学习，增加课堂容量，提高教学质量，实现教学目标。

参考文献：

[1] 谢巧.信息化环境下合作学习的研究与实践 [D].银川：宁夏大学，2015.

[2] 胡兵.信息化教学环境下的小组合作学习应用研究 [J].职业教育教育研究，2011：140-141.

[3] 杨章宏.课程改革与学习主题构建 [M].北京：科学出版社，2004.

基于交流与合作能力下初中物理
科学探究素养的培养策略

东莞市麻涌镇古梅第一中学　潘文波

2016年9月，中国学生发展核心素养研究成果对外发布，引起教育界的广泛关注，它推动教育教学改革，核心素养成为热门话题。《普通高中物理课程标准（2017年版）》应运而生，凝练了物理学科核心素养，建立中国学生发展核心素养与物理学科教学的内在联系。在普通高中物理课程标准中，物理学科核心素养包含了物理观念、科学思维、科学探究和科学态度与责任四方面。其中，科学探究主要包括问题、证据、解释、交流等要素。这对初中的物理教学同样具有重要的指导意义。

一、交流与合作能力的内涵与现实意义

在该初中物理课程标准中，科学探究既是学生的学习目标，又是重要的教学方式。科学探究的过程包括提出问题、猜想与假设、设计实验与制订计划、进行实验与收集证据、分析与论证、评估、交流与合作等要素。其中，交流与合作贯穿于科学探究的整个过程，对整个探究过程起着重要作用。正如古人所说："水尝无华，相荡而成涟漪；石本无火，相击而发灵光。"课堂就如水如石，因交流而更精彩。交流与合作能力的培养，在初中物理实验教学中具有重要意义，能有效突破"重操作，轻交流""照本宣科，无创新"的现象，有利于提升学生科学探究素养。

该初中物理课程标准对科学探究中的交流与合作要素做了明确要求，共有五点：有准确表达自己观点的意识；能表述探究的问题、过程和结果；能听取别人的意见，调整自己的方案；能坚持原则又尊重他人，有团队意识；了解交

流与合作在科学探究中的意义。

笔者结合教学实践，以"探究压力的作用效果跟哪些因素有关"实验探究过程为例，探讨如何在提升学生的交流与合作能力的过程中培养学生的物理科学探究素养。

二、培养交流与合作能力的实践探索

（一）组建科学探究学习小组，培养团队意识

以小组合作的方式开展探究实验，突出学生的主体地位，有利于提高实验学习的效率，有利于培养学生合作能力和团队意识。在学习"探究压力的作用效果跟哪些因素有关"一课之前，学生曾学过用控制变量法探究滑动摩擦力跟哪些因素有关，有一定的实验基础，教师可以让学生以小组合作的方式开展探究实验，发挥团队的智慧和力量完成一系列探究实验活动，体验团队合作带来的成功感，从而增强团队意识。

为了保障小组合作探究的学习效果，在组建学习小组时，教师要引导学生根据自愿原则和互补性原则组建学习小组，组员控制在2至4人，确保每个成员的积极参与和实验的顺利完成。小组组建后，要选出组长，定组名和口号，明确每个成员的分工，并以文稿形式记录下来，作为本次探究学习档案材料。

（二）制定小组学习公约，养成交流与倾听的习惯

倾听是交流的基础，能为我们打开更广阔的交流空间。古希腊的伟大哲学家苏格拉底说："上天赐人以两耳两目，但只有一口，欲使其多闻多见而少言。"古人云："听君一席话，胜读十年书。"汤姆·彼得斯曾说："倾听是礼貌的最高形式。"倾听可以帮助我们博采众长，可以让我们触类旁通，可以激发我们的灵感。认真倾听是对别人的尊重。在学习上，说与听同等重要。只有让学生明白了倾听的重要性，学生才会有意识地去听别人讲话。

为了帮助学生在小组合作过程中，养成良好的交流与倾听习惯，教师可引导学生制定小组学习公约。比如，讨论时，每个人都要轮流发表想法；每次只能一个人说，其他同学认真倾听；负责讨论记录的同学要记录好每个同学的主要观点。在公约的约束下，每个小组的交流讨论才能更有序地进行，每次交流讨论也都有迹可循，杜绝部分同学不愿或不敢发表想法的情况，每个同学都慢慢养成良好的交流与倾听习惯，懂得与人合作。

小组学习公约，能有效改变过去小组合作交流乱、吵闹、低效的现象，让每个学生都有机会发表自己的想法，让每个学生都静下来倾听别人的发言，养成良好的交流与倾听习惯，营造和谐的合作学习氛围。

（三）创设问题情境，以疑促交流

教师要转变观念，改变教学方式，用发展和创新的眼光重新审视初中物理实验教学。在日常物理实验教学中，教师要突破传统应试教育和"满堂灌"模式，多创设问题情境，引发学生思考，让学生在小组交流中有话可说。在开始学习探究压力的作用效果跟哪些因素有关之初，教师可通过图片或视频的形式向学生展示一些生活中的例子。比如，播放一个关于背着行李的人陷入沼泽的情境视频，让学生小组讨论这个人该如何摆脱困境。通过讨论，引出问题：压力的作用效果跟哪些因素有关呢？

通过设计学生感兴趣的或熟悉的问题情境，激发学生交流讨论的热情。同时，问题情境来源于生活，让每个学生在小组讨论交流中有话可说。

（四）头脑风暴，开展猜想并形成假设

提出问题后，教师引导各小组开展猜想，形成假设。首先，鼓励学生基于已有经验或直觉或事物因果关系或合理推理，头脑风暴，大胆提出自己的猜想，并做好相关记录。例如，猜想压力的作用效果跟哪些因素有关时，学生纷纷提出各种猜想：可能跟受力面积有关，或者跟压力的大小有关，或者跟重力的大小有关，或者跟接触材料的软硬程度有关……其次，各小组对组员提出的一系列猜想进行分析、比较、归纳等逻辑推理，排除一些不可能的猜想得到较为科学的假设。

在这过程中，营造民主、平等的交流与合作氛围很重要。教育家赞可夫曾经说过："我们要努力使学习充满无拘无束的气象，使学生和教师在课堂上都能够自由地呼吸。如果不能造成这样的教学气氛，那么任何一种教学方法都不可能发挥作用。"在物理实验课堂上，为让学生大胆、积极、主动地表达自己，教师应努力营造民主、平等的课堂氛围，改变过去的成绩好的同学抢占发言权的情况，允许课堂中出现不同的声音，提倡质疑，让学生明白无论成绩好差，都有权力表达自己的看法。

（五）集思广益，形成最佳实验方案

各小组通过交流讨论，提出本组的假设后，接着就要根据假设设计实验方案，将假设具体化、程序化。实验方案一般包括实验名称、设计思路、实验目的、实验器材、实验原理、实验组装、实验操作步骤和需要说明的问题等内容。为了引导学生制订更加完整的实验方案，教师可提供一个完整的实验方案样例给学生作为参考。学生根据实验方案样例通过小组交流讨论，一步步完成小组实验方案的每一项内容。整个实验方案如果只由一个学生完成，难度就比较大。如果集合所有组员的智慧，可以有效降低撰写实验方案的难度。同时，通过交流讨论，能有效防止个人思维的片面性，让实验方案更完善。

英国大文豪萧伯纳曾说："倘若你有一个苹果，我也有一个苹果，而我们彼此交换这些苹果，那么，你和我仍然是各有一个苹果。但是，倘若你有一种思想，我也有一种思想，而我们彼此交流这些思想，那么，我们每个人将各有两种思想。"互相交流彼此的学习成果，会让我们学得更多更广。在设计实验验证压力的作用效果跟压力的大小和受力面积的大小有关时，小组成员思考后，轮流提出自己对实验器材的选择和设计或者对组员的实验设计进行补充。最后，小组讨论表决选出最佳实验方案。这一过程培养学生能虚心听取别人的意见，调整自己的方案，用集体的智慧形成最佳实验方案。事实表明，通过小组交流讨论，学生可以听到同伴的奇思妙想，激发灵感，设计出更多简单易行、有创意的实验方案，如用气球装水，放到一个或多个钉子上，气球是否会破裂。同时，学生提出的实验方案，可以在同伴的帮助下得到进一步的完善。从心理学角度来看，初中学生比较在意同伴的评价，其在言行受到肯定和赞赏时，会产生强烈的满足感。学生提出的实验方案得到小组同伴的认可，那是一件很开心的事情，将进一步刺激学生参与小组合作学习的热情。

（六）齐心协力，完成实验并撰写实验报告

进行实验与收集数据是科学探究中的重要环节，目的是检验猜想与假设是否正确、计划与方案是否可行。在这一环节，每个小组成员都要有事可做，或准备器材，或操作，或记录数据等。各小组通力合作完成实验，并在实验过程中发现问题、解决问题，不断改进实验，最终得出结论。

实验完成后，各小组从实验名称、设计思路、实验目的、实验器材、实验原理、实验组装、实验操作步骤、实验记录与结论、实验优点和需要说明的问题等方面撰写实验报告。教师可提供一些实验报告样例给学生参考，提高学生实验报告的规范性。撰写实验报告就是对整个实验过程开展的总结与评估。实验报告的内容比较多，如果只由一个人撰写，就需要比较多的时间，并且可能存在一定的局限性。但是，如果小组分工合作撰写实验报告，最后汇总，分析讨论，进一步完善实验报告，就能更快捷地写出实验报告，同时突破个人思维的局限性，让实验报告更完善。

（七）成果展示，深化交流与合作

在实验结束后，教师要引导各小组整理实验成果，形成实验报告，并分组汇报。为了使汇报内容丰富有条理，教师可引导各小组从以下几方面进行汇报：小组情况介绍（组名、口号、分工等）、选用的器材、实验目的（是研究压力的作用效果与谁的关系）、控制和改变的量、具体是怎样控制和改变的、实验的结论、实验反思（实验的创新点或亮点）。同时，教师可鼓励各小组在汇报时，有同学负责演示，有同学负责解说，进一步向大家展示小组合作与交流成效。

同时，教师要引导学生对实验学习探究过程开展评价与反思。课程标准要求注重评价过程的多样化、评价主体的多元化。因此，教师可引导学生从合作探究的学习表现、学习成果、学习收获与感悟等方面在小组内开展自评与互评，对小组设计的实验开展反思。教师可设计评价表来引导学生开展评价与反思，让学生的评价反思有据可依，并让学生将评价与反思写下来，变成可视化的材料。在实验成果汇报过程中，教师要引导学生对其他组的实验开展评价，进一步深化交流，激发思维的火花。

学生交流与合作能力的培养是一个长期累积、深化的过程，不是单靠一两次探究实验学习就能达到的，而是需要在物理教学过程中多方面渗透，让物理学科核心素养落地生根。

参考文献：

[1] 柴晓庆.基于核心素养提升初中物理课堂讨论交流的有效性 [J].基础教育论坛，2020（31）：49-50.

[2] 朱进芳.中学生合作交流能力的培养策略研究 [J].新课程（中），2019（4）：207.

[3] 吴惠明.浅议物理教学中交往与合作能力的培养 [J].中学课程辅导

（教师通讯），2020（20）：123-124.

［4］晏良霞.浅议在物理教学中培养学生的交流与合作能力［J］.文理导航
（中旬），2012（11）：38.

基于慧教育的多模态英语歌曲微课程开发与应用

东莞市麻涌镇古梅第一中学　杨少萍

2020年，注定是不平凡的一年。无论是老师，还是学生，都经历了半个
不一样的学期。因应疫情，按照市上级教育部门提出的"停课不停学，停课不
停练"的号召，根据学校的统一安排，我们一线教师全部变身"网红""主
播"。而怎样上好一节网课，是我们每一位教师在开始上网课后不断思考的一
个问题。经过我校英语科组的共同商讨，我们决定把我校在2019年下半年开发
的"一课一曲"多模态英语歌曲微课程应用到我们的网课当中，并加入了一些
抗疫英文歌，如"Fight The Virus"等，应用到课堂上，鼓励学生以积极的心态
共同度过这个特别的时期。

什么是"一课一曲"多模态英语歌曲微课程？

我校的"一课一曲"多模态英语歌曲微课程，是我校英语科组在2019年
下半年研发的一个信息化教学项目。它根据英语课程教学主题的需要，对英文
歌曲进行可视化呈现，在呈现的过程中，以声音符号、图像文字、音律背景、
色彩文化等多种资源同步传递，使之成为激活、丰富课堂教学的有机成分。其
目的是把课外资源更深入地融合到课堂教学中来，让学生的学习更加直观、具
体、简单、易学，让老师的教学更加生动、形象、有趣、高效。

一、多模态英语歌曲微课程项目的开发背景

"一课一曲"多模态英语歌曲微课程的指导方针是：根据《教育部关于印

发〈教育信息化2.0行动计划〉的通知》，基于国家层面发布的教育创新战略，设计教育改革发展蓝图，积极探索新模式、开发新产品、推进新技术支持下的教育教学创新。东莞市"十三五"规划也提出了东莞"慧教育"的理念，而其中的重点就是打造智慧课堂，共享优质资源。

基于我校是一所镇级初级中学的情况，学生的英语学习主要存在以下问题：

（一）英语学习兴趣待激发

我校大部分学生英语基础薄弱，没有形成良好的英语学习习惯，课后复习巩固又跟不上，学习困难日渐增多，逐渐失去英语学习兴趣，英语学习兴趣有待激发。

（二）英语听说能力待提高

由于学生在学习过程中和生活中缺乏真实的语言环境，学生听说英语的机会比较少。学生学习口语的动机不强，对于出口说英语存在心理障碍。"哑巴英语"普遍存在，英语听说能力有待提高。

（三）英语语法教学有待突破

语法教学一直是英语教学的重要组成部分。在语法教学上，教师花大量的时间和精力去解决那些枯燥而又难以掌握的语法规则，而这些规则也一直困扰着我们的学生，学习效果不明显，英语语法教学有待突破。

二、多模态英语歌曲微课程的开发与创建、实施与应用策略

（一）多模态英语歌曲微课程项目的开发与创建

针对以上问题，我校英语科组进行了一系列的讨论和研究，结合信息化教学，做了以下的一些工作：

（1）建设多模态英语歌曲资源库。第一，通过互联网搜索一些经典歌曲，寻找内容健康、积极向上的英语歌曲；第二，征求学生的意见，很多学生平常都很喜欢听英文歌，而且这些歌都是比较新的受欢迎的流行英文歌，只是他们没有特别关注歌词里所包含的语法知识。这样，一个既经典又新潮的歌曲资源库就建立起来了。

（2）充分利用互联网的资源。互联网的资源非常丰富，我们通过搜索，向学生推送华南英语名师网，教会学生在周末课余时间在华南英语名师网上欣赏与教学同步、一课一曲的英语特色视频和歌曲，丰富学生学习英语的形式和内

容，激发学生学习英语的兴趣。

（3）创新研发，制作多模态英语歌曲语法微课程。英语科组按年级集体制作有关校本教材的语法微课，针对每个单元的某个语法点，二次开发"一课一曲"英语歌曲多模态微课程，构建多模态英语歌曲教学活动模式。所选歌曲内容符合教学主题，并且包含学生要学习的目标：语法、词汇、文化背景等。例如，关于动词不定式的作品 *"Do You Want to Build A Snowman？"* 老师们通过 Power Point、Focusky 等软件对歌曲进行个性化处理、引用歌词中与教材中的语法知识有关的重点词句进行特别标注或者保证对目标语进行够长时间的停留，让学生有意识地在语言现象中观察、学习和理解。

（二）多模态英语歌曲微课程的实施与应用策略

1. 把英语歌曲切切实实用在教学中

在实施教学的过程中，我们会进行以下活动：课前一曲，营造愉快的英语和音乐相交融的氛围；课中一曲，播放该单元的主题曲或相关联的英文歌曲，活跃课堂气氛，通过歌曲进行文化渗透；课后一曲，温故而知新，根据主题歌进行延伸，让学生挖掘更多与该单元语法主题有关的英语歌曲。

以人教版八年级上册为例，我们为每个单元都设置了一首"主题曲"（附表9）。

附表9

单元	语法	歌曲
Unit 1 Where did you go on vacation?	一般过去时	*Season In The Sun*
Unit 2 How often do you exercise?	频率副词	*Try Everything*
Unit 3 I'm more outgoing than my sister.	形容词与副词的比较等级	*Longer Than*
Unit 4 What's the best movie theatre?	形容词与副词的最高级	*The Best Day*
Unit 5 Do you want to watch a game show?	动词不定式	*Do You Want To Build A Snowman*
Unit 6 I'm going to study computer science.	be going to 结构	*Be What You Wanna Be*
Unit 7 Will people have robot?	一般将来时	*Dream It Possible*
Unit 8 How do you make a banana milk shake?	不定冠词a/an的用法	*Beautiful Life*

续 表

单元	语法	歌曲
Unit 9 Can you come to my party?	情态动词	*Can You Feel The Love Tonight*
Unit 10 If you go to the party, you'll have a great time!	if引导的条件状语从句	*Heal The World*

2. 定期举办英语歌曲沙龙活动

为了激发学生学习英语的兴趣，微课团队组织了与案例有关的英语歌曲沙龙活动，在每周三的第二课堂进行英语歌曲学唱活动，同时根据歌曲进行文化渗透，英语沙龙有丰富的主题，如"Enjoy music，enjoy English""English songs""Songs for my favorite Festival""Country music"等，吸引了很多同学积极参与，他们英语学习热情高涨，幸福地遨游在英文歌曲的海洋里，感受英语歌曲的魅力。这一活动极大程度地提高了学生学习英语的兴趣。

3. 鼓励学生大胆展示自我

学生在课堂上学到的知识，就要让他们有"用武之地"。我们组织一系列的活动。例如：鼓励学生积极报名参加东莞市的英语口语大赛；组织学校英语口语队，每个班选取一首英文歌作为班歌，并进行班歌颂唱比赛；还有"K歌之王"英语歌曲个人比赛；等等。这些活动大大提高了学生学习英语的兴趣和积极性，也丰富了学生的校园生活，让学生在校园里随时随地"与英语相约"。

三、多模态英语歌曲微课程项目的成效

（一）激发了学生的英语学习兴趣

兴趣是一种情绪。当一个人对某种事物发生浓重的稳定的兴趣时，他就能积极地思索，大胆地探索其实质，并使其整个心理活动积极化，积极主动地去感知有关的事物。在课堂上学唱英语歌曲很符合学生的兴趣特点。优美的音乐能营造轻松愉快的学习环境，使学生消除焦虑，产生愉快的情绪体验，获得精神上的满足，充分发挥学生学习语言的潜力。例如，在学习歌曲"*Season In The Sun*"等流行歌曲时，学生情绪就十分高涨，学习英语的兴趣和动机得以激发，更加积极地投入到学习中。学生说英语的积极性空前高涨，2019年东莞市口语比赛，我校共480多名学生进行网上报名。报名火爆！学生们从报名、海选

到入围，始终保持热情状态。

（二）增强英语语音语感，提高单词记忆水平

英语歌曲的原唱者的母语大多都是英语，多听英语歌曲，能听到原汁原味的英语，对学生的英语语感、语音的提升非常有帮助。英语歌曲中有非常多的连读、略音等，学生在听歌的过程中慢慢就会领悟到一些要领。同时，学唱英文歌曲会有激发右脑的功效，因为人类的右脑是艺术的脑，通过有效的歌曲刺激会使右脑更加活跃，不但会大大增强语音语感，还会有效提升记忆力。笔者从默写单词这方面做了一下统计，在未开展多模态英语歌曲微课程教学之前，我教的两个班，每次默写20个单词，能拿到满分的学生，只有25%左右，而经过一个月的多模态英语歌曲教学后，每次默写的满分率都约为43%，学生记忆单词的水平大大提升。

（三）增加词汇量，提高学习语法的能力

对于村镇学生来说，阅读和语法是两大难题。主要原因是学生的英语词汇量太少，除了书本上的单词，他们很难接触到更多的词汇。而英文歌曲可以说是一个知识宝库，包含着取之不尽用之不竭的知识养料。在让学生听唱英文歌曲时，适时提醒学生注意歌词中的新单词和所用语法，学生将会在轻松环境中记忆单词和理解语法。例如，在学习八年级上册 Unit 10 "If you go to the party, you'll have a great time" 单元时，就可以引入歌曲 "Heal The World" 中的 "If I let you go, I will never know." 将复杂的 if 引导的条件状语从句简化，让学生更容易掌握其用法，起到了很好的巩固作用。

（四）提升了英语教师的信息化教学的技术水平

我校的"一课一曲"多模态英语歌曲微课程项目，要求参与制作的老师们能熟练操作Focusky等制作微课的软件。我们大部分老师没有接触过，一切从头学起，最后都能制作出非常精美的、操作性很强的微课，这大大提升了老师们的信息化教学的技术技能，促进了教师的专业化发展。"一课一曲"多模态化英语歌曲微课程项目，为2020年的线上教学提供了优质资源，如雪中送炭，大大提高了网课的教学质量。

四、多模态英语歌曲微课程在教学运用中的反思

实践证明，英文歌曲教学是一种很好的寓教于乐的教学形式，也是提高

英语课教学实效的有效途径，并能促进信息化教学与传统教学的融合。然而，若要使之真正成为促进英语教学的手段，教师在实践中必须根据学生的兴趣爱好精心选曲。例如，有些过时的经典英语歌曲学生不喜欢，所以在选曲时也要了解学生喜欢什么样的歌曲。此外，还应根据教学的目的和重点来选择包含语法知识的歌曲，难易适中，适合大部分学生的水平，合理利用。另外，在教学中，教师一定要分清主次，不能一味地运用英文歌曲，而是把多模态英语歌曲微课作为课堂的充补和延伸，让学生爱上英语，把英语整合在学习中、生活中。

五、结束语

近代教育之父、伟大的捷克教育家夸美纽斯说过：教学是一种用教来使人感到愉快的艺术，它能使教师和学生全都得到最大的快乐。一堂好的英语课犹如一首旋律优美的歌曲，张弛有度，充满节奏感和韵律美。我们将在初步建立与运用多模态英语歌曲微课程的基础上，继续探讨研究，力求把它做得更好更强大，充分发挥教学信息化融合创新应用的作用！

参考文献：

[1] 诸光，夏桃珍. 英语歌曲教学 [M]. 上海：华东师范大学出版社，2000.

[2] 胡蓉. 音乐在英语中的作用 [M]. 长春：吉林大学出版社，1998.

巧用微课　助力道德与法治教学

东莞市麻涌镇古梅第一中学　吴晓敏

随着课程改革的发展，信息技术的突飞猛进，微课作为一种新的教育教学手段，已经被广泛应用于道德与法治课堂。微课以其短小、精炼的特点，把声音、文本、图形和图像有机结合在一起，突出课堂教学中某个知识点的学习，或是反映课堂中某个教学环节、教学主题以及教与学的活动，让学生在课堂中能多感官、多角度、多渠道地参与学习，为道德与法治课堂注入了新的生机与活力。微课的引入，正在慢慢改变着传统的教学模式。

为了顺应形势的发展，我校从2016年9月开始，各班级普及基于信息化的小组合作教学模式：学生4人组成一小组，人手一台平板电脑，课前自己看微课，预习新知识点，课上老师直接导学，同时与学生互动完成作业和练习。同时，我们发现在教学中适时引入微课，可以激发学生的学习兴趣，增强学生的探究欲望和动力；有助于突破重难点知识，激活学生思维；能够拓展课本知识，开阔学生的视野；帮助学生掌握答题技巧，提高教学的针对性。下面笔者结合自己的教学实践，谈一下微课在道德与法治课中的几点做法。

一、巧用微课导入新课，激发学习兴趣

恰当的课堂导入，犹如乐章的"前奏"，小说的"引子"，戏剧的"序幕"，不仅能唤起人们的注意，还能激发学生的求知欲，启迪学生思维，使学生尽快进入最佳的学习状态，起到"转轴拨弦三两声，未成曲调先有情"的效果。于漪老师说："在课堂教学中培养、激发学生的兴趣，首先应该抓准导入新课的环节，一开始就把学生牢牢地吸引住。"兴趣是激发学生主动学习的重要前提，学生对课程发生兴趣时，就会积极主动、心情愉快地投入到学习活动中。

课堂导入方法多种多样，随着信息技术的发展，与传统的采用案例、故事、活动等形式导入新课相比，微课有着自己独特的优势。如学习《合作！竞争！》一课时，老师在导入环节播放了一节微课，在微课中创设了"新龟兔赛跑"的三个故事情境：情境一：兔子在输了比赛后，决定挑战乌龟再来一场比赛。这次，兔子全力以赴，一口气跑到终点，赢得了比赛。情境二：输了比赛的乌龟，认真反思总结，如果按照目前的比赛方法，自己是不可能击败兔子赢得比赛的，于是乌龟提出在另一条稍许不同的路线上进行比赛。兔子从头至尾飞驰前行，极速奔跑，但它也只能在终点的河对岸，望着终点摇头叹息。结果自然是乌龟赢得了比赛。情境三：面对三次的比赛结果，乌龟兔子都陷入了沉思，他们决定再次比赛，但这次团结合作，龟兔一起出发，

在岸上兔子扛着乌龟奔跑，在河里乌龟背着兔子过河，最终它们一起抵达终点，这次比赛时间比任何一次用时都少，他们都感受到一种从未有过的成就感。学生一边欣赏带有趣味性的动画，一边聆听伴有背景音乐的卡通动画的故事，故事听完后，老师顺势提出："想一想，故事最后一场比赛的结局为什么与前几次不同？新龟兔赛跑的故事给了我们什么启示呢？"同学们在轻松愉快的学习氛围中，热情高涨地进入了新课的学习。在这里仅花费3分钟左右的时间，便实现了通过微课创设教学情境导入新课，激发学生学习兴趣的预期目的。

通过创设这样宽松、民主、和谐的导入气氛，可以极大地激发学生自主学习的兴趣，使学生轻松愉快地进入教学情境。

二、巧用微课突破重难点，激活学生思维

每节课教学中的重点、难点是学生课堂学习的中心，也是教师需要精心设计和引导学生探究的核心内容。突出重点、突破难点，历来是提高教学质量的重要环节。初中道德与法治课，讲解法律、国情的许多知识抽象性较强，这对初中学生来说是比较难理解的，而微课通过音像的方式，生动形象地把一些难懂的知识具体地、多方面地显示出来，引导学生深入理解，感悟真理。

如在教学《我们的社会主义祖国》这一框题时，我们结合学生课前预习案，发现学生对我国的基本国情"我国处于并将长期处于社会主义初级阶段"这一重难点知识难以理解。在课堂上，我们借助微课来突破。在微课中，我们首先向学生展示了一组农村农民耕田收稻子插秧的图片以及美国现代机械化农业生产组图，并用文字形式讲述美国人眼中"三个中国的故事"，通过直观形象的图片对比，（学生）得出结论：我国生产力水平不高且发展不平衡。然后，画面切换到苹果手机图像，并用文字的形式讲述苹果手机背后的故事，让学生深深感受到：我国科技水平不高，创新能力不足。这样在学生经过自己的努力仍不能解决问题的时候，适时借助微课，激活了学生的思维，拓展了学生的视野，带给学生豁然开朗的学习效果。解决了本节课的重点、难点问题。这样既节省了教学时间，又提高了教学实效。

在对学生进行"启""发"的过程中，我们借助微课，对重难点问题进

行点拨，从而使重难点问题得以有效突破，这样做有利于学生深刻理解所学内容，深入挖掘学习规律，提高课堂学习效率。

三、巧用微课拓展知识，提升生活智慧

教学不能只停留于教材，必须面向生活。在课堂教学中，教师经常会遇到一些"非考点"知识，即在考试中较少遇到，但对学生的实际生活有指导意义、学生也非常想了解的知识。教师如果在课堂教学中讲解这些知识，会影响教学进度，有可能完不成教学任务；如果不讲，学生的探究欲望将得不到满足，影响学生学习的积极性，此时就可以发挥视频直观高效、易引起学生注意的优势，把内容制作成短视频，将此作为课外知识扩充内容，提升学生生活智慧。

关于"如何自我保护"这个问题，学生在课堂中回答得头头是道，而一到生活中遇到危险却乱了方寸。某老师在教学"自我保护"时，借助微课制作了提高防身技能的演示型微课。在微课中，教师设计了不同的生活场景——热闹的大街、偏僻的街角或乡间小路，通过不同场景下人物的演示，告诉学生针对生活中的不同场景灵活应对，用最直观和清晰的演示方式使学生准确掌握自护方法和技巧，与生活无缝衔接。教师在微课中还向学生推荐并演示了便携式尖叫防身器的使用方法，通过演示这些极具生活指导意义的防身技能技巧，帮助学生掌握生活常识，提升生活智慧。

再如教学《消费者的合法权益》时，我们通过播放微视频，引导学生掌握一些消费知识。例如，在购买商品时，注意查看生产日期、保质期、主要成分等信息，提高自我保护能力；同时介绍保护消费者合法权益的有效途径，并进行适当的延伸，以增强学生的保护意识和能力。还有教学《礼貌显魅力》时，播放《礼貌的表现》的微课，介绍日常生活中语言、态度和行为等对人有礼貌的表现，侧重导行，以引导学生形成有礼貌的行为举止，自觉在日常生活中践行礼貌。

四、巧用微课讲评练习，掌握答题技巧

教学过程中，我们通过对学生练习、试卷的分析，发现学生在做非选择题时，审题能力差，答非所问。根据学生的这一情况，我们根据道德与法治中考

题型，分别对选择题、非选择题分简答题、辨析题、分析说明题、综合探究题进行微课制作，学生可根据自己的实际情况反复观看微课视频，进而提高答题技巧。

在"材料题解题技巧指导审设问"这课教学中，我们设计了如下两个环节的微课来进行辅助教学：

环节一：审设问要审清以下四个方面的关键词——知识范围、答题角度、行为主体、指向语。以"2012年广东省道德与法治中考试题"第30题辨析题为例：请你运用自尊和平等的有关知识，对小马的言行进行辨析。对该设问的分析如下：知识范围"自尊和平等"，如果学生没有看清这一知识范围就贸然答题就有可能导致严重失分；答题角度，至少两个角度（自尊和平等），若只答一个角度，只能得一半分数，行为主体是学生小马，而不是其他同学；指向语——辨析。根据以上微课设计，学生对审设问有了初步的理解，懂得了根据题目的要求组织答案，提取关键词和有效信息。为了让学生对以上四个关键词能够深刻理解，我们对每个关键词进行专门训练，如以"指向语"为例进一步设计微课。

环节二：指向语包括"是什么，为什么，怎么做"等。例如："如果有机会去新疆旅游，你会注意哪些问题？"该设问中的指向语是"注意问题"即"怎么做"，设问"请你谈谈实施可持续发展战略的原因"，该设问中的指向语是"原因"即"为什么"，设问"上述材料说明了什么问题？"该设问中的指向语是"什么问题"即"是什么"。该微课设计了两个环节，学生可以按照自己的程度来学习，理解能力强的学生观看解题指导的环节一即可，避免在已经理解的知识点上重复训练；不理解的学生看完前面环节后，可以继续往下观看环节二。不同层次的学生借助微课学习既查缺补漏又强化巩固知识。

"授之以鱼，不如授之以渔"。运用微课来助力道德与法治课教学，让学生在学的过程中能够更准确地掌握思维方向，学会思考，主动学习。教师要充分利用微课资源，充实与优化道德与法治课教学，不断提升学生思想品德修养，促进学生的健康成长与全面发展。

参考文献：

［1］徐蕾.以"翻转"优化课堂［J］.思想政治课教学，2016（2）：44-45.

［2］靖树超.思想品德课教学中的微课开发［J］.思想政治课教学，2014（12）：19-22.

［3］谢惠媛."慕课"教学的理性反思——基于SWOT的分析框架［J］.思想政治课教学，2015（11）：12-15.

［4］黄发国.张福涛.翻转课堂理论研究与实践探索［M］.济南：山东友谊出版社，2014.

［5］余广文.微课让教学更精彩［J］.思想政治课教学，2015（11）：57-58.

［6］胡铁生.微课：区域教育信息资源发展新趋势［J］.电化教育研究，2011（10）：61-65.

优秀课题选编

课题名称	负责人	进度	时间	级别、荣誉
《初中思品"微课"的设计与应用研究》	郑小波	立项结题	2017.4	市级课题
《初中数学课堂信息化小组合作教学教改的探索与研究》	邓文勇	立项结题	2017.4	市级课题
《基于信息化小组合作教学模式的初中教师专业化发展研究》	余琼芳	立项结题	2020.10	市级课题
《初中化学信息化小组合作学习策略的实践研究》	詹添全	立项结题	2020.10	市级课题
《初中语文"小组合作教学241"模式研究》	曾杜清	立项结题	2020.10	市级课题
《基于信息化的初中数学智慧课堂教学模式的实践研究》	刘振华	立项结题	2020.10	市级课题
《初中数学课堂信息化小组合作学习教改的探索与实践研究》	邓文勇	立项结题	2017.4	省级二等奖
《初中数学"自学、互学、展学"教学模式的实践与研究》	黄若明	课题立项	2019.8	市名师工作室专项课题
基于ITbegin云平台构建初中程序设计智慧课堂的实践研究	陈震宇	课题立项	2021.3	省级重点课题
指向数学运算的初中数学微课程构建研究	黄若明	课题立项	2021.4	省级课题